漢字文献情報処理研究会 編

好文出版

■著　者
山田　崇仁
師　　茂樹
千田　大介
野村　英登
二階堂善弘
田辺　　鉄

■ 本文中の会社名、プログラム名、システム名、ハードウェア名などは、各社の商標または、登録商標です。

■ 本文中では™,®マークは明記しておりません。

■ 個人・団体名で登録されているフリーウェアやシェアウェアなどの著作権は、原則としてその作者である個人・団体に帰します。

■ 本誌記述に基づいて行われた作業により生じた、あらゆる損害について、編著者・出版社は一切の責任を負いません。

■ 本誌記事の内容に関するご意見・ご質問は、漢字文献情報処理研究会Webサイト（http://www.jaet.gr.jp/）のフォームにて受けつけます。
　出版社への書面・電話・Faxなどによるお問い合わせには応じかねますのでご了承ください。

まえがき

　漢字文献情報処理研究会（JAET）が『電脳中国学』を好文出版から発行したのは 1998 年のことである。読者諸賢のおかげをもって、この書はいささかの評を得たようである。また、急速に進展する情報化の波のなかで、中国学、或いは東洋学における方向の一端を示し得たと思う。

　しかしながら、こういった書籍の宿命とも言えるものであるが、情報化の速度はわれわれの予想を上回る速度で進み、その内容に若干、現在の動向とは齟齬する部分が目立ってきた。また『電脳中国学』にはコンピュータの使い方を解説した部分と、専門的な研究への応用を説いた部分とが同居しており、やや読者にとって、その性格が分かりにくい面もあった。

　これを受けて、続編であるこの『電脳中国学 II』では、まず情報処理の新しい動向を反映して内容を一新して発行することにした。またあえて、中国学におけるコンピュータの使い方の解説に重点を置いた「マニュアル本」としての性格を強く打ち出した。そのため、専門的な議論に関しては、雑誌『漢字文献情報処理研究』を年 1 回発行して、こちらで行うこととした。しかしそれでも、情報化の速度には、書籍や雑誌では到底及ばないということがあり、最新の情報の開示や議論については、インターネットの JAET の Web サイト（http://jaet.gr.jp/）で展開されている。興味がおありの方は、どうかそちらをご覧いただきたい。

　以前『電脳中国学』の執筆・編集作業を行った時は、このような書籍を出版するのは初めてでもあり、すべてが試行錯誤の連続で、多くの問題が発生した。その後、幾つかの同類の書籍や雑誌について企画や編集の携わることになり、少しは経験を積んだはずであったが、今度もいろいろな面で躓き、ご協力いただいたメンバーの方々には多大なるご迷惑をおかけすることになった。それについてはお詫び申し上げたい。また、当初はもっと早くに続編を出すはずが、種々の事情から大幅に遅延したことについても、重ねてお詫び申し上げる。また好文出版の竹内路子氏には、今回も企画の当初からご協力いただいた。

　そのほかにも、この書が出るに当たっては、多くの方のご協力をいただいたことをこの場を借りて感謝の意を表したい。

　　　　　　　　　　　　　　　　　　二階堂　善弘（JAET代表）

❖ 目　次

第0章　ナビゲーター

中国語のホームページが見たい　14／中国語には特別なソフトが必要？　15／中国語のメールを書くには？　16／ワープロソフトを使おう　17／中国のソフトを使いたい　18

第1章　パソコン入門

❖ **パソコン基礎の基礎** _____ 20
■ パソコンと周辺機器の選び方　20
パソコンの仕組みと周辺機器　20
●製品仕様　●プロセッサー　●主記憶(RAM)容量　●ハードディスク（補助記憶装置）　●周辺機器　●OSって何？
インターネットをどう繋ぐ？　25／パソコンの選び方　26／パソコンの作法　27

第2章　Windowsを味方にしよう

❖ **Windows 2000で日本語・中国語** _____ 32
■ Windows 2000の基礎　32
どうしてWindows 2000?　32／デスクトップ各部の名称　34
■ Windows 2000の中国語設定　36
言語とIMEを追加する（Office XP未インストール時）　36／言語とIMEを追加する（Office XPインストール時）　39／フォントと文字コード　41　●中国語の文字コードとフォント　●文字コードについて
■ 日本語IMEを使いこなす　48
コンピュータと日本語入力とを仲立ちするIME　48／MS-IME2002　49　●OS標準のIME
IMEツールバー（Office XP）　49／
入力方法　50　●ローマ字とかな入力●漢字変換●漢字以外の変換●ちょっと面倒な文字／

辞書の設定　52　●単語の登録、辞書の作成●新たな辞書の組み込み／

漢字の検索　55　●手書き入力パッドの利用●二つの手書き入力モード●手書き入力パッドのコツ●旧タイプでしか使えない機能／

ATOK14　59　●ATOKパレット●変換方法／

単語の登録　62／辞書セットの設定　63／

漢字の検索　64　●文字パレットの使い方●漢字検索のコツ

■ 中国語IMEの使い方　68

ワープロとIMEの関係　68　●Global IMEと微軟拼音・微軟新注音／

微軟拼音輸入法2.0　69　●微軟拼音輸入法とは●入力・変換方法●微軟拼音の各種機能と設定／

符号と特殊文字の入力　76／

微軟新注音輸入法98　78　●微軟新注音の設定●微軟新注音の入力・変換方法／

Chinese Writer V5　84／楽々中国語（cWnn5）　87

■ ハングルを使うには　88

入手・インストール　88／基本操作　88／入力方法　89

第3章　メールとインターネット

❖ インターネットのなりたち　92

■ インターネットの歴史　92

インターネットはバケツリレー　94／メール、WWW、FTP　95

■ メールソフトで中国語　96

Outlook Express　96　●入手・設定●使用上の注意●中国語メールを書く／

Netscape Mail　98　●使用上の注意●中国語メールを書く／

Becky!2　101　●入手・設定●中国語の設定●中国語メールを書く／

その他のメールソフト　104／

電子メールのエチケット　105　●ネチケットに気を配ろう●誰もが読めるメールを書こう●読みやすく●プライバシーへ配慮する●望まれない情報は送らない

❖ インターネット中国学への入り口 _____ 110
■ 中国語のホームページを読む 110
　Internet Explorer 110／Netscape Navigater 112
■ 情報検索の起点 114
　ポータルサイト 114　●検索デスク●Yahoo! Japan●Goo●中国の三大門戸●台湾の三大門戸／
　Google のテクニック 115　●Google とは●Google を使って見よう●Google の多言語検索●Google を使おう！／
■ 本や論文をさがす 119
　国内の図書と論文 119　●NACSIS Webcat　●CHINA 3 for WWW／
　中国・台湾の書籍・論文検索 121　●台湾●中国／
　オンライン書店 125
■ 定番古典データベース 126
　台湾中央研究院 126　●新検索システムの利用●外字と文字コード／
　寒泉 129　●利用方法●寒泉の注意点／
　華夏文庫 132　●利用方法●注意点／
　全唐詩全文検索系統 135　●ユーザー登録とログイン●詩歌の検索●文の検索●検索結果／
■ 仏典 138
　CBETA 138　●インストール●使用方法●閲覧する●その他の機能
■ オンライン図書館 142
　オンライン図書館と著作権問題 142／
　超星電子図書館 143　●SSReader の使い方●印刷●超星のススメ／
　中国古典文献 149　●国学●中国青少年新世紀読書網／
　中国近現代文学 150　●全景中文●榕樹下／
■ 新聞とニュース 152
　人民網 152／
　ニュースのメール配信サービス 152　●希綱網絡●Maillist 魅力站●PC　home ePaper 電子報／
■ 政府の公式情報 154
　中国 154　●政府上網工程●人民網／
　台湾 155　●政府網際服務網／

❖ 中国語のホームページを作る　　　　　　　156
■ ホームページ？　156
ホームページの中身　156／HTMLとは？　156／タグ　158／リンク　158／
その他の大切な情報　159　●DOCTYPE宣言●文字コードの指定
■ 画像の注意点　160
さまざまな画像の形式　160／ツールを駆使する　161
■ サーバとＦＴＰ　163
サーバとクライアント　163／ＦＴＰ　164
■ Frontpage 2002　165
入手・インストール　165／中国語の設定　165／
中国語ホームページを作る　166　●保存時の注意
■ Netscape Composer　168
入手・インストール　168／中国語の設定　168／
中国語ホームページを作る　169　●保存
■ 清く正しいHTMLを目指そう　170
HTMLを採点してみよう　170／常識？非常識？　171

第4章　MS Officeと一太郎

❖ MS Office・一太郎を使う準備　　　　　　　174
■ はじめに　174
ビジネスソフトの人文学的使いこなし　174　●Wordと一太郎と
■ MS Officeの概要とセットアップ　175
●Word 2002●Excel 2002●PowerPoint 2002●Access 2002
●Publisher 2002●FrontPage 2002●Outlook 2002
MS Officeの種類　177／Office XPのインストール　178／
一太郎の購入とインストール　179

❖ Word・一太郎を使いこなす　　　　　　　180
■ Word・一太郎の得手不得手　180
満漢全席ソフト　180
■ 文書作成の準備　182
多言語機能を追加する　182／Word画面の名称　184／一太郎画面の名称　186／Wordのお節介機能をOFFにする　188

目次

7

■ 文書作成の流れ 189
　　文書の新規作成・読み込み 189 ●新規文書の作成●既存文書の読み込み／
　　文書の編集 190 ●日本語の入力●中国語の入力／Unicode 漢字 6 万 5 千字を使う 191 ●記号と特殊文字●漢字のショートカット入力／
　　文書の保存 193／文書の印刷と注意点 195
■ クールなレジュメを作る 198
　　ナビゲーター 198／
　　レイアウトを考える 200／文字・行・段落を選択する 202／フォントと行間隔の設定 203／文字揃えとタブ、インデント 205／段組を設定する 209／図形を使う 211／ワードアートを使う 214／テキストボックスを使う 216／ホームページの中国語を引用する 218／置換と検索の便利な使い方 220／ピンインを入力する 225／ルビを振る 229／表を挿入する 233／箇条書きを使う 236
■ レポート・論文を効率的に書く 238
　　ナビゲーター 238／
　　文書の構成を考える 240／ページ番号と作者名・題名を全ページに 243／脚注をつける 245／段組の中を2段に分ける 247／訓点を打つ 249／割り注を使う 252／画像を挿入する 253／目次を自動で作る 257／
　　データ入稿の注意点 260 ●電子データ入稿の実際
■ 今昔文字鏡で九万字 262
　　Mojikyo Character Map で文字鏡世界をさわる 262
　　　●Mojikyo Character Map のコピー形式
■ 更に高度な使いこなし 264
　　スタイル機能を使いこなす 264 ●スタイル指定という発想／
　　テンプレートを使いこなす 266 ●テンプレートとは●テンプレートの応用

❖ MS Office Proofing Tools ＿＿＿＿＿＿ 270
■ Proofing Tools の導入と使いこなし 270
　　Proofing Toolsとは 270 ●Proofing Toolsのインストール／
　　Proofing Tools の機能 271 ●方正超大字符集の追加●最新中国語 IME の組み込み●ワードブレイカー●簡体字と繁体字の変換●文書校正ツール●中国語の英訳●追加フォント●その他の機

能●MS Office 多国語版

❖ Excel と PowerPoint のコツ _____ 276
■ Excel 2002 276
Excel の基本画面 276／
Excel の基本 278 ●ファイルの作成→保存●シートの選択●既存ファイルの読み込み●全てはセルから●表の見栄えを整える●印刷／
Excel で多漢字を扱う 283●Excel での多漢字表示法●ふりがな●検索と置換／
簡易データベースとして使ってみよう 287 ●並べ替え●オートフィルタでデータの簡易分析／
終わりに 291
■ PowerPoint とは？ 292
マルチリンガルプレゼンテーションの作成 292

第5章　海外のソフトを使うには

❖ 海外ソフトと言語の壁 _____ 296
■ 海外ソフトを使うには 296
言語の壁 296／海外のソフトを使う方法 297
■ Windows 2000 と Windows 2000 多国語版で海外ソフト 298
日本語版Windows 2000 の動作言語を切り替える 298 ●言語切り替えの手順●問題点／
Windows 2000多国語版とは？ 300 ●購入方法／
導入の準備 301 ●ハードウェアの準備●ハードディスクをわりふる／
Windows 2000 多国語版のセットアップ 303 ●英語版Windows 2000 のセットアップ●多国語インターフェイスの追加／
Windows 2000 多国語版の言語切り替え方法 307 ●キーボードドライバの変更／
■ VMware で複数 Windows を同時使用 310
切り替え使用から同時使用へ 310／海外版 Windows の入手 310／
VMware を使ってみる 311 ●VMware とは？●入手とライセンスの購入●VMware のインストール●OS のセットアップ／
システムコマンダーでマルチブート 314／Windows98/Me

　　　　なら日中之星　315
　■ 厳選！中国語学術ソフト紹介　316
　　　　四庫全書全文検索版　316　●四庫全書全文検索版ＣＤ－ROM
　　　を検索する／
　　　　中国大百科全書　318／青蘋果の文献データCD-ROM　319

第6章　これからの電脳中国学

　❖ 電脳中国学の展望　　　　　　　　　　　　　　322
　■ テキスト処理のプラグマティズム　322
　　　　検索のその先へ　322　●情報をしぼり込む●従来のしぼり込み
　　　システム／
　　　　データを共有する利点・番外編　325　●伽藍とバザール●プ
　　　ロセスの重要性／
　　　　マークアップのその先へ　327　●マークアップの限界／
　　　　N-gramで見えてくるもの　329／まとめ　330／参考文献
　　　330

　■ 人文学的なコンピュータ教育について　332
　　　　はじめに　332／
　　　　テキストを中心とした情報処理教育　333　●テキスト処理を
　　　中心とした科目の意味づけ●テキスト処理授業の実際●テキスト
　　　処理の基礎●奥地への第一歩／
　　　　多漢字情報処理授業　336　●多漢字情報処理の目標●多漢字情
　　　報処理実習の前に●多漢字授業の実際
　　　　おわりに　339　●様々な問題点／
　　　　今後の人文系情報教育の展望　341

　■ 変貌する電脳中国学　342
　　　　はじめに　342／量から質へ　343／進む学際化　345／おわ
　　　りに　347

　■ 電脳中国語教育　349
　　　　CALL 開発から CALL 活用へ　349／マルチメディア中国
　　　語教育　351／ネット教育標準化への取り組み　354／
　　　　教材の共同制作へ向けて　356　●既刊（刊行予定）の教科書と
　　　のタイアップ●やはり「完全自作」、でも難しい

第7章　付録

■ CD-ROMの使い方　360
　メニューの起動　360／
　利用上の注意　361　●本CD-ROMに関するご質問方法●収録ソフトウェアについて／
　収録ソフトウェア・データ　362　●電子版《四部叢刊》デモ版●kanhoo! 東洋学サーチ●定番ソフトウェア・おすすめソフトウェア
■ 主要ソフトウェア・サイト・ホームページ初出一覧　364

コラム

　パソコン購入の考え方　30／最新Unicodeフォントいろいろ　47／電脳韓国学事始・リンク集　90／ウィルスにご用心　109／AcrobatとPDF　197

11

第 0 章

ナビゲーター

　本書の内容は、ごく初心者のための基礎知識から、パソコンで多くの漢字・中国語を扱えるようにするマニュアル、さらにはパソコンを利用した研究入門までと幅広い。しかし、今この本を読んでいるあなたは、そのすべてを知りたいわけではなく、何か解決したい悩みがあるのだろう。

　このナビゲーターは、いくつかの典型的な問題を解決するために、本書をどのように読んでいけばよいかを示す道案内である。Ｑ＆Ａ形式の解説と、本書の関連箇所が示してある。パソコンで何をすべきなのか具体的にイメージできない場合には、このナビゲーターが役に立つだろう。

中国語のホームページが見たい

山田崇仁　Takahito Yamada

Q 見たい、知りたい、中国語のサイト

中国語 Web サイトも数が増えてきた。いったいどこからどうやって探せばよいのかわからない。学術向けにも利用可能な、便利なリンク集があれば教えてほしい。

A

一昔前は中国語のホームページを閲覧するのも一苦労だった。しかし現在では、本書で紹介する Windows 2000[1] での中国語の閲覧環境構築を始め、様々な方法で簡単に実現が可能となった。

インターネットで情報を入手したければ、Yahoo!や蕃薯藤等、中国のポータルサイトやサーチエンジンにアクセスすればよい。Googleを使うのもお薦め。本書 CD-ROM 所収の「Kanhoo!」もまた、中国学向けに構築された Web サイト＆電子テキスト[2]のサーチエンジン兼リンク集である。

1）Windows 2000
2000 年に発売された Microsoft 社の Windows NT 系列 OS。多言語対応が簡単に行える点が特徴。
2001 年に後継 OS である Windows XP が発売された。

・Web サイト
・ポータルサイト
・ホームページ
　以上についての説明は、p.114 を参照。

2）電子テキスト
人間が可読可能な文字列のみで構成されたデータを指す。「プレーンテキスト」「デジタルテキスト」とも呼ばれる。

⇨ p.110「中国語のホームページを読む」

中国語には特別なソフトが必要？

Q 日本語 Windows[1] やインターネットで中国語のデータをやりとりしたいと思っている。以前は特殊なソフトを使っていたと聞いたが、現在ではどうなっているのか？

A Windows 2000 で全てが手に入る

確かに以前は、メーカー独自仕様のソフトウェア[2] 利用が主流だった。しかし現在では OS[3] の Unicode 化の進展で、ネイティブの中国語環境構築がかなり簡単に行えるようになった。例えば Windows 2000 では、インストール時に中国語環境を追加インストール可能だ。

Microsoft Office 2000/XP や一太郎 11 等で中国語の入力は問題なく利用可能だ。ただし、Windows 2000 上で一太郎を利用する場合には、注意が必要だ。

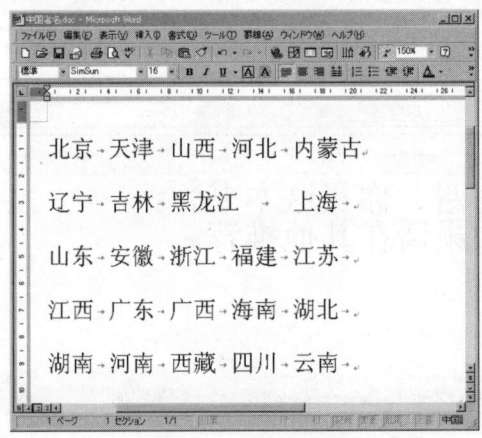

1) 日本語 Windows
基本の英語版 Windows をもとに、各言語用に必要な修正を行って販売されているもののうち、日本語版の Windows を指す。

2) ソフトウェア
プログラムとほぼ同義。プログラムとはコンピュータにある動作を行わせるための仕組みや命令を指す。基本ソフト (OS) と応用ソフト (アプリケーション) との二つに分かれる。「ソフト」と略称することが多い。

3) OS
オペレーティング・システムの略。パソコンを動作させるための基本的なソフトを指す。基本ソフトとも呼ばれる。

・アプリケーションソフト
OS 上で動作するソフトウェアのこと。ワープロや表計算・電子メールソフトやインターネット閲覧用のソフト等がこれに該当する。

⇒ p.36「Windows 2000 の中国語設定」

⇒ p.68「中国語 IME の使い方」

ナビゲーター

15

中国語のメールを書くには？

Q 中国語のメールを読み書きしたい

中国の知り合いからメール[1]が来たが、読むことができない。読めない旨の返事を送ろうと思うが、中国語のメールの出し方もわからない。どうすればよいか？

A

以前は、中国語のメールを読み書きするのに、特別なソフトウェアを導入する必要があったが、現在ではブラウザ[2]付属の電子メールソフト[3]や、幾つかの有料メールソフトで中国語のメールの送受信が可能。例えば Windows に初期インストールされている Outlook Express がそれに当たるが、このソフトはコンピュータウィルスの標的にされることが多いので、あまりお薦めできない。

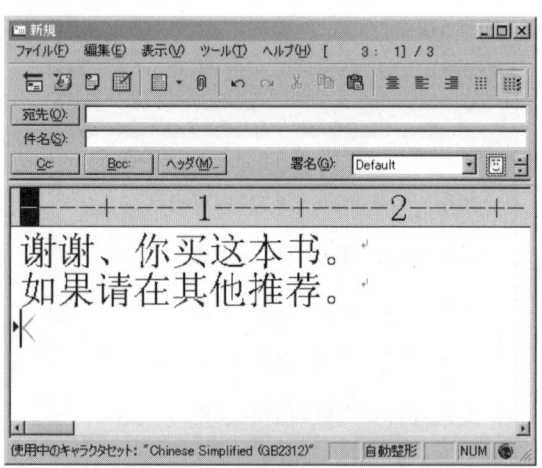

ナビゲーター

1) メール
電子メールの略称。利用にはインターネット環境と電子メールが読み書きできるソフトウェアが必要。

2) ブラウザ
Web ページを見るためのソフトウェア。Web ブラウザとも呼ばれる。
Internet Explorer や Netscape Navigator がその代表格。

3) メールソフト
電子メールを読み書きするためのソフトウェア。
Microsoft Outlook Express や Becky! InternetMail がよく知られている。

⇨ p.96「メールソフトで中国語」

⇨ p.68「中国語 IME の使い方」

ワープロソフトを使おう

Q 見栄えがするレジュメを作りたいのだが、どうしても上手くできない。何かよいテクニックがあれば教えてほしい。

A テンプレートで簡単作成

「間違いなく」市販のマニュアル本では、漢文の返り点や送りがなを美しくレイアウトしたり、ピンインや注音符号のルビを付けたり、多漢字文書を効率よく作成したりする方法などは紹介されていない。

そこで本書では、そのような用途を実現するためのテクニックを、基礎から中国学向けに特化したものまで豊富に紹介してある。

それ以外にも、論文用のテンプレート[1] ファイルを付録CD-ROM に収録した。是非参考にしていただきたい。

1) テンプレート
文書の雛形。あらかじめテンプレートを作成して利用することで、書式の統一が簡単に実現できる。

⇒ p.173 第4章
「MS Officeと一太郎」

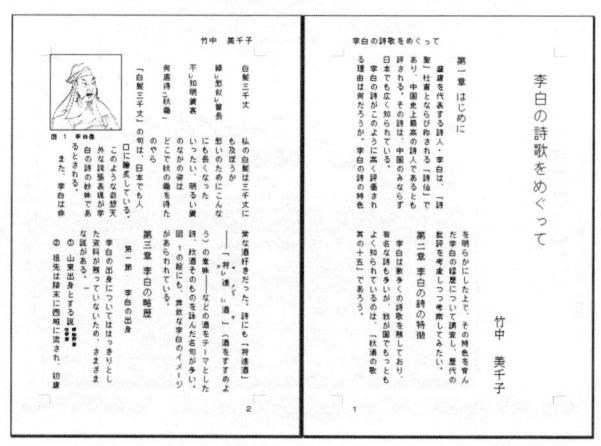

中国のソフトを使いたい

Q 中国でWindows用CD-ROMを買ってきた。日本語版Windowsでは動作しないと聞いたが、本当？

A 極めればエミュレーター

中国でも数多くのCD-ROMが販売されているが、日本語版で動作保証されているものはほとんどない。その場合の、解決には、幾つか選択肢があるが、本書ではWindows 2000の言語切り替えやMulti Languageバージョンの利用、もしくはVMwareのようなエミュレーターソフト[1]の利用を紹介する。それらの使用方法について詳細に述べてあるので、興味があるものを利用すればよいだろう。学術CD-ROMレビューも用意してあるので、参考にしてほしい。

1) エミュレーターソフト「エミュレート」とは「模倣する」の意味だが、エミュレーターソフトとは、あるコンピュータ上に全く別個のコンピュータ環境を再現するソフトウェアを指す。VMwareやVirtual PCなどがそれに当たる。

⇒ p.295 第5章「海外のソフトを使うには」

第 1 章

パソコン入門

　今や特別のものではなくなったパソコン。しかし、性能が向上し、普及していく反面、その中身はどんどんブラックボックス化している。一昔前に自動車がたどった道と同じだが、運転免許をとるためにはエンジンや車の構造について最低限の知識を身に着けなければならないことになっているのに、パソコンの初心者ユーザにはなぜかそれがない。トラブルに遭遇したり、本書で紹介しているような少し複雑な作業をする場合には、大雑把にでもパソコンの中身を知っておけばスムーズに対応することができるはずだ。

❖ パソコン基礎の基礎

パソコンと周辺機器の選び方

野村英登　Hideto Nomura

■ パソコンの仕組みと周辺機器

　わざわざパソコンみたいな複雑な機械の内部構造なんて知らなくてもいいだろう。どうせ使ってもワープロぐらいで、いいとこ電子メールどまりだし、パソコンだったら何でもいいじゃないか。こう考えるのは、それほど間違っているわけでもない。確かにワープロも電子メールも基本的な用途なので、家電量販店などで販売されているパソコンを買えば問題はない。

　右に挙げた（図1）は、パソコンの仕様が書かれたものである。どの会社のどんなパソコンでも、パンフレットの後ろの方にはこの表が記載されている。これを読めばパソコンの性能が分かるようになっている。各項目すべてを理解するには、そこそこ勉強しなければならないが、実はそこまでしなくても何とかなる。

　パソコンの基本性能は、「プロセッサー」「主記憶容量」「ハードディスク（補助記憶装置）」の三つで決まる。だからまずその3項目とこれに加えて、「インターフェイス」[1]の項目で周辺機器をつなげることができるか、インターネットにつなぐことができるかを確かめればよい。

1) インターフェイス　コンピュータ本体と各種周辺機器やコンピュータ同士を接続するための回路や装置のこと。またコンピュータと人間を媒介する装置やソフト（図1でいえば、ディスプレイやキーボードなど）もインターフェイスと呼ぶ。

パソコン入門

■製品仕様

ThinkPad s30

モデル		2639-4WJ	2639-42J
LCD パネルカバー		ThinkPad ブラック	
プロセッサー		超低電圧版モバイル Pentium Ⅲ 600MHz SpeedStep テクノロジ対応 256KB 二次キャッシュ（CPU に内蔵）	
チップ・セット		440MX	
主記憶(RAM)容量	標準	128MB（PC-100 SDRAM）	
	最大	256MB	
メモリー・スロット（空）※1		1(1)	
ビデオ・サブシステム		SMI Lynx 3DM4	
ビデオ RAM		4MB	
補助記憶装置	CD-ROM ドライブ※2	別売オプション	
	ディスケット・ドライブ ※3	別売オプション	
	ハードディスク ※4	20GB	
インターフェース（ポート）※5		ディスプレイ（ミニ）、ヘッドフォン・ジャック、マイクロフォン・ジャック、USB(2)、RJ11（モデム）、RJ45（LAN）(2639-42J のみ)、IEEE1394(2639-42J のみ)	
PC カード・スロット		Type Ⅱ/Ⅰ ×1、CardBus 対応※6	
コンパクトフラッシュ・スロット		CF Type Ⅱ	
オーディオ		ステレオ・スピーカー、AC97 準拠ソフトオーディオ	
ネットワーク機能		内蔵ワイヤレス LAN（IEEE 802.11b）※7　　10/100 Base-T Ethernet	
内蔵モデム（データ速度/FAX 速度）※8		V.90 対応（56Kbps/14.4Kbps）スピーカーフォン/留守番電話機能なし	
ディスプレイ ※9		10.4 型 TFT 液晶（1,024×768 ドット、1,677 万色）	
	外部ディスプレイ接続時 ※10	1,280×1,024 ドット、1,677 万色	
キーボード		89 キー+Fn キー+ブラウザー・キー、JIS ひらがな配列、拡張版 TrackPoint ※11、ThinkPad ボタン、ボリュームボタン、キーボード・ライト	
寸法(W×D×H)		257×213×22.5-32.3 mm	
質量（バッテリー・パック、ベイデバイス含）		1.45kg（標準バッテリー時）	
消費電力		56W（最大）	
エネルギー消費効率 ※12		S 区分 0.0010	
電源	AC アダプター ※13	AC100-240V（50/60Hz）	
	質量	AC アダプター本体：260g、コード：60g	
	バッテリーパック ※14	Li-Ion（6 セル）：チルト・アップ部「ミラージュブラック」タイプのみ（09/07 追加）	
	使用時間	6.5 時間、FullDay バッテリー（9 セル）（別売）使用時：約 10 時間	
	充電時間	3.5 時間（パワーオフ/使用時）	
初期導入済 OS ※15		Windows 2000 Professional	
稼働 OS		Windows 2000 Professional	
主な付属品		バッテリー・パック、AC アダプター、電源コード、マニュアル、電話ケーブル、TrackPoint 用予備キャップ、CRT アダプター、ロータススーパーオフィス 2000 ※16	
国際保証 IWS の有無 / 保証期間		無し / 無し ※17	
J サポートの有無 / 保証期間		有り / 1 年 ※18	

図1 パソコンの仕様例　IBM のノート PC、ThinkPad s30 のデータシートより転載。http://www.ibm.co.jp

パソコン基礎の基礎

21

■ プロセッサー

　プロセッサー、つまり CPU (Central Processing Unit) は、人間で言えば頭脳にあたる。「Pentium Ⅲ-600MHz」と書いてあるうち、前半の「Pentium Ⅲ」が CPU の種類、後半の「600MHz」がその CPU の回転速度である。人間と同じで、基本的にはこの回転速度の数字が大きいほど、頭の回転が速く、同じ仕事をするにも時間が短くてすむ（図2）。

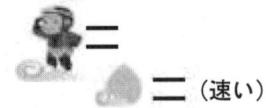
（速い）

（遅い）

図2　速いプロセッサーと遅いプロセッサー

■ 主記憶（RAM）容量

　RAM (Random Access Memory)、通称メモリは、主記憶容量と書かれているように、パソコンが作業するときに、プログラムやデータを一時的に記憶するのに使う、いわば仕事机である。同じ CPU でも、メモリの量が多いほど、一度により多くの仕事を手早くこなせるのである（図3）。多漢字情報処理では多漢字フォントを多用するので、このメモリが多いほどよい。だいたい128MB 程度が最低ラインだと思ってほしい。メモリは追加して増やすことができるので、購入の際に増やしておこう。

図3 メモリは多い方がいい

■ ハードディスク（補助記憶装置）

　HDD（Hard Disk Drive）は、プログラムやデータを記憶しておく倉庫である。容量が大きければそれだけたくさんのプログラムをインストールでき、大量の情報を保存しておける。図1では「20GB」となっているが、これは2万MB、フロッピーディスクで約1万3千900枚分、CD-ROMで約31枚分の容量がある。ハードディスクはCPUやメモリに比べて安価かつ高性能なので、新品を購入するときには、あまり注意する必要はない。

■ 周辺機器

　周辺機器に接続することで、パソコンはより便利なものになる。例えば論文やレポートを作成するときに、プリンタ・デジカメ・スキャナ（図4）を使えるとずいぶん違う。
　プリンタは、作成した論文やレポートを印刷するのに当然必要だ。デジカメは、フィールドワークの記録などに使えば、現像することなくそのままパソコンにデータを取り込んで、資料として使うことができる。スキャナは過去に

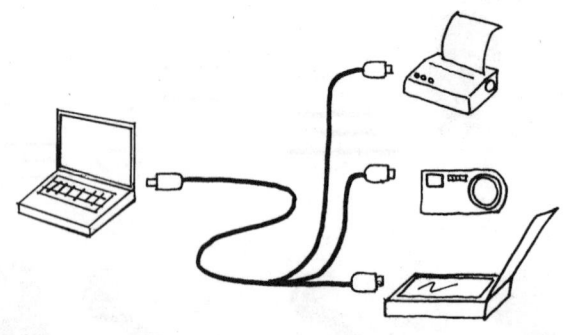

図4 周辺機器

撮った写真や集めた資料をデジタル化したり、OCRソフトと組み合わせることで文献を電子テキスト化するのに使うことができる。

　こういった周辺機器を接続するための、USB（Universal Serial Bus）やIEEE1394（iLinkやFirewireも同じ）といった共通規格が最近では普及してきている。特にUSBに関してはほとんどのパソコンに搭載されている。図1の「インターフェース」欄にこの記載があれば安心だ。

■ OSって何？

　さて、上記以外にパソコンの性能を大きく左右するのが、OS（Operating System）である。図1の初期稼働OSにWindows 2000とあるのが、OSの種類を示す。OSは基本ソフトとも呼ばれるように、一方で上述したパソコンの各部をコントロールし、一方ではワープロソフトなどのプログラムを実行する[2]。だから一般にいうパソコンの使い方とは、Windowsの操作方法であることがほとんどである。

2）図2・図3に登場している孫悟空がOSの喩えである。

■ **インターネットをどう繋ぐ？**

　パソコンを買うだけで「今日からインターネットをすぐ見られる！」といったような広告は、実は嘘である。実際はWindowsであれMacであれ、いくつかの手続きを踏まないとインターネットに接続することはできない。

　まずパソコンに通信機能があるか確認してみる。図1の「インターフェース」欄を見ると、モデムとLANが書かれている[3]。この二つが通信機能である。モデムは通常の電話回線を通してインターネットに接続する機能である。LAN (Local Area Network) は、本来名前の通りコンピュータ間を接続するのに使う。しかし最近ではブロードバンドポートといった呼び方をされるように、常時接続用のモデムとの接続に必要な機能として認識されるようになってきた。モデムは現在ほとんどのパソコンに搭載されているが、LAN機能については最初から搭載されてない場合があるので、その場合は別途LANカードを購入してLAN機能を追加しなくてはならない。

　さて次に、ISP (Internet Service Provider)、一般に言うプロバイダと契約しなくてはならない。プロバイダは、電話回線などを通じて契約者のパソコンとインターネットの間を橋渡しして、その手数料を受け取る商売である。パソコンを買うと、たいていおまけでプロバイダ各社への接続ソフトがついてくる。モデムによる接続であれば、クレジットカードを持っているだけで、ほとんどすぐにインターネットに接続できるようになる。ADSL[4] やCATV[5] などの常時接続に関しては、専用モデムの設置など特殊な工事が必要なので、すぐにというわけにはいかない。

　現状では、プロバイダの基本的なサービス（インターネッ

[3] ちなみに図1のパソコンには無線LANという最近注目されているネットワーク機能を搭載したモデルがある。

[4] ADSL
(Asymmetric Digital Subscriber Line)
　既存の電話線を使って高速なデジタルデータ通信をするxDSL技術の一つ。

[5] CATV
(Community Antenna TeleVision)
　いわゆるケーブルテレビは、元々地上波の届きにくい地域向けに開発されたテレビの有線放送サービスだが、最近は専用線を持つ強みをいかした高速インターネット接続サービスを提供するところが増えてきた。

パソコン基礎の基礎

25

トへの接続、電子メールの利用、Web サイトの開設）で、内容価格ともに差をつけるのが難しくなってきている。そこで各プロバイダは、契約者のみ利用可能な独自コンテンツ（チャット、オンラインショッピング、ネットゲームなど）を提供することで差別化をして生き残りを狙っている。そういった娯楽要素を勘案してプロバイダを選ぶのも悪くない。

ただし、出張や留学など海外でインターネットに接続する場合には、プロバイダ選びには少し注意が必要だ。大手プロバイダなら、たいていローミングサービスといって、海外での接続手段を提供してくれているが、使用料金にはかなりの格差がある。またホームページから自分のメールをチェックできる、Web メールサービス[6] に対応しているプロバイダもある。その場合、パソコンを持って行かなくてもインターネットカフェや他人のパソコンを借りて自分のメールをチェックできるので便利である。

プロバイダ各社の詳細な情報については、インターネット専門の情報誌があるので[7]、参考にするとよい。

6）Hotmail や Yahoo!mail などが有名なサービス。こちらは無料なので、通常プロバイダとは別にこっちを利用してもよい。

7）例えば、月刊『インターネットマガジン』（インプレス）など。

●●●

■ パソコンの選び方

初心者にはとにかくノート PC を購入することをお薦めしたい。理由は簡単である。何かトラブルが起きて、自分でどうしようもなくなったとき、自分で直接サポートセンターに持ち込めるし、また最終手段として職場や学校に持っていって詳しい人間に診てもらうこともできるからだ。

CD-ROM やフロッピーディスクドライブが搭載された A4 サイズのオールインワンのノート PC でも重さは 2.5kg 前後。たまになら持ち歩いてもどうということはない。周辺

機器にしてもUSBで接続するものがもはや定番となっているので、拡張性がデスクトップに劣るということはなくなった。また外国や出張先に持っていって使うこともノートPCならできる。つまり1台あれば、だいたいどんな状況にも対応できてしまう。より安価に高性能なものを手に入れたい、または改造して日曜大工的な楽しみを味わいたい、というならデスクトップなのだが、むしろこれはパソコンに慣れてからがよいだろう。

　ではどの会社のノートPCを買えばよいのか？　これは純然たる好みの問題なので、こうとは言えない。一般に値段が同じならば性能も同じなのだが、注意すべき点もいくつかある。例えばインターネットの接続方法だ。USB接続のモデムを使うのならば気にする必要はないが、学校や会社でLAN接続する、あるいは旅行先や海外で電話回線につなぐことがあるのなら、LANやモデムの接続に対応している機種を選んだ方がよい。また、プレゼンテーションに使うのならば、外部ディスプレイに接続できなくてはならない。

　それらをチェックしたら、あとはおまけのソフトや機能がどれだけあるか、見た目が気に入るか、実際に触ってみてどうか、といった条件で比べるぐらいだろう。ただし第2章で説明するように、本書で目指しているような多漢字処理をこなすためには、OSにWindows 2000かWindows XPを選ぶのが最良の選択である。したがって購入に際しては、「Windows 2000(XP)プリインストールモデル」、という機種の中から選択するようにしよう。

■ パソコンの作法

　さてここまでパソコンに関する基礎的なことを述べてき

たわけだが、本当に基礎の基礎しか書かなかったので、これではまだまだ分からないことが残っている、と不満に思われた方も多いかと思う。いや初心者の方にはそう思ってほしい。そしてその不満を、より詳しい解説がなされているパソコン関連の書籍や雑誌を読むことで解消してほしいのである。

　パソコンは難しい、そう思ったことがない人間は世界中のどこを探してもいないだろう。誰だって最初は初心者なのだし、例えばワープロソフトで使いたい機能がどこにあるのか分からなくなったり、設定を間違えてインターネットにうまく接続できなかったり、といった失敗は熟練者でも時々やらかす。ではそんな困った状況に陥ったとき、あなたはどうしているだろうか？

　てっとり早いのは、身近にいるパソコンに詳しい誰かに尋ねることだ。もし身近にいなくても、インターネットで探せば、詳しい人たちが集まっているサイトが見つかるので、そこで聞けばいい。確かに人に聞くのは最上の方法だ。しかし、その前に踏むべき手順はある。

　もしあなたが学校の英語の先生で、生徒からこの文章の意味が分からないのだけど……と聞かれたらどう答えるだろうか。いきなり答えを教えることは、まずしないだろう。その前に辞書は引きましたか？と確認をとるのが普通である。

　パソコンに関しても、事情は同じだ。誰か人に尋ねるときには、まず自分でできるところまでは調べておくというのが暗黙のマナーであろう。ところが語学の学習では辞書を引いても、パソコンの学習ではそれをしない人が時折いたりする。語学なら参考書や辞書は買っても、パソコンでは何も買わずにとりあえず触ってみる、というわけだ。パソコンは「道具」なので、実際、適当に動かせてしまうわ

けだが、それでは道具に使われているだけで、その真価を引き出したことにはならない[8]。

確かにパソコンは難しい。しかし難しいからといって自分が努力しなくてよい、ということにはならないのだ。できる人間に自分の代わりにしゃべってもらおう、と考えていては、いつまでたっても語学は上達しない。同様に詳しい人に全部教わろうと思っていては、なかなかパソコンの使い方は身に付かない。下手でも失敗してもとにかく自分で学び実行してみることが大切なのである。

今やコンビニですらパソコン雑誌を見かけることは普通になった。書店に足を運べば、雑誌コーナーではファッション雑誌と同じくらいのスペースをパソコン雑誌が占めている[9]。それらの雑誌にはパソコンソフトの使い方から生活に役立つホームページ情報まで満載されているので、講読することはパソコン上達への早道になる。また、CD-ROM付きの雑誌には、ソフトの不具合修正プログラムや便利な無償ソフトなどが収録されているので、パソコンをメンテナンスし使いやすくする上でも大変役立つ。

例えば、初心者向けの雑誌には『ぱそ』(朝日新聞社)『日経クリック』(日経BP社、CD-ROM付き)などがある。中級者には『ASAHIパソコン』(朝日新聞社)、上級者には月刊『ASCII』(アスキー社)などがある。書籍にしても、図版を多用し難しい言葉遣いを極力排した、「できるシリーズ」[10]のような、初心者向けのものが数多く出版されている。

パソコンの操作で分からないことがあったら、どれでもよい、書店やコンビニでその問題について書いていそうな本や雑誌を手にとって、まずは自分で試行錯誤してみることである。それが上達への確かな一歩である。

[8] たんなる情報検索やワープロ用途を超えたパソコンの利用については、本書『電脳中国学Ⅱ』や、『漢字文献情報処理』2号のn-gram特集を参照のこと。

[9] それだけ大量に出版されているという事実は、一面パソコンがいかに難しいかを物語っているが、同時にそれは今の社会でパソコンから逃げることはできないという現実でもある。

[10] インプレス刊。他の出版社からも同じようなシリーズが出ており、内容的に大差はないので、自分に読みやすいものを選ぶとよいだろう。

[11] 本章の図2・図3は、ホームページのおもちゃ箱(http://www.cyborg.ne.jp/~yoko/)のフリーアイコンを加工して作成させてもらった。

パソコン基礎の基礎

コラム・パソコン購入の考え方

千田大介　Daisuke Chida

● 思い立ったら買い時

　せっかくパソコンを買ったのに、翌週には高性能で安価な新製品が発売されて地団駄踏むこともしばしばだ。これはパソコンを買う上での宿命といえる。日進月歩で性能が向上するパソコンには買い時は永遠に訪れない。だからこそ逆に、パソコンを買おうと思い立った時が常に買い時なのだ。

　近頃はパソコンの基本性能が向上しているので、ワープロ・インターネット用途であれば、平均的な性能・価格のパソコンでまず問題ない。むしろ、高性能パソコンはコストパフォーマンスが極端に悪いので、避けた方がよかろう。

● 安く買うには情報収集

　一昔前に比べて劇的に安くなったとはいえ、20万円にもなるパソコンは、決して安い買い物ではない。同じ性能の製品であれば、できるだけ安く買いたいものだ。

　安くて良いものを手に入れるには情報収集が欠かせない。一番の情報源になるのはパソコン雑誌だ。『DOS/V マガジン』（ソフトバンク社）などの雑誌には、パソコンの通販広告がたくさん出ている[1]が、初心者には少々敷居が高い。一般に、人件費のかからない通信販売の方が電器店で購入するよりも値段が安い[2]。しかし、サポート体制は電器店の方が手厚いことが多いので、ご自身のパソコンスキルと予算、サービスなどを総合的に検討して決定していただきたい。

---

1) 通販業者には大きく分けて三種類ある。第一は有名メーカーの製品を販売する小売り業者だ。第二は通信販売専門のパソコンメーカーで、エプソンダイレクト・DELLなどが代表格だ。もう一つはパソコンショップのオーダーメイドパソコンだ。

2) 通販業者の価格は「価格.com」（http://www.kakaku.com）で比較できる。

第 2 章

Windows を味方にしよう

　本章で解説する日本語・中国語の入力方法は、あらゆる作業において使う基本中の基本といってよい。「日本語なら入力できるさ」と思っている読者でも、漢字検索などの便利な機能を使っていない場合が多いのではないだろうか。また Windows 2000 には、これまたあまり知られていない多言語機能が搭載されている。特別なソフトを購入しなくても、中国語や韓国語を入力することが可能だ。
　しかしそのためには、言語設定やフォントといった Windows の基本設計について知った上で、具体的なスキルを習得しなければならない。しっかりとした基礎を身につけよう。

Windows 2000で日本語・中国語

Windows 2000の基礎

野村英登 Hideto Nomura

■ どうしてWindows 2000？

　一口にWindowsと言っても、大きく三つの系統がある。個人利用を前提とした9x（95、98、Me）と、ネットワークでの利用を前提としたNT系、それにPDAなどに採用されているCE系の三つだ。このうちいわゆるパソコンで動いているのは9x系とNT系で、Windows 95、98、そしてMeは9x系に、Windows NT4、2000、そしてXPはNT系のWindowsになる。

　ちょっと前の販売戦略では、9x系はホームユーザー向けということで、パソコンショップや家電量販店で売られているパソコンはまずこの9x系だった。これに対してNT系はビジネスユーザー向けとされていて、パソコンに搭載されて店頭に並ぶことは少なかった。

　ところが今やフレッツISDNやADSL、CATVインターネットなどといったインターネット常時接続環境が次第に普及しつつある。24時間インターネットにつながっているということは、つまり自分のパソコンが、世界規模のネットワークの端末になってしまうということなのだ。だから個人で利用していても、よりネットワークを指向した、高いセキュリティや安定したシステムが求められるようになってきている。だからマイクロソフト社がXPというNT系の

Windowsをすべてのパソコンに搭載しようとしていたり、Linuxのようなネットワーク用途を中心としたOSが注目されてきているわけだ。

　本書でWindows 2000の利用を勧めるのは、第一に私たちにとって最も重要な多漢字環境を提供してくれるからである。だが、その多漢字環境が実現されているのも、実はNT系がネットワークを強く意識して開発されているからこそである。

　9x系のWindowsは、各地域の内側だけで使うことしか考えられていなかった。そのため文字コードの問題があって、他国語の使用に限界があり、大陸・台湾の膨大なデータベースを使ったり、多漢字文書を作成したりするのに、まま苦労することがあった[1]。しかしWindows 2000はUnicodeを文字処理の中核に据え、国境を越えてネットワークを構成できるように考えられているために、多言語処理において非常にすぐれている。したがって本書で紹介している数々の多漢字処理のテクニックについてもWindows 2000なら簡単にできること、Windows 2000でなければできないことが多いのである。

　またシステムの安定性が高いため、最近ではマルチメディア環境の実現のためにWindows 2000が選ばれることも増えてきている。実は、多漢字文書の作成は普通の文書を書くよりもはるかにコンピュータに負荷をかけるのだ。というのも、多漢字処理に必須の中国語フォントやUnicodeフォントは、一般の日本語フォントよりもサイズが何倍もある。しかも一つの文書の中で簡体字フォントと日本語フォントを混在させたり、その上でさらに文字鏡フォント[2]を駆使したりするような状況は少なくない。実はWindowsでは、このフォントの管理にけっこうな負荷がかかるのである。突然システムダウンして、何時間も苦労して作成した文書

1)前編『電脳中国学』参照のこと。

2) ⇨ p.262「今昔文字鏡で九万字」

がなくなってしまった、というのでは泣くに泣けない。もちろんトラブルの発生がなくなるわけではない。が、Windows 2000 を使うことで、パソコンならではのストレスをだいぶ軽減できるだろう。

■ デスクトップ各部の名称（Windows 2000）

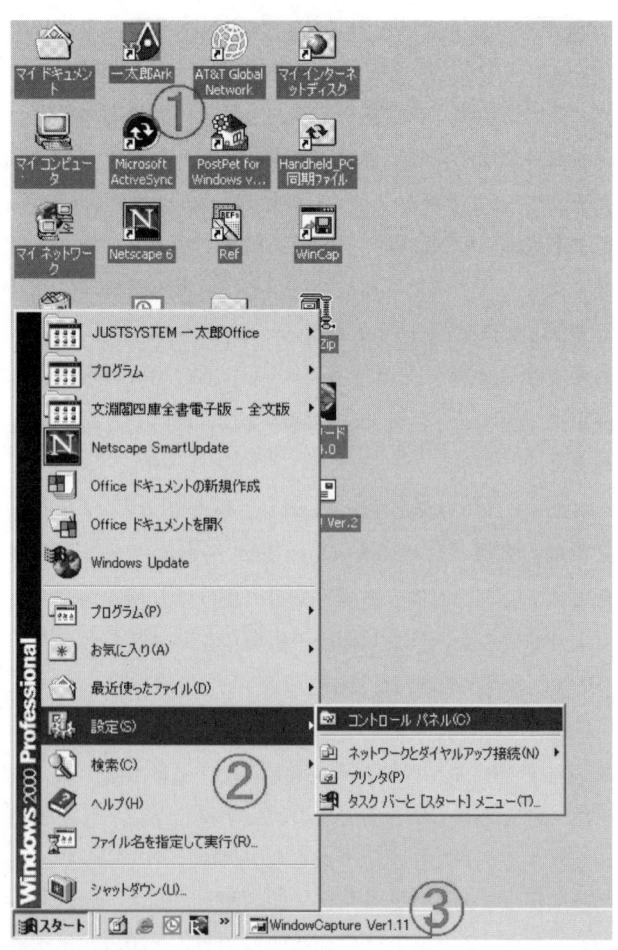

①**アイコン類**：Windows の基本機能[3]やインストールしたソフトのアイコンなどが配置される。

②**スタートメニュー**：ソフトの起動やインターネットの閲覧、Windows そのものの終了まですべての基本操作はここから。

③**タスクバー**：現在開かれているウインドウが表示される。

④**デスクトップ**：Windows の背景画面全体をこう呼ぶ。

⑤**タスクトレイ**：常駐ソフトが表示される。IME の切り替えなどもここから。

[3]「マイドキュメント」「マイコンピュータ」「ごみ箱」など。

Windows 2000 で日本語・中国語

35

Windows 2000 の中国語設定

二階堂善弘　Yoshihiro Nikaido

　Windows 2000 は、多言語対応の OS である。つまり、日本語版でも多くの言語が扱えるマルチリンガル版だということだ。しかも扱える言語は、中国語をはじめとして、韓国語やベトナム語、アラビア語やヘブライ語など、多岐にわたっている。

　ところが、Windows 2000 を自分のマシンにセットしても、何の設定もしなければ、日本語と英語しか使用できない状態のままである。つまり、そのままでは、他の日本語版 OS とほとんど変わりないのだ。

　せっかく Windows 2000 が多言語に対応しているのに、ただ、Windows 98/Me 日本語版と同じようにしか使わないのでは、まことにもったいない話である。ほんのちょっとした設定をすれば、Windows 2000 ならば簡単に中国語をワープロでもメールでも使えるようになるのであるから、ここは活用してほしいところである。

　ただ、Office XP をインストールした場合は、設定方法が若干異なっている。ここではまず、Office XP (Microsoft IME 2002) がインストールされていない場合から見てみたい。

1) Input Method Editor (IME)
OS とアプリケーションの仲立ちをして、キーボードから入力された文字を目的の文字に変換する役割を担当するソフトウェア。

2) これは Windows 2000 をインストールする時にも可能であるし、インストールが終わった後でも可能である。ただ、この設定をする時には、Windows 2000 のセットアップ CD-ROM が必要になる場合があるので注意してほしい。

●●
■ 言語と IME[1] を追加する
(Office XP 未インストール時)

　実は、Windows 2000 に中国語を追加する方法は非常に簡単である。[2] これは「言語設定」を使って行う。

この設定を行うのは、［マイコンピュータ］あるいは、タスクバーの［スタート］→［設定］から、［コントロールパネル］を選び、そこの［地域のオプション］を使って設定する（図1）。

　［地域のオプション］には多くの設定項目があって、迷うかもしれないが、ここで必要なのは、2カ所である。

　ひとつは、［全般］の［システムの言語設定］というところである。ここを開けると、［アラビア語］から［繁体字中国語］に至るまで、数多くの言語設定が並んでいるのがお分かりだと思う。これらの言語は、ここでチェックを入れさえすれば、すべて日本語と併用して使うことが可能である。

　中国語の場合は、［簡体字中国語］［繁体字中国語］の両方にチェックを入れる必要がある。もっとも、片方しか使わないのであれば、使いたい方だけでかまわない。［言語設定］の追加はこれだけである。

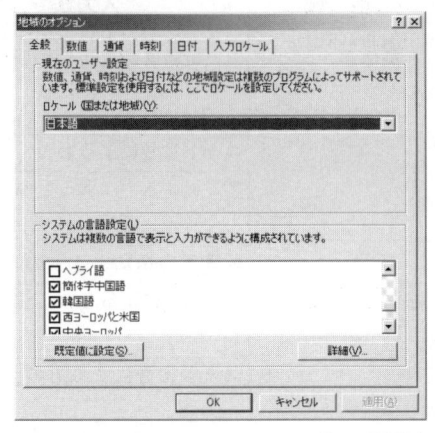

図1　言語設定

　しかし、これだけでは、中国語を見ることはできても、入力することはできない。そのため、引き続いて中国語を入力するIMEをセットする必要がある。

　IMEは、やはり［コントロールパネル］→［地域のオプション］→［入力ロケール］から設定できる（図2）。また、タスクバーのIMEの箇所を右クリックして、そこの［プロパティ］→［入力ロケール］からも同様の設定が可能である。

　さらにWindows 2000は、中国語に関しては、いろいろな入力方法が選択可能である。

　［インストールされている入力ロケール］から［追加］を

37

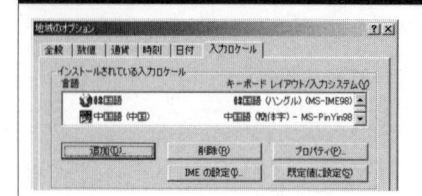

クリックすると、「中国語」がまず地域別に分かれている。[中国語（中国)]の他、[台湾][香港][シンガポール][マカオ]などの地域があるが、実際には「中国語（中国)」と「中国語（台湾)」

図2

地域	入力法	名称
中国語（中国） ―簡体字―	マイクロソフトピンイン入力法 （微軟拼音輸入法2.0）	MS-PinYin 98
	コード番号によるもの	NeiMa
	ピンイン入力によるもの	QuanPin, ShuangPin
	鄭碼入力法によるもの	ZhengMa
中国語（台湾） ―繁体字―	注音入力によるもの	Phonetic, 新注音98 New Phonetic
	コード番号によるもの	BIG5 code, Unicode
	蒼頡入力法によるもの	ChangJie, New ChangJie
	大易入力法によるもの	Dayi

図3 Windows 2000の主要な中国語入力法

3）Windows 2000には微軟拼音輸入法2.0が付属している。詳しい使用法については、p.69参照。

の一部を使うだけで十分であろう。

　このうち、微軟拼音輸入法一つをセットすれば、簡体字も繁体字もだいたいの用は足りるはずである[3]。

　なお、中国語と日本語などのIMEの切り替えは、通常はタスクバーをクリックして行う。

　しかしこの方法では、切り替えに時間がかかるため、面倒に思われるかもしれない。その場合は、よく使うIMEに関しては「ホットキー」をセットしておけばよい（図4）。

　ホットキーとは、いくつかのキーの組み合わ

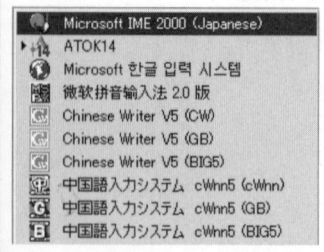

図4 タスクバーから各種IMEを切り替える

せによって特定のプログラムを
呼び出すものである。例えば
「 Ctrl と左 Alt と T を同時
に押す」という組み合わせを定
義しておいて、そこに中国語 IME
を関連づけておくことができる。セットしておけば、その
キーを押すことによってすぐに IME が切り替わる。これも
［入力ロケール］でセットする（図5）。

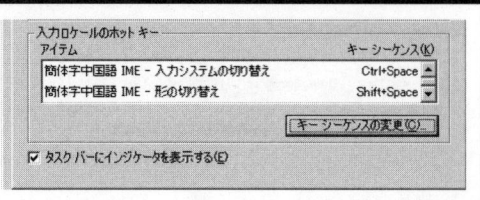

図5　ホットキーの切り替えを定義する

■ 言語と IME を追加する
（Office XP インストール時）

　マイクロソフトの Office XP は、Office 2000 に比べて、
機能面でかなりの充実がみられる。しかし一方で Windows
自体の設定を変えてしまうというかなり厄介な性質も持っ
ている。正確には、Office XP というよりは、その中の
IME 2002 をインストールすることによって変わるのであ
るが、おそらく Office XP をインストールしたユーザは、
IME だけを別に設定することは少ないと思われる。ここで
は、IME 2002 をインストールしたと想定し、主な変更部
分について説明したい。
　さて、Office XP をインストールした後、再び［コント
ロールパネル］を開いていただくと、新たに［テキストサー
ビス］という項目が加わっているのがわかると思う。
　もちろん、［コントロールパネル］には［地域のオプショ
ン］は変わらずにあるので、中国語など言語やフォントに
ついては、インストール前と同じように設定する。すなわ
ち中国語については、「簡体字中国語」「繁体字中国語」の
それぞれにチェックを入れることで言語とフォントがセッ

図6 言語設定

図7 テキストサービス

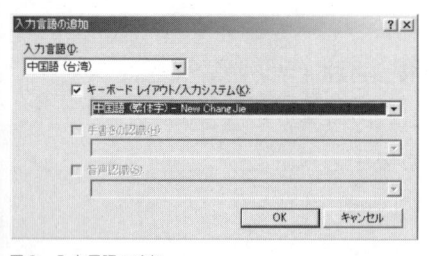

図8 入力言語の追加

トされる（図6）。

この後、[入力ロケール]で各IMEの設定を行うわけであるが、[入力ロケール]からは「変更」が選択できるだけとなっている。[変更]をクリックすると、[テキストサービス]が現れる（図7）。

これは[コントロールパネル]から直接[テキストサービス]を呼び出しても同じである。つまり、言語やIMEの設定については、基本的にこの[テキストサービス]を使って行うようになっているわけである。

[テキストサービス]を開くと、中国語や日本語などの言語ごとに階層が分かれており、[プロパティ]を選択すると、各IMEの詳細な設定が可能となっている。

またここから[追加]を選択することにより、各言語及び各IMEを追加することができる（図8）。

基本的に、追加できるIMEは、前出の図3を参照してほしい。ただ、Office XPでは、新たにOffice XP用にGlobal IME 2002（微軟拼音輸入法3.0等を含む）が使用できるようになっている。[4]

さらに大きな変更点は、タスクバーの変化である。

Office XPをインストールする前の状態では、タスクバーに各IMEがひとまとめに選択できるようになっていた。し

かし、ここは大きく変更されている。

　各 IME は各言語ごとに層に分かれている。そのため、IME の切り替えに際しては、まず中国語・日本語といった言語を選択し、それから ATOK や MS IME といった各 IME を選択する必要がある。この点に注意すれば、あとの設定自体は極端な変化はない（図 9・10）。

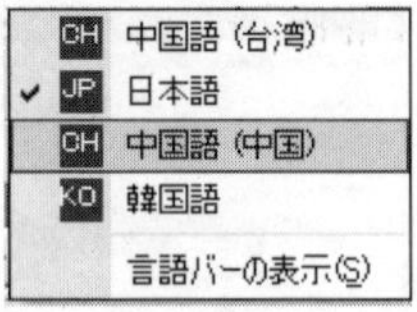

図9　まず言語を選択

図10　次に各 IME を選択する

■ フォントと文字コード

　中国語を扱うに際して、避けて通れないのが文字コードやフォントの問題である。ただ、ここではまず実用的な設定について述べ、その後にやや詳しい仕組みについて論じたい。

■ 中国語の文字コードとフォント

　中国語のホームページを見ようとしたら、意味のない文字の羅列になってしまい、全然読むことができなかった、ということはよく経験すると思う。これを「文字化け」という。すなわち、中国と日本では使用している文字コードが異なるために起こる現象である。

　中国では、GB コード[5]という文字コードで文字を表現するのが普通である。そして、日本では JIS コード[6]を使っている。この JIS コードもいろいろ種類があるが、パソコンでは JIS コードの変形である Shift JIS（シフトジス）が使われている。

　さらに中国大陸で定義されている GB コードのほか、台湾・香港地区で使用される BIG5（ビッグファイブ）というコードがある。[7]これは公的な規格ではないが、台湾や香港で使われる繁体字のデータを表現するときの事実上の

4) 中国語の Global IME 2002 は、簡体字用が http://office.microsoft.com/downloads/2002/imechs.aspx から、また繁体字用が http://office.microsoft.com/downloads/2002/imecht.aspx からダウンロード可能である。

5) GB コードは、中国の国家規格として定められたコードで「国家標準 (Guojia Biaozhun)」の略である。GB も後述するように、多くの種類があるが、ここで単に GB コードといった場合は、GB 2312 を指す。これは、約6千字ほどの漢字が収められている。

6) JIS コードは、日本工業規格によって定められた文字コードである。これも多くの種類があるが、ここで単に JIS コードという場合は JIS X 0208 を指すものとする。

7) BIG5 は、台湾などの5つの大きな会社によって取り決めがなされた文字コードである。そのため、BIG5（漢字では大五・五大）という名称がある。約1万3千字の漢字を収録している。

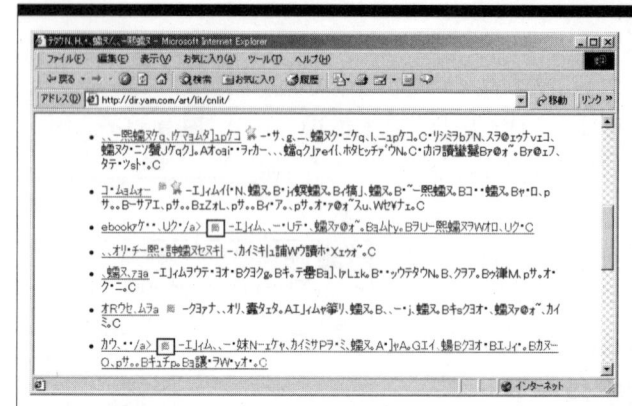

標準となっている。このGBとBIG5が、通常中国語を使う上では必要なものである。

例えば、「中国」という文字が中国語で書いてあるとする。これを普通に日本語のWWWブラウザで見ると「嶄忽」という文字となってしまう。これは、「中国」のGBの番号「9BCE 8D9A」がShift JISでは「嶄忽」という漢字に当たるためである。

だから、中国語をきちんと表示するには、こういった文字コードの違いを処理するためのツールと、それから漢字を表現するためのフォントが必要になる。フォントとは、文字の形を表すためのデータである。

中国語を表すためには、当然ながら中国語フォントが必要になる。例えば、日本語フォントの大半には「你」がないので、この字を表示できない。表示するためには、中国語フォントが必要になる。

Windows 2000の場合は、[言語設定]で中国語を追加した時点で、すでに中国語のフォントも使えるようになっている。[8] フォントの名称などを次に示す。

図11 中国語ページの文字化け

GB 簡体字	SimSun	簡体字宋朝体（簡宋体）
	SimHei	簡体字ゴシック体（黒体）
BIG5 繁体字	MingLiU	繁体字明朝体（新細明體）

図12 Windows 2000の主な中国語フォント

8）例えば、Windows 2000の上で、Wordを使って文書を書く場合、中国語IMEに切り替えると、自動的にフォントも切り替わる。

■ **文字コードについて**

前項では、実用的な最低限の知識として、中国語の文字コードについて述べた。実際には、GBとBIG5さえ知って

いれば十分である。しかし、もう少し進んで多漢字文書を扱おうとするなら、やや詳しい知識が必要となる。ここでは、Unicode（ユニコード）を中心に、文字コードについて述べる。

さて、パソコンに限らず、コンピュータは元来「0と1」だけを理解する。そして0と1の組み合わせを定義することによって、文字を表している。

この0と1の最低単位が「ビット（bit）」と呼ばれるもので、これを幾つかまとめたものを「バイト（byte）」と呼ぶ。バイトも本来は幾つか種類があるが、一般的には8ビットを1バイトとする。そしてそれを4ビットずつまとめた16進法の数字で表す。「0010 1111」は「2F」となる。

パソコンの場合、ASCII（アスキー）コードが使われた。これはアルファベットと数字を主として定義したものである。例えばアルファベットの「A」は「41」、「B」は「42」といった具合である。

しかし、ASCIIコードのような1バイトの空間しかないものは、漢字のような何千・何万と字数のあるものを定義することはできなかった。そのため、JISコードのような、複数バイトを持つ文字コードが定義されることとなった。[9]

日本で一般的に使われているのは、JIS X 0208 である。これはパソコンなどにはShift JISとして実装され、UnixなどにはEUCとして実装されている。これも、同じ文字集合を元にしているものの、実際の割り振ったコードは異なっている。

JIS X 0208 は、6千字ほどの漢字しかなかったため、より多くの漢字を使う場合には問題があった。例えば、「鄧小平」の「鄧」や「深圳」の「圳」が含まれないことは、よく指摘されている。この点を補うため、補助漢字JIS X 0212 が制定された。しかし、これは一部を除いては使わ

9）一定の文字を集めて、それを定義することと、それを具体的なコード番号を与えて、コンピュータに実装することとは、正確に言えば異なっている。ある文字集合を定義したものを「符号化文字集合」と呼び、その文字集合を実装したものについては、「文字エンコーディングスキーム」と呼ぶ。だからShift JISやGB2312などは、文字エンコードスキームということになる。これについては、『パソコンにおける日本語処理／文字コードハンドブック』川俣晶著（技術評論社）p. 157 参照。

れなかった。また JIS X 0208 自体を大幅に見直して漢字などを追加した JIS X 0213 もある。

中国では、先に見たように GB 2312 が一般的である。ただ、これも次々に拡張が行われており、GBK、GB 18030 と変化している。台湾の BIG5 も、若干の変更を加えて公的な規格 CNS 11643 の中に取り込まれている。[10] 韓国では KS コードでハングルと漢字を定義する。

これら各国・地域の漢字を含む文字コードは、文字の割り当てが異なっているために、交換性がない。また、一つの文書に混在させることができない。

このために、パソコンで中国語と日本語を使い分けることは非常に厄介であった。そのため、Windows 3.1/95 の時代、ワープロなどで中国語を打つには、フォントだけを中国語に変えて、実際には JIS コードを使用するという、ある意味で「みせかけの中国語処理」が主流であったのである。

こういった問題を解決するために、Unicode（ユニコード）が制定された。[11] Unicode は、漢字圏諸語のみならず、欧米諸語はもとより、アラビア語・ヘブライ語・ベトナム語・ヒンディー語といった、数多くの言語を混在できるように考えられた規格である。

これにより、中国語と日本語を同一文書で混在することができるようになった他、使用できる漢字の数も大きく増えた。[12] Windows 2000 が多言語対応なのは、まさにこの Unicode に OS レベルで対応しているからである。

Office 2000 以後のアプリケーションソフトも、多くは Unicode に対応している。だから、Word 2000 などでは、日本語や中国語を同時に使えるほか、アラビア語なども混在できる仕組みになっている。

このほか、アップル社の Mac OS や、Linux などの Unix

---

10) GBK は、GB 1万 3千を指し、約 2万字の漢字を持つ。GB 18030 は膨大な領域を持つが、漢字は約 2万 7千字である。CNS 11643 は、BIG5 の上位互換コードで、国家規格として定められている。

11) 「Unicode」とここでは称しているが、これも Ver. 1.1 から 3.1 にかけて、多くの種類がある。また、一部が改変されて、国際規格 ISO/IEC 10646 ともなっている。さらに、ASCII などとの互換性を保つため、インターネットなど、通信の世界では Unicode の変形である UTF-8 などがよく使われている。

12) 当初、漢字は CJK（中日韓）の統合漢字として、2万902字が収録された。その後、エクステンション A が Unicode 3.0 で拡張されて、6582字が追加されている。さらに、3.1では、エクステンション B が拡張されている。

系OSでも、Unicodeへの対応が行われている。つまり、Unicodeで文書を作成することは、好むと好まざるに関わらず必要になってくる。

ただ、Windows 2000においても、中国語や日本語などへの対応はそれなりに完備しつつあるものの、他の言語においてはそうでもない。特に、インド系諸語など、表示と入力の関係が難しいものにおいてそうである。漢字のように、一つの文字に一つのフォントが対応する場合[13]はともかく、そうでない言語も多い。

現在では、一般に使われるレベルの文書であれば、ワープロであれメールであれ、日本語や中国語をUnicodeの範囲であれば簡単に扱うことができるようになった。ただ、約2万字程度の漢字数では、古典などの表記には足りない、という意見もある。

これ対し、より大規模な多漢字環境を提供しようとする動きがある。一つは、大規模な文字コードエリアを有するもの、もう一方では、フォントとツールを提供し、既存のコード上で多漢字環境を実現するものである。前者としては、Unicodeの拡張や、TRONコード、また中国大陸のGB 18030などの動きがある。また後者としては、「今昔文字鏡」や「GT明朝」などの大規模漢字ツールが存在する[14]。これらの動きによって、古典まで含めた大規模漢字環境は整いつつある。

なお、文字コードなどの問題については、ここではごく簡単にしかふれられなかった。より詳細な情報については以下に参考文献を掲げるので、そちらを見ていただきたい。

<参考文献>
・ユニコード漢字情報辞典編集委員会『ユニコード漢字情報辞典』(三省堂・2000年)

13) ここではフォントと称しているが、正確ではない。文字を表現する時、印刷や表示のためのデータはグリフと呼ばれる。ただ、このグリフも、一文字に一つとは限らない。よく出される例であるが、英語の「fi」は、2文字であるが、印刷上一つのグリフを使って表現する。フォントという場合はそのグリフの集合体や表示方法のデータも有していることが多い。さらにインド系諸語では、個々のグリフなどで合成できない表示があり、リガチャと呼ばれる。こういった言語の表示や入力は、コードの問題からだけでは解決できない面がある。

14) Unicodeはエクステンション Bの拡張によって、漢字数は42711字の追加が行われている。また、TRONコードは、パーソナル・メディア社の製品で、BTRON準拠のOSである「超漢字」で使われている。GB 18030は、150万以上の膨大な領域を持つコード体系である。また「今昔文字鏡」はエー・アイ・ネット社の製品である。

- 芝野耕司編著『JIS 漢字字典』(日本規格協会・1997 年)
- The Unicode Consortium, The Unicode Standard Version 3.0, (Addison-Wesley, 2000)
- Ken Lunde、CJKV Information Processing, (O'REILLY 1999)
- 川俣晶著『パソコンにおける日本語処理／文字コードハンドブック』(技術評論社・1999 年)
- 安岡孝一・安岡素子著『文字コードの世界』(東京電機大学出版社・1999 年)
- 文字鏡研究会編『パソコン悠悠漢字術 2001』(紀伊國屋書店・2000 年)
- 小林龍生・安岡孝一・戸村哲・三上喜隆編『インターネット時代の文字コード』(共立出版・2001 年)
- 小池和夫・府川充男・直井靖・永瀬唯著『漢字問題と文字コード』(太田出版・1999 年)

コラム・最新 Unicode フォントいろいろ

千田大介　Daisuke Chida

　世界各国の文字コードを一つのコード体系に総合した Unicode は、一部に批判はあるものの着実に対応ソフトを増やし、多言語・多漢字処理の一般化をもたらした。この間、Unicode 収録文字は不断に増え続け、Unicode 3.1 では漢字数は約7万字にまで増加している。

　しかし、いくら文字コードに文字が定義されていても、フォントがなければはじまらない。執筆時点で入手可能な唯一の Unicode 3.1 対応フォントは、MS Office Proofing Tools 2002 収録の「Simsun (Founder Extended)」だけだ。詳細については、p.270 を参照していただきたい。

　一方、漢字約2万7千字を収録する Unicode 3.0 対応フォントは、既に何種類かが入手できるようになっている。

　中国では 2001 年より新たな文字コード GB 18030 の使用が義務づけられたが、GB 18030 対応フォントは要するに Unicode 3.0 と同じと考えてよい。手軽に入手できる GB 18030 対応フォントは、マイクロソフト中国が配布する Windows 2000 用 GB 18030 対応パッチに含まれる「SimSun-18030」だ[1]。

　大陸のフォントには、例えば「骨」を含む漢字が全て一画省略字形になっているという問題がある。この点、ダイナコムウエア社が市販するフォント集「Type Studio」には、「DFG 華康明朝体 W3-UN」「DFG 華康ゴシック体 W5-UN」「DFG 華康楷書体 W5-UN」の3種類の Unicode 3.0 対応フォントが収録されているが、台湾系のフォントであるためそのような問題は発生しない。値段も比較的手頃なので、多漢字・多言語ユーザーにはお勧めだ。

1）約2万7千字の他、彝文字、ウイグル文字なども収録されている。
ダウンロードは、http://www.microsoft.com/china/windows2000/downloads/18030.asp から。

日本語 IME を使いこなす

山田崇仁　Takahito Yamada

■ コンピュータと日本語入力とを仲立ちする IME

コンピュータで日本語、特に多漢字入力を効率的に行うには、IME をどう使いこなすかがポイントとなる[1]。いくら最近の IME が変換システムや辞書の洗練によって、以前に比べたら随分と「賢くなった」とはいえ、専門用語の変換効率の悪さには、誰しも苦労した経験があるだろう。

また OS の Unicode 化により、多漢字文書の作成が楽になったが、肝心の IME の多漢字化にはまだ問題がある。例えば、一つの OS 上で多言語 IME が利用できるようにはなったが、それらは JIS や GB といった各言語毎の文字集合の枠組みに囚われており、Unicode という同一文字集合内の文字を、文字種によって JIS、BIG5、GB 用 IME を切り替えて入力しなければならないのが現実である。

従って現状で効率的な多漢字入力を行うには、「言語によって IME を使い分ける」「IME の辞書をカスタマイズ[2]する」「通常の漢字変換以外の手法で文字を効率的に検索する」等の方法を使い分けなければならない[3]。

「IME を使いこなす」。それは「目的の文字列（漢字）に最小限の手間で変換する」と同義である。文字の検索に時間を取られると、次第に思考のリズムが阻害され、気がつくとストレスが溜まる。このストレスがまた思考のリズムを阻害し、それはいつしか悪循環に陥ってしまうのだ。

確かに現状の IME では、入力ストレスを完全に癒すのは

1) 最近の IME は、変換機能以外にインターネット対応にも重点を置き始めている。
ここでは紙幅の都合により紹介しないが、インターネットを使った辞書の同期使用等、興味深い機能もある。ただ、これらの機能はインターネットへの常時接続が前提となっている。

2) カスタマイズ
使い勝手や自分の好みに合わせてソフトやハードの設定を変更すること。

3) 本書で紹介する MS IME 2002 及び ATOK14 は、Unicode 対応 IME であり、当然補助漢字を含んだ語句も辞書に登録可能だ。辞書への登録方法は、p.52 参照。

Windows を味方にしよう

不可能だが、工夫次第で軽減することは十分可能だ。ここでは、MS IME と ATOK の基礎的な解説に始まり、ストレス軽減のためのテクニックを幾つか紹介しよう。

■ MS IME 2002

■ OS 標準の IME

　MS IME はマイクロソフト社製の IME であり、「公式 IME」と呼んでも差し支えない。以前は「とりあえず添付されているだけの IME」でしかなく、その変換効率も決してほめられた代物ではなかったが、度重なるバージョンアップにより、今日では他社の IME と比べて決して遜色ないレベルになった。ここでは、執筆時点での最新版である MS IME 2002 を対象に、その使い方を述べることにする。

　なお、MS IME 2002 には、Standard と Natural の 2 つのモードが存在するが、このうち、前者は従来の IME とほぼ同じといってよい。後者は、従来の IME とは異なるインターフェイスが特徴であるが、対応アプリケーションが現状では Office XP のみであるので、こちらの説明は省略してある。

■ IME ツールバー　(Office XP) 図 1

　Office XP より IME の管理方法が変わった。IME バーが言語バーと一体化したことにより、IME バーも「IME ツールバー」という名称になった。MS IME 2002 の全ての機能は、ここから選択することで実行される。

図1の説明:

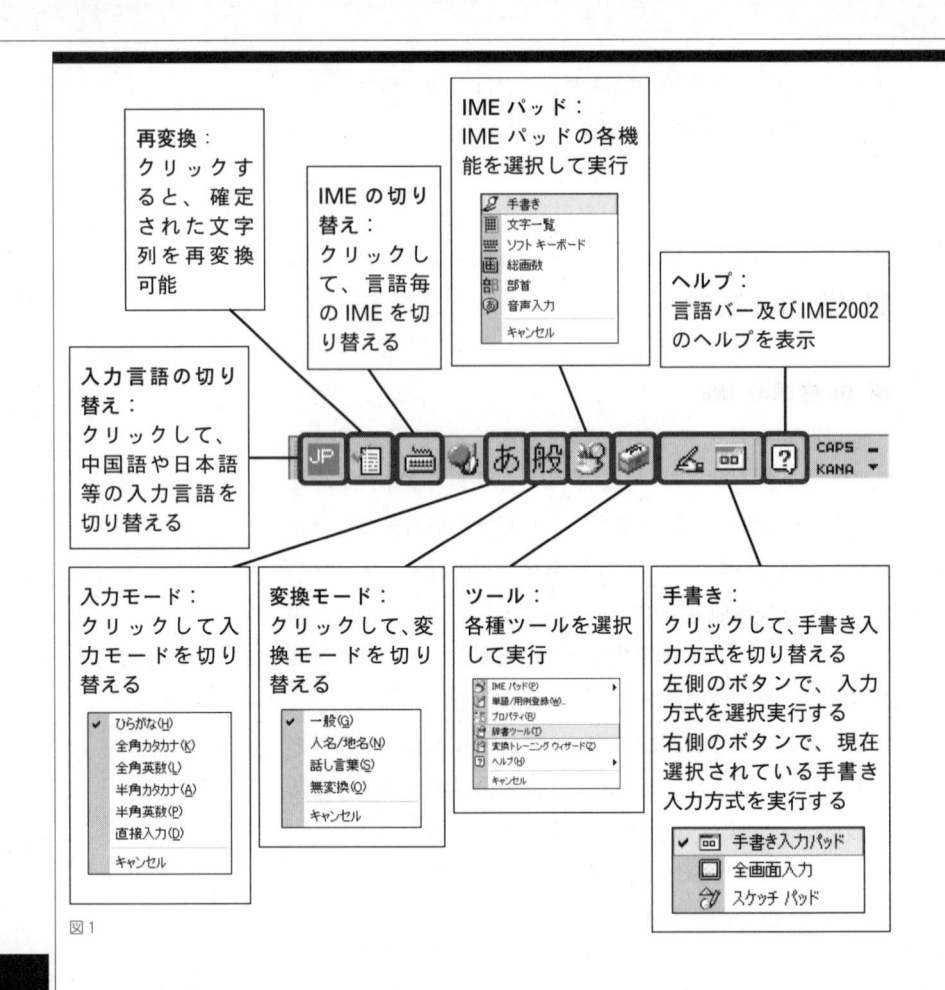

再変換：クリックすると、確定された文字列を再変換可能

IMEの切り替え：クリックして、言語毎のIMEを切り替える

IMEパッド：IMEパッドの各機能を選択して実行
- 手書き
- 文字一覧
- ソフトキーボード
- 総画数
- 部首
- 音声入力
- キャンセル

ヘルプ：言語バー及びIME2002のヘルプを表示

入力言語の切り替え：クリックして、中国語や日本語等の入力言語を切り替える

入力モード：クリックして入力モードを切り替える
- ✓ ひらがな(H)
- 全角カタカナ(K)
- 全角英数(L)
- 半角カタカナ(A)
- 半角英数(P)
- 直接入力(D)
- キャンセル

変換モード：クリックして、変換モードを切り替える
- ✓ 一般(G)
- 人名/地名(N)
- 話し言葉(R)
- 無変換(O)
- キャンセル

ツール：各種ツールを選択して実行
- IMEパッド(P)
- 単語/用例登録(W)...
- プロパティ(R)
- 辞書ツール(T)
- 変換トレーニングウィザード(Z)
- ヘルプ(H)
- キャンセル

手書き：クリックして、手書き入力方式を切り替える 左側のボタンで、入力方式を選択実行する 右側のボタンで、現在選択されている手書き入力方式を実行する
- ✓ 手書き入力パッド
- 全画面入力
- スケッチパッド

図1

■ 入力方法

■ ローマ字とかな入力

　MS IME 2002（以下、MS IMEと略）に限らず、大抵のIMEの日本語入力は、「[半角／全角]を押してIMEをONにする」→「キーボードで読みを入力」→「[変換]（[スペース]）で漢字候補を表示」→「[Enter]で確定」という手順を踏む。
　読みの入力方法は「かな入力」、「ローマ字入力」の大き

く二つに分かれる。「かな入力」は、IMEをONにした後、 かたかな/ひらがな を押し、キートップに印刷されているひらがなに従って入力する。対して「ローマ字入力」は、IMEをONにした後、キートップ上のアルファベットに従って、ローマ字読みで読みを入力する。ただし、ローマ字の綴りはIMEによって若干異なる。

　一見、かな入力の方が少ない打鍵回数で済むため、入力が効率的に進むように見える。しかし、中国学ではピンインやアルファベットの入力を行う以上、2種類のキー配列を覚えるのはいささか効率が悪い。

　また、中文Windowsを使う場合、中国語・もしくは英語キーボードを利用するため、かな配列よりもアルファベット配列を覚えて、ローマ字入力することをお薦めする[4]。

■ 漢字変換

　キーボードから入力された文字列を、漢字仮名交じり文に変換する方法は既に述べたが、複数の変換候補がある場合、MS IME では 変換 を何回か押して目的の候補を選択する[5]。変換候補の数が多い場合は、 Page Up Page Down もしくは Shift + ↓ Shift + ↑ を押すと、変換候補群をページ毎に切り替えて表示できるので、変換候補の検索がぐんと楽になる。

　また、変換候補が多すぎる文字から効率的に目的の文字を見つけだすには、その文字が含まれた熟語を入力して確定し、その後不要な部分を削除すればよい。削除の手間はあるが、変換の手間そのものはだいぶ減る。

■ 漢字以外の変換

　MS IME は漢字以外に、カタカナや英数字等の文字も入力可能だ。基本的には、IMEツールバーの［入力モード］

4）履修形態変更等の理由で、ローマ字を学習していない読者もおられるだろうが、IMEへの入力方式の一方式としてのみならず、日本語の固有名詞等をアルファベット表記する際にも、ローマ字表記がよく使われる。学習しておいた方がよいだろう。

5）MS IME では、間違った変換を確定してしまった場合、その文字を範囲指定して 変換 を押せば、また読みの状態に戻るので、変換し直すことができる。
　IMEツールバーの再変換ボタンを押しても、同じことが可能。

をクリックして［入力モードリスト］を表示し、目的のモードを選択して入力すればよいが、「かな漢字変換モード」からの切り替えが面倒ならば、以下の方法を使おう。

- ひらがなは、ローマ字で入力後、F6 を押す。
- カタカナは、ローマ字で入力後、F7 を押す。
- 通常アルファベットは、IME を OFF にして入力するが、IME が ON の状態で英数字に変換したい場合は、入力後に F10 を押すと半角の英数字に変換される。何回も F10 を押せば、先頭文字の大文字小文字を入れ替えが可能だ[6]。

6）いわゆる全角英数字への変換は F9 を押せばよい。
ただし、データ処理の観点からすれば、英数字を全角で入力することは、必ずしもお薦めしない。

■ ちょっと面倒な文字

- 「ゐ」「ゑ」は、「WI」「WE」という読みで入力して 変換 を押すと、候補に現れる。
- 記号類は、該当すると思われる読みで変換すればよい。また「きごう」という読みで、全ての記号が変換候補として表示される[7]。
- 括弧類は「かっこ」という読みで変換すればよい。また「「」を入力して変換すれば、変換候補に【】『』等と括弧類が表示される。
- 「ぁ」は「la」、「っ」は「ltu」、「てぃ」は「thi」で入力する。
- 「―」を入力したければ、「ー」で変換するとよい。

7）記号の読みの例
- まる →○ ● ◎
- しめ →〆
- どう →々〃仝
- げた →〓

■ 辞書の設定

■ 単語の登録、辞書の作成

変換候補にない文字列を効率よく入力するには、単語登録機能を使って変換候補に登録すればよい。MS IME 2002

はUnicode対応IMEなので、補助漢字や簡体字も登録可能だ。

［語句］は Unicode の文字が登録可能

［ユーザーコメント］変換時に迷いやすい変換候補にコメントをつけて変換効率をアップさせる 128（全角 64）文字まで登録できるので、ミニ辞典的に使うことも可能、ATOKにも同様な機能がある

［読み］はひらがなで入力

［品詞］の選択で困ったら、とりあえず［名詞］を選択

最後に［登録］ボタンをクリックすれば、単語が登録される

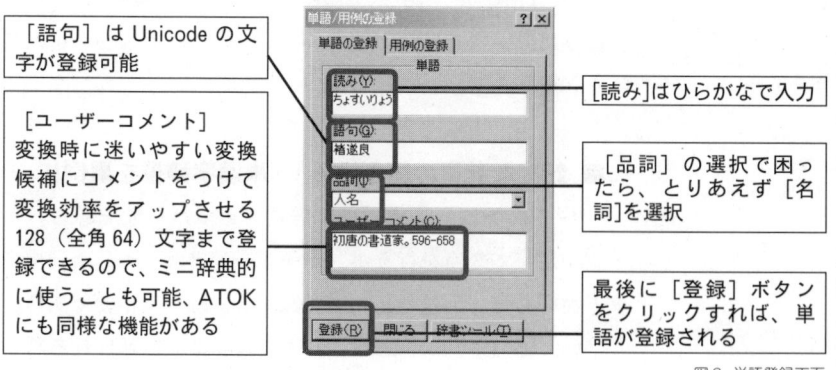

図2　単語登録画面

　始めに IME バーの［ツール］をクリックし、リストの［単語／用例登録］を選択して単語登録用ウィンドウ（図2）を表示する。次に［読み］［語句］［品詞］［ユーザーコメント］に必要な情報を入力、最後に［登録］ボタンをクリックする。登録した読みで変換して、先程の変換候補が表示されたら成功である。

　単語登録は必要に応じて行えばよいが、ある程度の数をまとめて登録する場合は単語ファイルを使う。

　手順は、IME バーの［ツール］をクリックし、リストの［辞書ツール］を選択して辞書ツールを起動する。次に、別途作成した単語ファイル（最低限、［読み］［変換候補］［品詞］の3種の情報がタブで区切られたテキストファイル）を辞書ツールに読み込ませる。次に、メニューの［ツール］→［テキストファイルからの登録］を選択し、単語登録ファイルを指定し実行すると、［単語の一覧］の所に、読み込ませた単語ファイルの内容が反映される（図3）。

　MS IME は Unicode 収録字を全て登録可能であり、また、MS IME 2002 で初めて Unicode（UCS2）単語ファイルの読み書きにも対応した。

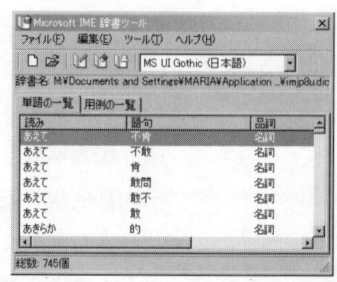

図3　単語一括登録した結果

53

読み込みの際には、自動的に文字コードを判断して登録するが、Unicode 単語ファイル書き出し（「一覧の出力」）を行うには、保存時に［Unicode で出力］にチェックを入れる必要がある。[8]

8）ちなみに、JIS に収録されていない文字を単語登録して入力すると、その中の一部が「・」表示されるが、その部分を選択し SimSun や Arial Unicode MS 等のフォントに変換すると正常に表示される。これは ATOK 等 MS IME 以外の IME でも同様である。

■ 新たな辞書の組み込み ─ 単漢字辞書を事例に ─

MS IME では、通常「標準辞書」と「ユーザー辞書」とを利用して変換を行うが、ユーザー辞書は一つしか利用できないので、大量の語句を登録するには少々不便である。幸い、MS IME 2002 には「システム辞書」と呼ばれる特定分野用の辞書が用意されており、これらの辞書は複数組み合わせて使用することができる。新規にシステム辞書を作成することも可能だが、ここでは初期状態でインストールされている単漢字辞書を対象に、システム辞書の組み込み方の手順を説明しよう。

● 辞書の組み込み

IME の各種設定作業は、IME のプロパティで行う。始めに、IME バーのツールをクリックし、リストから［プロパティ］を選択して起動する。

プロパティのウィンドウが開いたら、最上部のタブボタンから［辞書／学習］をクリックし、設定画面に切り替える。幾つかの項目のうち、画面の下部［システム辞書 (D)］の部分に、現在利用可能な辞書群が表示されているはずだ。

各辞書の左部にチェックボックスがあり、初期状態では、標準辞書のみが黒の実線でチェック済みであり、残りは反転表示もしくはチェックされていない。これらの辞書を常に使用可能にするには、チェックボックスを何回かクリックしてチェック状態を黒の実線に切り替え、最下部の［OK］をクリックすればよい（図4）。

ちなみに、MS IME の単漢字辞書には、文字通り「漢字一文字毎の読みと変換候補」が登録されているが、その収録範囲は、JIS 第一・第二水準のみならず、補助漢字相当部分まで網羅する（図5）。これは ATOK14 の単漢字辞書にはない利点である。

　その他のシステム辞書も目的に応じて適宜利用すればよい。インターネットでもシステム辞書は数多く公開されており、例えば、日本最大のオンラインソフトアーカイブ Vector[9] でも、かなりの数の MS IME 用システム辞書が公開されている。インターネットのサーチエンジンで検索すれば、他のシステム辞書も見つかるかもしれない。

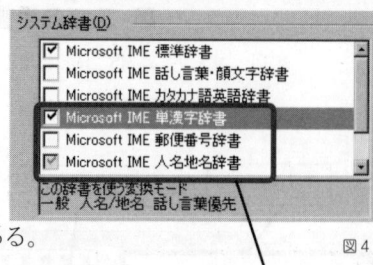

図4

実線チェックは、どのモードでも利用可能
反転チェックは、指定された変換モードでのみ利用可能

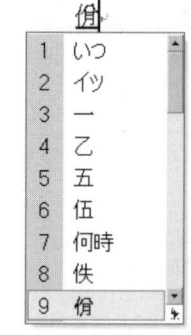

図5　八佾の「佾」（補助漢字収録）を読みで変換

9) http://www.vector.co.jp/

■ 漢字の検索

■ 手書き入力パッドの利用

　変換候補に出てこない文字を辞書に登録したい場合、まずその文字を検索して見つける必要がある。昔は文字コード表やワープロ漢字辞典等を利用して調べたが、最近では、IME の文字検索機能もかなり優秀になり、文字探しのストレスをかなり減らすことができるようになった。

　文字検索の方法は様々だが、最近幅を利かせているのが「手書き入力」だろう。これは、「漢字の字形をマウスで入力」→「IME が変換候補をリストアップ」→「目的の文字を見つけだして確定」するという機能である。

　MS IME にもこの機能がついており、「手書き入力パッド」と呼ばれる。MS IME 2002 では画面全体を使った手書き入力も可能となったが、ここでは、従来のウィンドウ経由での手書き入力について説明する。

■ 二つの手書き入力モード

　MS IME 2002 の手書き入力は、MS Office XP や Internet Explorer で表示される新タイプと、一太郎や Netscape Navigator 等のそれ以外のソフトに手書き入力する際に表示される旧タイプとの二通りに分かれる。アプリケーションによって、両方を使い分けることになるので、両者の使用方法を書いておこう。

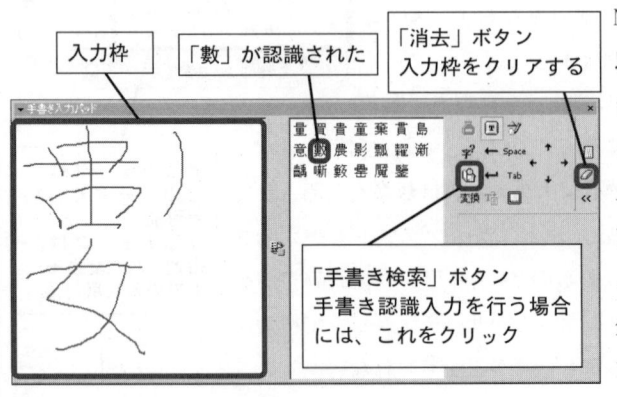

図6 新タイプの手書き入力パッド

（入力枠／「数」が認識された／「消去」ボタン　入力枠をクリアする／「手書き検索」ボタン　手書き認識入力を行う場合には、これをクリック）

● 新タイプ

　まず、IME ツールバーの［IME パッド］をクリックし、リストから［手書き］を選択して起動する（図6）。ウィンドウの左側の枠を［入力枠］と呼び、ここに手書き入力をする。もし図6のようなウィンドウが表示されていなければ［手書き検索］ボタンを押す。入力はマウスの左ボタンを「押したまま」目的の文字（ここでは「数」）をドラッグして書けばよい。左ボタンは一画書き終わる毎に必ず離す必要がある。間違った筆画を書いた場合、［消去］ボタンをクリックすると入力枠がクリアされる。

　変換候補は自動的に認識・表示されるが、一画増える毎に数が絞られる。もし目的の文字が見つかれば、そこにマウスカーソルを合わせてクリックすればよい。アプリケーション上に入力、確定されるはずだ。

● 旧タイプ

起動方法は新タイプと同じ。図7のようなウィンドウが表示されたら［消去］をクリックして入力枠をクリアする（表示されなかったら、［手書き］ボタンを押す）。次に入力枠にマウスカーソルを移し、目的の文字を書く（入力方法は新タイプと同じ）。間違った筆画を書いてしまった場合は、［戻す］をクリックすると、一画前の状態に戻ることができる（新タイプにはない）。また、入力の際［認識］を押しておくと、入力中も自動的に変換候補が表示される。目的の文字が見つかれば、そこにマウスカーソルを合わせてクリックすると、アプリケーション上に入力されるので、最後に［Enter］を押して確定する。

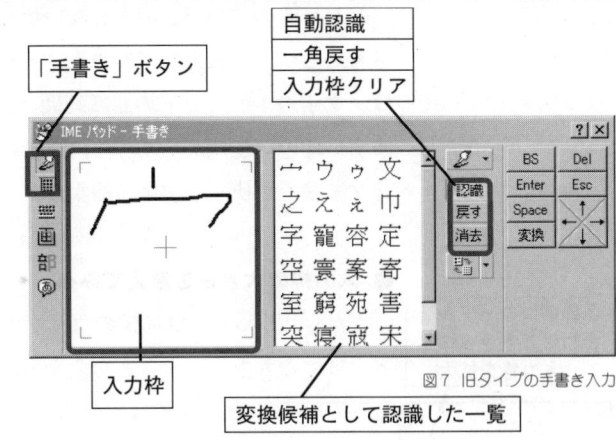

■ 手書き入力パッドのコツ
● 文字と画面の四分割

「手書き入力は難しい」という声をよく聞くが、実は簡単な約束事さえ守って入力すれば、かなり下手な書き方でも認識率は格段に上がる。

始めに、入力枠を田字形に四分割する（図8）。次に、検索する文字も田字形に分割し、後は分割したパーツを入力枠の①～④に収まるように書けばよい。旧タイプは入力枠の真ん中に十字形が書かれているので、それを頼りにすればよい。これは、他のIMEの手書き入力でも使えるテクニックである。

図8 入力枠の四分割

もし目的の文字が表示されない場合は、今述べたコツを参考にしつつ再入力してみよう。それでも見つからなければ、文字が IME パッドの認識範囲（JIS 第一＋第二＋補助漢字）外の可能性があり、その場合は他の手段、例えば今昔文字鏡[10]を使って文字を検索した方がよい。

10) ⇨ p.262「今昔文字鏡で九万字」

● 入力枠の大きさを変えてみる

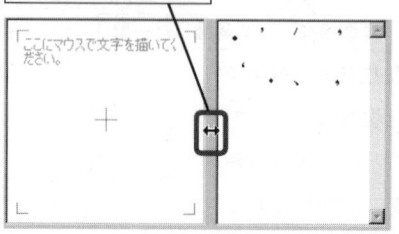

また、IME パッドは通常のウィンドウと同じく、ウィンドウ自体や入力枠の大きさを変えられる。特に入力枠は標準ではやや小さいので、拡大した方が入力しやすい。大きさを変えるには、新タイプでは通常のウィンドウと同じく、外枠や四隅をマウスで左ボタンを押したままドラッグすればよい。旧タイプでは、入力枠と変換候補枠の間にマウスカーソルを当てて、左ボタンで左右にドラッグすればよい（図9）。

境界線にカーソルを合わせてドラッグして、入力枠を拡大

図9　旧タイプでの入力枠拡大

■ 旧タイプでしか使えない機能 ─ 異体字変換 ─

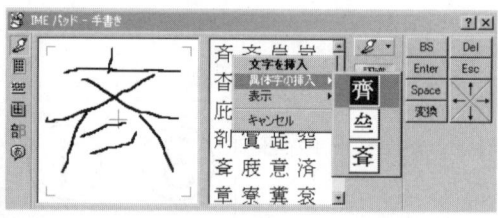

「新字体は分かっているのに、旧字体が出てこない。」そのような場合には、「異体字変換機能」を使おう。ただし、この機能は旧タイプでしか使えない。ここでは「斉」「齊」を採り上げて説明しよう。

図10　異体字変換

まず、入力枠に新字体「斉」を書き、「斉」が見つかったら、そこにマウスカーソルを合わせて右クリックする。

ポップアップメニューが表示されるので（図10）、[異体字の挿入] → [目的の異体字（齊）] にカーソルを合わせ、クリックする。後は先程と同様、アプリケーションに文字が入力されるので、最後に Enter を押して確定する。

Windows を味方にしよう

58

以上、MS IME 2002 の機能を、極簡単に説明した。後述の ATOK14 にも言えるが、IME は初期状態で自分の希望通りに変換できることはまずありえない。最低、辞書に単語を登録し続けて（「辞書を鍛える」）、自分の思考になじんだ IME に変化させる必要がある。実際、IME は使い込んでこその代物と言えるだろう。

■ ATOK14

老舗 JUSTSYSTEM（ジャストシステム）の IME、それが ATOK（エートック）である。ここでは Windows 用の最新バージョン、ATOK14[11] について解説する。なお、ATOK14 は、インターネットとのリンクを特徴とする i ATOK が代表的な新機能だが、紙幅の都合上ここではとり上げない。

11）本稿執筆に用いたATOK 14 には、2001/03/21 付公開のアップデータを適応済。

■ ATOK パレット

サイズグリップ：
ドラッグして ATOK パレットの長さを調整する

文字パレット：
記号や漢字を検索

プロパティ：
ATOK の環境を設定する

各種モード切り替え：
クリックすることで、入力する文字や、変換モードを切り替えができる

メニュー：
ATOK の機能を全て利用

単語登録：
単語登録画面を表示

辞書ユーティリティ：
ATOK の辞書の設定を行う

図11

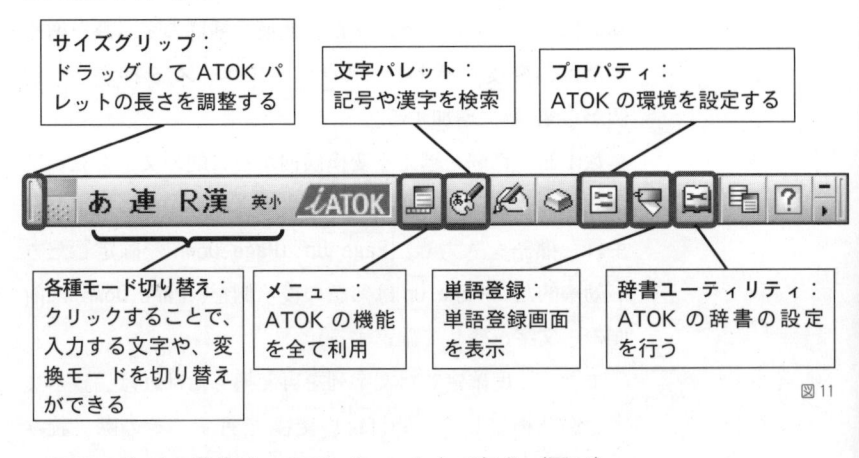

ATOK の全ての動作は、ATOK パレット上で行う（図11）。
パレットボタンの説明は主な機能のみに絞ってある。全ての機能を利用したければ、ATOK パレットのメニューア

イコンをクリックするか、ATOK パレット上で右クリックすればメニューが開く。

■ 変換方法

ATOK14 の日本語入力も、「 半角／全角 を押して IME を ON にする」→「読みを入力」→「 変換 （ スペース ）で漢字候補を表示」→「 Enter で確定」という手順を踏む。ATOK13 までは IME の ON/OFF を Alt + 半角／全角 で切り替えていたが、ATOK14 では 半角／全角 に変更された。

ATOK14 の変換候補は、「単字（熟語）」「単字＋送りがな」の大きく2種類にグループ化されている。入力中、変換候補が表示されている時に Tab を押すと、グループ間をジャンプして切り替えられる。この機能は、「かく」を「各」ではなく「書く」と入力したい場合等に便利だろう。

複数の変換候補がある場合、 スペース を何回か押して該当候補を選択するが、変換候補の数が多ければ、 変換 を押すと次の変換候補群に、 Shift + 変換 で前の変換候補群に切り替えられる。また、変換候補群の表示数を増やすには、 変換 の代わりに Ctrl + スペース を押すと、10 個から 35 個に増加する。

数十個～百個を越える変換候補から目的の文字を見つけだすには、直接その文字を入力するよりも、その文字が含まれた熟語を入力し、 Page Up Page Down で確定した方が効率的だ（ Page Up は熟語の後ろ側を、 Page Down は前側の一文字を残して確定する）。

また、一度確定した文字列を再変換したければ、該当文字を範囲指定して、 Shift + 変換 を押す。その際、読みの横の ▶ をクリックすれば、別な読みも変換できる（図 12）。

● 省入力機能と推測変換機能

通常の変換以外にも、ATOK14には「省入力機能」「推測変換機能」という便利な機能が備わっている[12]。両者とも、ATOKが一時的にストックした確定済みの単語履歴を再利用する機能であり、辞書に登録するまでもないが、今入力している文書ではよく使っている文字列を簡単に変換するのに重宝するだろう。

「省入力機能」(図13)は、文字列の全てを入力しなくても、過去の変換履歴のストックから、該当する変換候補をリストアップする機能である。これを使うには、文字列の初めの一文字を入力して Tab を押せばよい。すると、その読みで始まる変換候補群が表示されるので、後は目的の候補を探して確定するだけである。また、通常の変換中に候補に「0」が表示された場合、0 を押せば「省入力候補」の変換候補が表示される。

「推測変換機能」(図14)は、何回も入力→確定した文字列(概ね3回以上)の入力の手間を省く機能である。このような文字列を入力すると、自動的に文字列の下部にポップアップウィンドウが表示される。もし、表示された候補でよければ Shift + Enter を押すと、読みの入力が途中であっても、目的の変換候補として確定される。

● 入力が面倒な文字

入力中の「ひらがな (F6)」「カタカナ (F7)」「英数字 (F9 F10)」への変換は、MS IME 2002と同じ。その他、記号類等同じ読みで変換可能なものも多いが、MS IME 2002の「うぃ→ゐ」「うぇ→ゑ」に対し、ATOK14ではそれぞれ「い」「え」で読みを入力して変換し、変換候補としてリストアップされる点が異なる。

また、「あ〜わ」を入力して Shift + F6 を押すと、該当

12) ATOK14には「確定履歴機能」がある。これは本文中に述べる確定履歴のストックを一覧する機能であり、そこから変換候補を指定して入力可能だ。確定履歴は、 Ctrl + F8 を押して使用する。

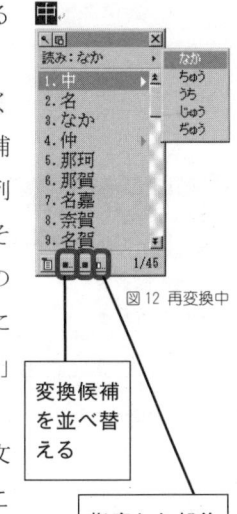

図12 再変換中

変換候補を並べ替える

指定した部首を持つ変換候補を最上位に表示する

図13 省入力機能(一部合成)

図14 推測変換機能

する読みの第一水準漢字が、同じく部首名を入力して
Shift+F6を押すと、その部首に属す第二水準漢字が表
示される。更にF10を押すと、「通常の変換モード」→「半
角」→「文字コード入力」→「記号入力」の切り替えができ
る。

■ 単語の登録

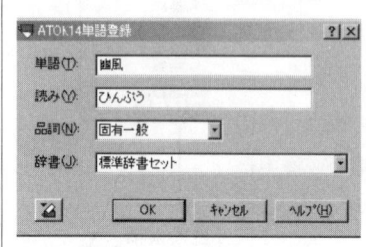

図15 単語登録用ウィンドウ

MS IME 2002 と同じく、ATOK14 も Unicode 対応 IME なので、補助漢字や簡体字も単語登録可能である。登録方法は以下の通り。

始めに、ATOK14 が ON になっている状態で Ctrl+F7を押すか、IMEバーの🈁をクリックすると、単語登録ウィンドウが開く（図15）。後は、各項目を入力もしくは選択して、[OK]をクリックすればよい。

単語は Unicode の範囲で指定可能だが、Unicode に収録されている JIS 以外の文字列に関しては、「・」表示される。ただし、登録自体は問題なく行われており、入力後、該当文字が表示されるフォントに変更すればよい。登録品詞の数がかなり多いが、品詞の名前を参考に適宜分類すればよいだろう。とりあえず「名詞」で登録しておいて、後から他の品詞に直すのも一つの方法だ。存外これで困らなかったりする。

登録先の辞書は、「辞書セット」単位でしか指定できない。「辞書セット」とは、ATOK14用の複数の辞書を組み合わせて1セットにし、あたかも一つの辞書のように振る舞う機能である。ここで登録された単語は、それぞれの辞書セット用のユーザー辞書[13]に収録されている。

13) ユーザー辞書の名前は、ATOKU*.DICとなる（*は数字）。
ユーザー辞書の保存場所は、Windows 2000 では、「ハードディスクドライブ：¥Documents and Setting ¥ユーザー¥Application Data¥Justsystem¥Atok14」

単語ファイルからの一括登録方法は以下の通り。

単語ファイルは MS IME 2000 と同様、最低、［読み］［登録単語］［品詞］の順で入力されたタブ区切りのテキストファイルを用意する。Unicode のファイルも利用可能だが、必ず UCS2[14] でエンコーディング[15]されている必要がある。（一太郎で Unicode テキスト形式の保存をすればよい）。また、1行目には、「!!DICUT14」の記述が必須である。

単語ファイルが用意できたら、辞書ユーティリティを起動しよう。スタートメニューの［JUSTSYSTEM 一太郎 Office］→［JUSTSYSTEM ツール＆ユーティリティ］→［辞書ユーティリティ］または IME バーの をクリックすればよい。

ユーティリティが起動したら（図16）、［一括登録］のボタンを押す。次に［辞書設定］を押し、登録先の辞書を指定する。一括登録する単語数が少なければ［標準辞書セット］でよいだろう。次に［参照］をクリックすると［単語ファイル参照画面］が表示されるので、先程作っておいた単語ファイルを選択し、［開く］をクリックする。最後に一括登録画面に戻って、［登録］をクリックすれば登録作業が開始される[16]。

14) UCS2
Unicode の BMP（Basic Multilingual Plane）に収録された文字を電子化するための符号化方式の一種。秀丸や一太郎の Unicode 保存は UCS2 方式である。

15) エンコーディング
エンコーディングスキームのこと。「符号化方式」とも呼ばれる。文字をコンピュータで利用するために、電子化された情報に変換（＝符号化）する規則のこと。Unicode では UCS2 や UTF8、日本語の場合は JIS, Shift JIS, EUC が該当する。

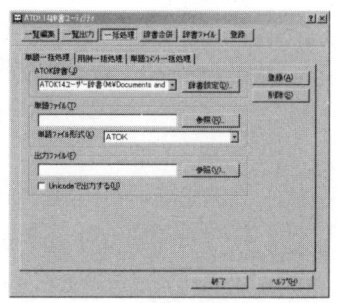

図16 辞書ユーティリティ

16) コメント情報や別変換候補等、より複雑な要素を盛り込んだ単語ファイルを用意しての一括登録方法は、付録 CD-ROM 参照。

■ 辞書セットの設定

先に述べたように、ATOK14 では複数の辞書を「辞書セット」として一括管理する。「辞書セット」は複数用意することが可能であり、変換の際、ファンクションキーを押すことで（辞書セット2～5がそれぞれ F2 ～ F5 に割り当てられ）、異なる辞書セットで変換される。

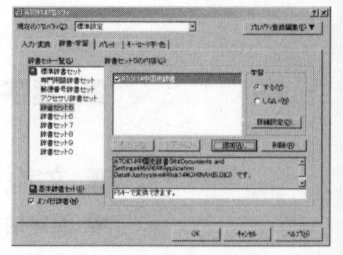

図17 辞書セット設定

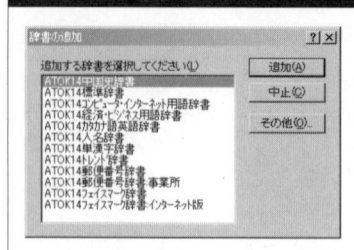

図18 辞書の追加

17) ATOK14には、インストール直後の状態で「専門用語辞書（辞書セット2）」「郵便番号辞書（同3）」「アクセサリ辞書（同4）」の辞書セットが設定済みなので、辞書セットの仕組みや使い勝手を体験できる。

18) コンバート
あるデータ方式を別なソフトウェアで利用可能な方式に変換する行為。

19) ATOK7～11の辞書を利用するには、ATOK14用の辞書に合併する必要がある。作業は、[辞書ユーティリティ]→[辞書合併]で行う。

辞書セットの設定方法は、以下の通り。

始めにATOK14のプロパティを Ctrl + F12 を押すか国をクリックして開き、[辞書・学習]をクリックすると辞書セットの設定画面に切り替わる（図17）。次に、目的の辞書セットにマウスカーソルをあて、左ボタンをダブルクリックする。「辞書の追加」ウィンドウが開くので、一覧から追加したい辞書を指定して［追加］をクリックする（図18）。もしこれ以外の辞書を追加したければ、［その他］をクリックして辞書が保存されているフォルダに移動し、辞書を指定して［開く］をクリックすると、辞書が新たに一覧に追加される（辞書は「システム辞書」のみ利用可能）。新規の辞書セットを作成する以外にも、既存の辞書セットを対象に辞書の追加も可能。

追加した辞書を辞書セットからはずす場合は、辞書セットに組み込まれた辞書一覧の横にあるチェックボックスをOFFにする。再度組み込むにはONにすればよい[17]。

また、ATOK14は前バージョンと辞書形式が異なるので、以前の辞書を利用するにはコンバート[18]が必要となる。方法は、辞書ユーティリティを起動して、［辞書ファイル］→［辞書コンバート］に切り替え、変換元と変換先の辞書をそれぞれ指定して［実行］を押せばよい。ただし、この方法はATOK12、13のみの対応なので、注意すること[19]。

●●●

■ 漢字の検索

■ 文字パレットの使い方
● 漢字検索で楽々多漢字入力

ATOK14にも手書き入力機能「ATOK手書き文字入力」が

あり、入力枠以外に画面全体を使って書くことも可能だが、JISの第一・第二水準範囲内でしか漢字を認識しない。

ATOK14で漢字検索を行うには、手書き入力よりも「JIS第一・第二・補助・Unicodeの『大漢和辞典』収録範囲まで認識可能」な「文字パレット」の［漢字検索］を利用した方がよい。漢文の入力ならば、大抵これで間に合うだろう。これで認識できない大部分の簡体字を入力するには、中文IMEを使った方が効率よく入力できる。

文字パレットは、|Ctrl|+|F11|を押すか、 をクリックして起動する（図19）。次に［漢字検索］をクリックして、「漢字検索」の画面に切り替える。画面は、［検索条件指定］［検索結果］［フォント指定］に分かれており、［フォント指定］で結果表示及び実際に入力されるフォントを指定することが可能だ（ただし、この機能に対応するアプリケーションは少ない）。多漢字検索が目的ならば、フォントにArial Unicode MS、SimSun、MingLiU等を指定すればよい。

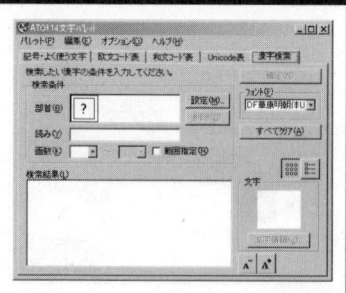

図19 文字パレット→漢字検索

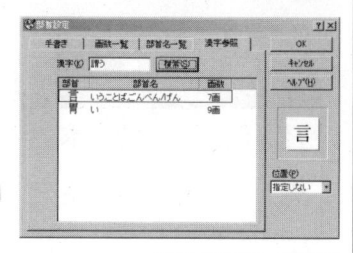

図20 部首設定→漢字参照

実際の検索は、「部首」「読み」「画数」を組み合わせて行う。

まず「部首（ここでは「漢字のパーツ」と同義）」を使っての検索について説明する。始めに［設定］をクリックすると「部首設定」に切り替わる（図20）。「部首設定」は［手書き（手書きで部首を入力）］「画数一覧（部首の画数で検索）］［部首名一覧（部首の名前で検索）］［漢字参照（同じ部首を持つ文字を利用して部首を検索）］のいずれかが利用できるので、必要に応じて使い分ければよい。部首決定後［OK］を押すと、その部首に該当する文字が［検索

Windows 2000で日本語・中国語

65

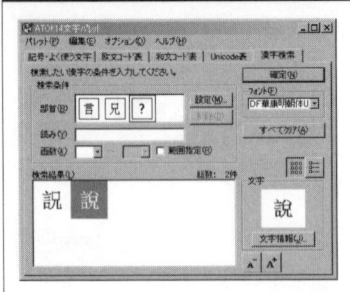

図21 漢字検索で「說」を検索

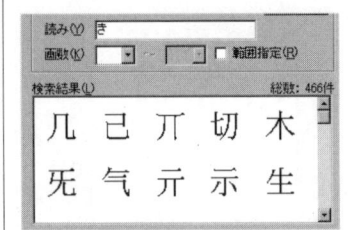

図22 読みでの検索

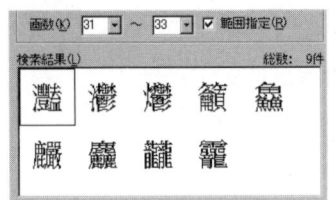

図23 画数指定（31画〜33画）

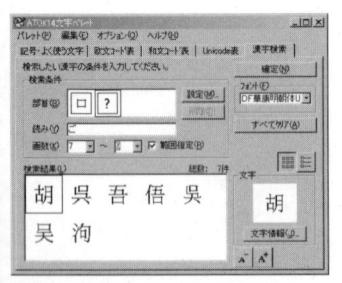

図24 複数条件指定での検索

結果］に表示される。複数の部首を指定しての絞り込み検索も可能である（図21）。

目的の文字を選択して［確定］をクリックすれば、アプリケーションに確定入力される。部首を入れ替えて検索したければ、不必要な部首を選択して［削除］をクリックし、別に部首を加えて再検索する。

また、目的の漢字の「読み」を入力して確定すると［検索結果］にその読み（音訓共）を持つ漢字がリストアップされる（図22）。

「画数」検索は二通りある。一つ目は目的の画数［だけ］を指定する方法。二つ目は［範囲指定］にチェックを入れ、画数の範囲を指定する方法である。いずれも、「画数」の横のリストボックスから画数を指定すればよい。ただし6画以上離れた範囲を指定することはできない（図23）。

「漢字検索」では［全てクリア］をクリックすることで、部首や読み等の情報を全て消去可能。また、複数方式を組み合わせての検索もできる。例えば、パーツが「口」、読みは「ご」、画数は「7〜9画」という条件で検索すると、図24のような結果が得られる。

■ **漢字検索のコツ**

検索結果の文字を大きく表示したければ［A+］を、小さく表示したければ［A-］をそれぞれクリックすればよい。

また、検索結果の文字にマウスカーソルを合わせて右クリックすることで、様々な操作が可能となる。例えば異体字が存在する場合、

「右クリック」→［異体字確定］で表示される異体字から選択してクリックすれば、異体字が入力される。ただし、異体字は JIS 第一・第二水準の範囲でしか設定されていないようだ。更に「右クリック」→［並べ替え］で、検索結果の漢字を「読み」「画数」「文字コード順」等で再配置できる。加えて「右クリック」→［単語登録］で［単語登録ウィンドウ］が開き、同じく「右クリック」→［よく使う文字に追加］を選択すれば、文字パレットの［記号・よく使う文字］→［よく使う文字］に登録される。

　漢字からの部首の分解や異体字の設定等、一部にこなれていない部分があるものの、ATOK14 の文字パレットは実に多機能である。複数条件指定検索は、今昔文字鏡の製品版にもない機能であり、漢字を扱い慣れている場合、「パーツ＋読み」での検索は存外便利だったりする。

　また、Unicode の ExtentionA 領域も文字パレットの Unicode 表から入力できる（3400 − ADB5）。ただし、Unicode 表では、誤って「CJK 互換文字」として項目分けされている。ExtentionB 部分については、Unicode 表が対応していないので、入力不可能である。

中国語 IME の使い方

千田大介　*Daisuke Chida*　二階堂善弘　*Yoshihiro Nikaido*

■ ワープロと IME の関係

「中国語ワープロソフトには何がありますか?」という質問をしばしば耳にするが、これは誤った質問である。Windowsでは、文字を入力変換する IME と、文字をレイアウトして印刷するワープロソフトとは、それぞれ別個のものだからだ。例えば、Windows標準のMS IMEでも一太郎に入力することができるし、一太郎に付属するATOKでWordに入力することもできる。同様に、中国語の文章を作る場合には、以下の二つが必要となる。

- 中国語の入力・表示ができるワープロソフト
- 中国語 IME

中国語の文章を作るのに、特別なワープロソフトを用意する必要はない。Word（97以降）や一太郎（バージョン9以降）あるいはWindowsに付属するワードパッドなどのUnicodeに対応したワープロソフトがあればよい。中国語IMEは、J北京2000やChinese Writerなど市販のものもあるが、前にもふれたようにWindows 2000には標準で中国語IMEが搭載されている。それが簡体字版の微軟拼音輸入法2.0と、繁体字版の微軟新注音98であり、ともにAI辞書機能による高い変換効率を誇っている[1]。

■ Global IME と微軟拼音・微軟新注音

ところで、マイクロソフトはGlobal IMEという中国語IMEを配布している。これは、多言語処理に本格的には対

[1] ⇨ p.36「Windows 2000の中国語設定」

応していない Windows 95/98/Me シリーズで、アジアの各言語のホームページで文字入力したり、電子メールを作成したりするために開発された機能限定版 IME だ。従って、Windows 2000 でそれらを使う必要はないし、不具合のもとになる危険性があるのでセットアップしてはいけない。

　Windows 95/98/Me を使っている場合でも、Global IME で中国語を入力できるソフトは Internet Explorer と Outlook Express、Word 2000 などに限られてしまうので、予算に余裕があるなら市販の GB コード、BIG5 コード対応中国語入力ソフトを利用した方がよい。また、裏技であるが、以下に紹介する微軟拼音・新注音輸入法をダウンロードして使うこともできる。

■ 微軟拼音輸入法 2.0

■ 微軟拼音輸入法とは

　微軟拼音輸入法 2.0 版（以下、微軟拼音）は、マイクロソフト中国とハルビン工業大学が共同開発したピンイン入力簡体字中国語 IME だ。簡体字中国語版 Windows 98 以上および各言語版の Windows 2000 に標準で搭載されている[2]。

■ 入力・変換方法
● 基本的な入力方法

　簡体字を入力するには、タスクトレイの多国語インジケーター（もしくは言語バー）をクリックして微軟拼音に切り替える。すると IME が切り替わり、画面左下に微軟拼音の IME バーが表示される（図1）。Word の場合は、IME を切り替えるとフォントも自動で中国語フォントに切り替わるので、日本語を入力しながら、引用部分だけ IME を切り替

[2] Office XP ユーザーは以下のサイトから微軟拼音輸入法 3.0 をダウンロードして組み込むことができる。
http://office.microsoft.com/downloads/2002/imechs.aspx
使い方は、2.0 と大差ない。

図1 微軟拼音 IME バー

えて中国語入力することも簡単だ。

手はじめに「你好！」と入力してみる。声調は数字でアルファベットの後につけて、「ni3hao3!」とタイプする。すると図2のように自動で漢字に変換される。また、図3のように声調を省略して「nihao!」だけでもよい。こちらの方が、キータッチ数が減るので楽だろう。

このとき、文字の下に破線が表示されているのは、漢字の再変換が可能な未確定状態であることを表す。確定する方法は2種類あり、一つは Enter を押す、もう一つは標点符号（,。；？！）に続いて文字を入力する方法だ（図4）。

なお、ピンインの「ü」は「v」で代用する。また軽声は「5」を使う。例えば、「绿色的」なら「1v4se4de5」となる。

図2 「ni3hao3!」と入力

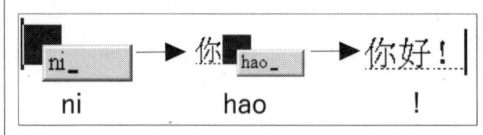

図3 「nihao!」と入力

図4 変換の確定

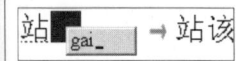

図5 ピンイン区切りの誤認識

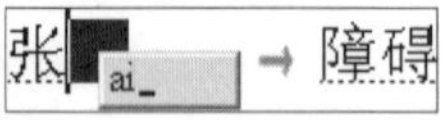

図6 ピンイン区切りの指定

図7

● ピンイン区切りの変更

声調なしでピンイン入力していると、漢字の区切りが上手く認識されないことがある。例えば「障碍」と変換するとき、「zhangai」が「zhan/gai」と誤認され、「站该」と変換されてしまう（図5）。その場合は、以下のいずれかの方法で漢字の区切り位置を指定する必要がある（図6）。

1. 「zhang」の後で Enter を押す。
2. 「zhang」の後で スペース を押す。
3. 「zhang」の後に声調を数字で入力する。

● 変換候補の呼び出しと確定

微軟拼音は高度なAI変換機能を備えているが、同音語の多い字句や複雑な文、固有名詞などを入力する場合には、変換候補の中から使いたい字句を探さなくてはならない。

それでは、「学而时习之」と入力してみよう。

まず「xueershixizhi」と入力し、スペースを押す。「学而」はいいが、「时习之」がうまく変換できていない（図7）。

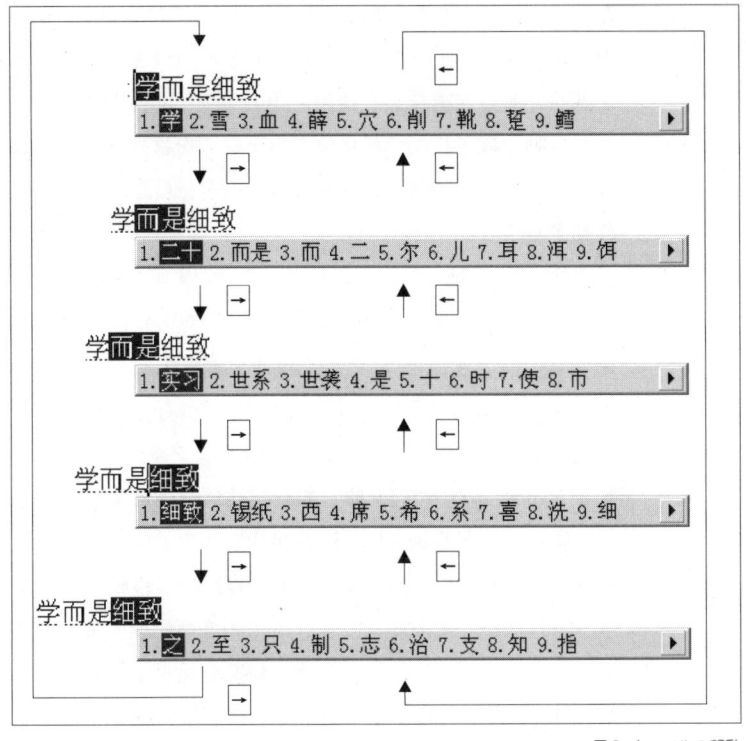

図8　カーソルの移動

変換候補を表示するには、←→を使う（図8）。→を1回押すとカーソルが未確定文字列の左端に移動する。さらに1回押すごとに1文字ずつ右に移動し、フォーカスがあたっている部分の変換候補が表示される。文字が2文字単位で反転表示されているのは、熟語として認識されていることを表す。右端で→を押すと左端にもどる。←を押し続けた場合は、逆

図9　「时」を確定

に右端から左端に向かってカーソルが移動する。また、未確定箇所の左端に移動したい場合は|Home|、右端に移動したい場合は|End|を押す。

入力した文字の下に表示されている変換候補ウインドウをよく見ると、熟語の変換候補が表示されているのはフォーカスが「而」「細」にあたっているとき、つまり微軟拼音が熟語であると認識した語句の頭の一字にあるときだ。もし、自動認識された熟語単位でカーソルを移動させたければ、|Ctrl|+|→|を押せばよい。|Ctrl|+|←|なら左に向かって移動する。

それでは、「是」から訂正していこう。まず「是」にカーソルを移動させる。変換候補ウインドウの4.に「时」が見えるので、|4|を押してして候補を確定する。数字キーを押すのが面倒ならば、|↓|を押すと一つ右の変換候補にフォーカスが移動するので、目的の文字にフォーカスが移ったところで|スペース|を押して変換候補を選択する。左の変換候補にもどる場合は|↑|を押す。

「时」を選択すると、カーソルが右に一つ移動する。次は「习」だが、変換候補ウインドウの変換候補の中には見あたらない（図10）。このとき、変換候補ウインドウの右端に|▶|が表示されているが、これは変換候補ウインドウに次候補画面があることをあらわす。次候補画面に移動する方法は、|↓|を押し続ける、|PageDown|を押す、あるいは|▶|をマウスでクリックするの3種。前候補画面に戻る場合は、|↑|を

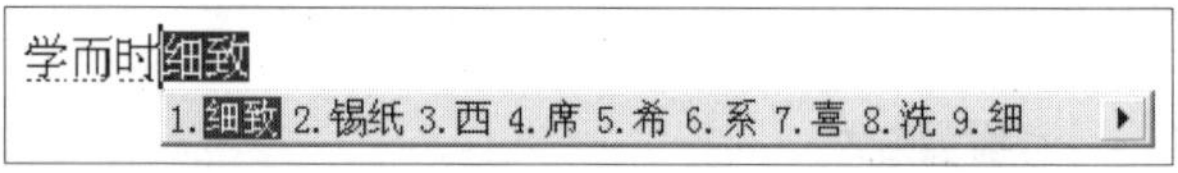

図10「习」の変換

図11 次候補画面

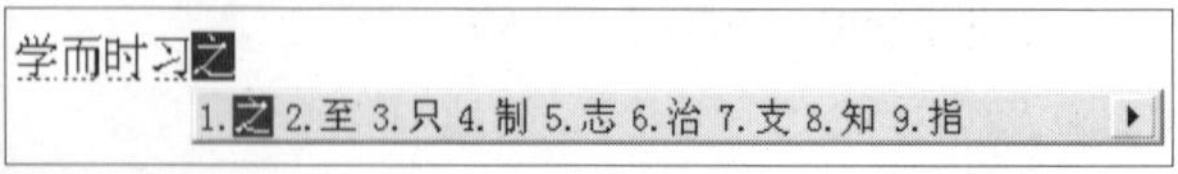

図12「之」の自動変換

押し続ける、PageUpを押す、あるいは変換候補ウインドウの◀をクリックする。

次候補画面（図11）に移動すると、「习」が4.に見えるので、数字キーもしくは↑↓とスペースを使って選択する。

「之」はAI辞書機能のおかげで、自動で変換されるはずだ（図12）。最後にEnterを押して変換を確定する。

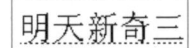

図13 誤入力

● 誤入力の訂正

ミスタイプをしてしまった場合は、誤入力箇所を削除して入力し直すことになる。微軟拼音は、未確定文字列の訂正・追加および自動再変換に対応しているので、修正も比較的簡単だ。

「mingtianxingqisan」（明天星期三）を、誤って「mingtianxinqisan」と入力してしまうと、図13のようになる。

図14 誤入力の訂正

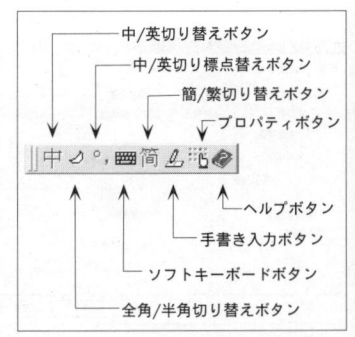

まず、←→を押して誤入力された「新」にカーソルを移動させる。次にDeleteで誤入力した「新」を削除し、そして「xing」と入力し直してスペースを押す。「xingqisan」が単語と認識され、自動で変換されるので、スペースを押して確定する（図14）。自動変換で求める文字が出てこない場合は、前と同じ要領で←→を使って変換候補を呼び出せばよい。文字を挿入・削除する場合も要領は同じだ。

■ 微軟拼音の各種機能と設定

微軟拼音IMEバーの各ボタンの機能は、以下のとおり。なお、アイコンの名称は解説の都合上、仮に名付けたものである。

● 中/英切り替えボタン

図15 IMEバー

Windows 2000で日本語・中国語

73

中で中国語入力、英で英数入力。Shiftでも切り替え可。

● **全角/半角切り替えボタン**

○が全角、◯が半角。符号と英数についての設定。Shift+スペースでも切り替え可。

● **中/英標点切り替えボタン**

符号（句読点）の種類を変更する。。,が中国語モード、",が英数モード。Ctrl+.（ピリオド）でも切り替え可。

● **ソフトキーボードボタン**

キーボードを画面に表示するか否かを設定する。

● **簡体字/繁体字切り替えボタン**

简で簡体字モード、繁で繁体字モード。繁体字モードは、台湾 BIG5 コードではなく、簡体字以外の繁体字・常用漢字体など全ての漢字が変換候補になる。このため、台湾・香港宛のメールなどを用いると、思わぬ文字化けのもととなるので要注意。

● **手書き入力ボタン**

日本語版 Windows 2000 では使えない。

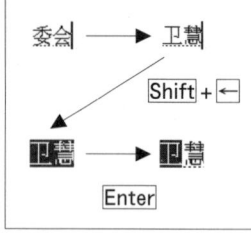

図 16 変換中に単語登録

● **プロパティボタン**

詳細な機能の設定。

・选软件盘（ソフトキーボードの選択）：ソフトキーボードの種類を切り替える。

・定义词典（ユーザー辞書）：ユーザー辞書を設定する。一語ずつ自分で登録するほかに、ファイルからの一括登録もできる。漢字・ピンインの単語一覧のほ

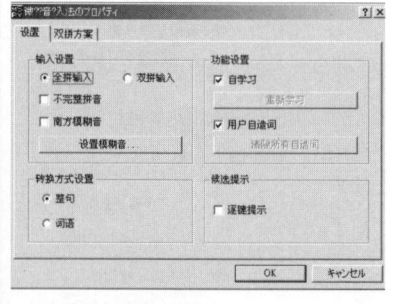

図 17 微軟拼音のプロパティ

Windows を味方にしよう

かに、1行1単語のUnicodeテキスト形式の単語一覧ファイルを読み込んで自動でピンインの読みを補完し登録する機能もある。

　また、単語入力中にユーザー辞書に登録する方法もある。「卫慧」を登録する場合は、まず「weihui」と入力して、一文字ずつ変換していく。変換が終わったら確定させずに Shift + ← で単語登録したい範囲を選択し反転させる。この状態で Enter を押すと、単語登録され、反転が解除される（図16）。

・光标跟随（インライン変換）：通常はチェックされた状態のままでよい。
・属性（プロパティ）：以下の各機能を設定する。
・输入设置（入力設定）
・全拼输入・双拼输入：全ピン入力と双ピン入力の切り替え。
・不完整拼音（不完全ピンイン入力）：ピンインの省略入力。例えば、「日本人」を「rbr」だけで変換できるようにする。
・南方音模糊（南方方言音あいまい入力）：南方方言で区別できない「zh」と「z」、「n」と「l」、「-n」と「-ng」などのあいまい入力が可能になる。
・转换方式设置（確定方式設定）：変換候補の確定方法の設定。整句のままで問題ない。
・自学习（自動学習の設定）：自動学習機能の切り替え。［重新学习］をクリックすると、それまでの学習結果がクリアされる。
・用户自造词（ユーザー辞書の設定）：ユーザー辞書の使用／不使

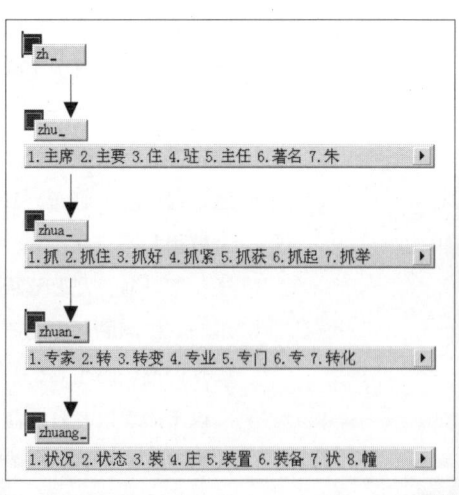

図18

用を選択。

・逐鍵提示（変換候補の逐次表示）： ← → や スペース を押さなくても、ピンイン入力に従って変換候補を表示するように設定できる。「zhuang」と入力すると、図18のように変換候補が変化する。熟語の短縮入力もできる。

● ヘルプボタン
・中国語のヘルプが表示される。

■ 符号と特殊文字の入力

　微軟拼音で苦労させられるのが、符号の入力だ。実はキーボードは国によって配列が微妙に違っている。日本では、アメリカのキーボードに五つのキーをプラスした106キーボードが使われるが、中国ではアメリカの101キーボードをそのまま使っているので、微軟拼音も101キーボード対応になっており、アルファベットと数字、「．，？！」などは共通しているが、それ以外のカッコや「＠＃＋−＝」などの符号の位置が106キーボードとは違っている。

　キーボードはパソコンに、「 Shift ＋1番上の左から3番目のキーが押された」というような信号を送っているに過ぎない。それを、106キーボードに対応したIMEは「"」と解釈してくれるが、微軟拼音は101キーボードの配列に従って「＠」だと解釈してしまう。このため、日本語キーボードに印刷してある文字・記号と実際に入力される符号に食い違いが生じてしまうことになる。

　以下の表は、日本語106キーボードと微軟拼音で実際に入力される符号との対照表だ。変換候補に出てくる符号も挙げてあるので、参考にしてほしい。

符号	日本語キーボード	変換候補	微軟拼音の設定	符号	日本語キーボード	変換候補	微軟拼音の設定
[	@	] { } [ ] ( )	。,	]	[	[{ } [ ] ( )	。,
;	;	?。!,.	。, *	'	:	' " "	。, **
、	]		。,	\	]		。, ***
,	, (カンマ)	.;?。!	。, *	。	. (ピリオド)	!,.;?	。, *
.	. (ピリオド)	;?.!,	。,	/	/ (スラッシュ)	± × ÷ + -	
{	Shift+@	} [ ] [ ] ( )		}	Shift+[	{ [ ] [ ] ( )	
:	Shift+;		。, *	"	Shift+:		。, **
《	Shift+,	》〈 〉	。,	》	Shift+.	《 》〈 〉	。,
		Shift+]			?	Shift+/	。!,.;	。, *
―	-	/ ± × ÷ +	、		半角/全角	" " ' '	
～	Shift+半角/全角		。,				
!	Shift+1	,..;?。	。, *	・	Shift+2		。,
@	Shift+2	^ _ = # &		#	Shift+3	& @ \ _ =	。°,
¥	Shift+4	□ $ £	。, *	$	Shift+4	£ ¥ □	■,
%	Shift+5	‰		……	Shift+6		。, ****
-	Shift+7	。, 。,		&	Shift+7	@ \ _ = #	。,
*	Shift+8		。,	(	Shift+9	) { } [ ] [ ]	。, *
)	Shift+0	({ } [ ] [ ]	。, *	——	Shift+-	_ = # & @ \	。°, ****
―	Shift+-			+	Shift+^	- ± × ÷	
=	^	≈ ≠ ≡					

* 文字列に続けて入力した場合のみ変換候補が表示される。
** 閉じカッコは、自動で修正される。
*** 日本語環境では、半角が「¥」に化ける。
**** 自動で2文字分入力。
***** 全角入力時のみ変換候補が表示される。

　上の表に見えない符号は、▦→[选软件盘]をクリックしてソフトキーボードから入力する。なお、ソフトキーボードから声調符号付きピンインを入力することができるが、

77

手間がかかるので、後に紹介するツールを使った方がよい。

■ 微軟新注音輸入法 98

　微軟新注音輸入法 98（以下、微軟新注音）は、台湾版 Windows 98 以降と Windows 2000 に標準搭載される IME で、注音符号で入力する。[3] 20世紀前半に創出された注音符号は、台湾では現在でも中国語の発音表記法として広く普及している。ピンインに比べて、表記と発音の対応が完全であり、しかも最大3文字＋声調であらゆる漢字が入力できるのでキータッチが少なくて済むというメリットもある。

　しかし、日本ではピンインによる中国語教育が一般的で、注音符号を習う機会はほとんどない。台湾に行く機会の多い人は、現地でのパソコン利用のために是非とも覚えておくべきだが、台湾に行くこともないし一から覚えるのはちょっと、という人もご安心を、微軟新注音はピンイン入力できるように設定することもできる。

　以下では、微軟新注音でピンイン入力する前提で解説する。注音符号入力でも操作方法はほぼ同じだ。食い違う部分については随時注記することとする。

■ 微軟新注音の設定

　他国語インジケーターや言語バーをクリックして微軟新注音に切り替えると、図 19 の IME バーが表示される。この IME バーにカーソルをあわせて右クリックすると、IME の設定メニューが表示されるので、[内容]をクリックする。すると「微軟新注音輸入法のプロパティ」が表示される。

　それでは、ピンイン入力できるように設定しよう。[鍵盤輸入對應]タブをクリックすると、図 20 が表示される。

---

3) Office XP ユーザーは、下記サイトから微軟注音輸入法 2002 をダウンロードして使うことができる。
http://office.microsoft.com/downloads/2002/imecht.aspx
使い方は 98 版とほぼ同じだが、手書き入力に対応した。

デフォルトでは［標準注音鍵盤］がチェックされているが、［羅馬拼音］に改めよう。これで［OK］をクリックすれば、ピンインで入力できるようになる。

図19 微軟新注音IMEバー

ただし、微軟新注音のピンイン入力は、注音の辞書ファイルを内部でピンインに変換しているので、一部の漢字の発音は台湾式になってしまう。例えば「波」は「pō」ではなく「bō」になっている。

ついでに、そのほかの設定項目についても見ておこう。［設定］タブをクリックすると、図21になる。

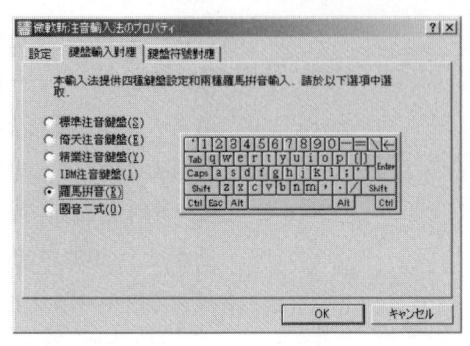

図20 キーボードの設定

- 啓動學習功能（学習機能の起動）：微軟新注音の自動学習機能のON/OFFを切り替える。通常はONのままでかまわない。
- 啓動使用者造詞功能（ユーザー辞書機能の起動）：ユーザー辞書機能の使用/不使用を設定する。辞書のメンテナンス画面は、IMEバーの上で右クリックし［使用者造詞(U)...］をクリックして呼び出すのだが、［鍵盤輸入對應］で注音入力を選択しておく必要がある。「羅馬拼音」に設定してあると呼び出せないので注意が必要だ。辞書は一語ずつ登録していく方法のほかに、微軟拼音と同様に、漢字・注音ファイルおよび漢字のみのファイルから一括登録することもできる。注音で登録した単語

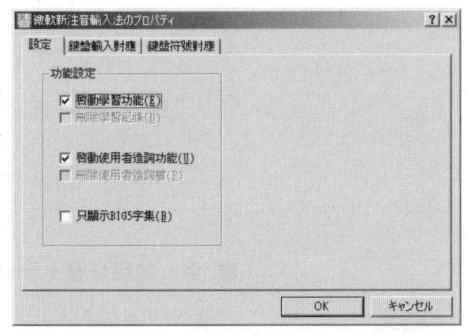

図21 設定タブ

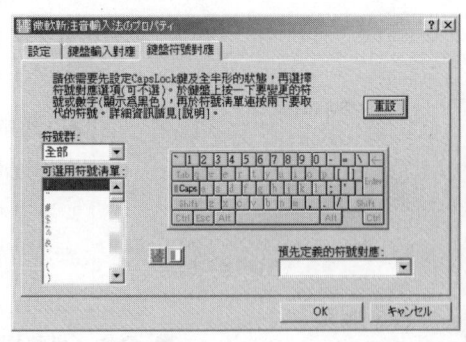

図22 鍵盤符號對應

も、ピンインで入力することができる。
・只顯示BIG5字集（BIG5コードの文字のみを表示する）：微軟新注音には、台湾で使われる漢字コードであるBIG5コードばかりでなく、Unicodeに収録されている常用漢字体や簡体字も登録されているが、ここをチェックすると、変換候補にBIG5に収録された文字だけが表示されるようになる。台湾や香港宛のメールを書く場合は、文字化けの危険を避けるためにチェックしておこう。

つぎに、[鍵盤符號對應]をクリックする。ここでは、各種符号のキー割り当てについてユーザーが自由に設定することができる。設定する場合は図22の画面上で、半角・全角・Caps Lockなどを設定した上で、割り当てたいキーをクリックする。そして、左の符号一覧から割り当てたい符号を選んでクリックすればよい。

IMEバーのアイコンについても見ておこう。なお、アイコンの名称は、解説の都合上、仮に命名したものである。

● **中／英切り替えボタン**

善で中国語入力、Aで英数入力。ボタンをクリックするほか、Shiftを押して切り替えることもできる。

なお、微軟拼音を使った後に微軟新注音に切り替えると、中／英切り替えボタンが図24のようになり、英数しか入力できなくなる。これはIMEの相性問題のようだ。中／英切り替えボタンをクリックして、中国語入力に切り替えるしかない。

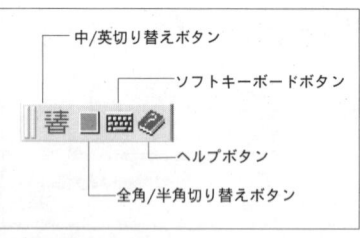

図23 微軟新注音IMEバーの名称

図24

● **全角／半角切り替えボタン**

英数字および符号の全角・半角を設定する。■が全角、▎が半角。ボタンをクリックするほか、Shift+スペース

でも切り替えられる。

● **ソフトキーボードボタン**
　クリックすると、ソフトキーボードが画面上に表示される。

図25 「ni3hao3」と入力

● **ヘルプボタン**
　クリックすると、中国語のヘルプが表示される。

■ **微軟新注音の入力・変換方法**
　それでは、微軟新注音を使って中国語をピンイン入力してみよう。

図26 「ni3hao3」と入力

　まず「你好」だ。Wordを起動し、他国語インジケーターをクリックして微軟新注音に切り替えたら、「ni3hao3」と入力する。これで「你好」と自動で変換される（図25）。
　声調は省略できる。「nihao」と入力し、最後に スペース を押すと図26のようになる。
　変換した文字列にアンダーラインが付いているのは、未確定であることを表す。文字列を確定するには、
・ Enter を押す
・文字列に続けて、句読点（,。）を入力する
いずれかの方法を使う。「ü」は「v」で代用し、また軽声に「5」を使うのは、微軟拼音と同じだ。

図27

● **変換候補の呼び出し**
　次に少々複雑な文字列を入力してみよう。「白髪三千丈」(baifasanqianzhang) と入力する。すると「百發三簽章」と誤変換されてしまう（図27）。
　変換したい文字に移動するには ← を押す。一つずつ左にカーソルが移動し、反転部分が移動する（図28）。2文

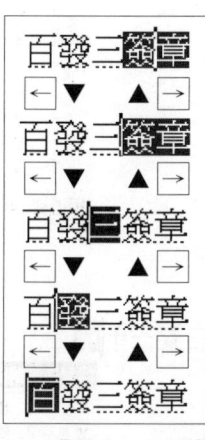

図28 カーソルの移動

字まとめて色が変わるのは、熟語認識されているためだ。右に戻るには→を押す。ただし、変換文字列の左端から右端、右端から左端へのジャンプはできない。

まず、「百」を「白」に改める。カーソルを「百」にあわせてスペースを押すと、図29のように変換候補ウインドウが表示される。スペースのかわりに↓を押してもよい。

2番目に「白」が見えるので「2」を押す。↓↑を押して「白」を選択しEnterを押してもよい。「髪」「千」も同じ要領で変換する。

図29 変換候補の呼び出し

「章」にカーソルをあわせ変換候補ウインドウを表示させると、図30のように表示される。候補に「丈」が見えないので次候補画面に移動しなくてはならない。ここで、スペース、もしくはPageDownを押すと、図31の次候補画面に移動する。「4 丈」が見えるので、「4」を押すか↓↑とスペースで変換する。

また、図30の状態で→を押すと、変換候補ウインドウが拡大する。あとは、→↓などのカーソルキーを使って目的の漢字を捜して選択する。スペースかPageDownを押すと拡大した画面全体が次候補画面に入れ替わる。以上で全ての文字の変換が完了したので、Enterを押して確定する。

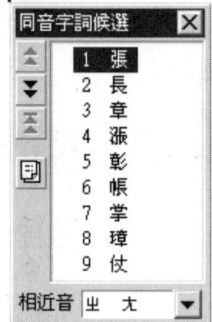

図30

● 英数・符号と特殊文字の入力

台湾で使われているキーボードもアメリカ101キーボードであるため、日本語キーボードと微軟新注音の組み合わせで符号や英数を入力するのは、慣れるまで一苦労だ。特に「、」を入力

図31

Windowsを味方にしよう

82

するのは、**全角/半角**または`:`を押して変換だとは、一見しただけではわからない。

まず、微軟新注音で英数を入力する場合は、
・中/英切り替え：`Shift`
・全角/半角切り替え：`Shift` + **スペース**

この二つのショートカットを利用して、全角／半角の英数モードに切り換えよう。中国語入力モードから英数や符号を入力しようとすると、`Caps Lock`の切り換えが必要になるため非常に手間がかかってしまう。

また、以下に日本語キーボードと微軟新注音で実際に入力される符号、変換候補に表示される符号の対照表を掲げておくので、入力の際の参考にしてほしい。

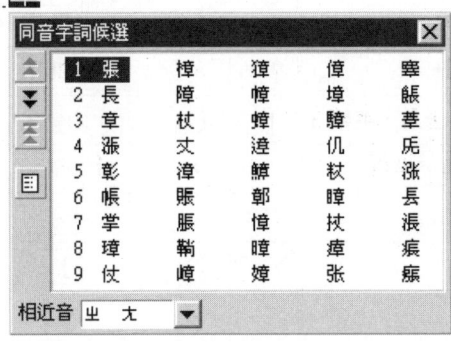

白髪三千章

図 32

符号	変換候補	日本語キーボード	符号	変換候補	日本語キーボード
全角・英数　もしくは　全角・中国語・Caps Lock ON の場合					
!		Shift + 1	@	⊕⊙㊣@	Shift + 2
#	#	Shift + 3	$	¢£¥$€	Shift + 4
%	%	Shift + 5	︿	＜＜〈《？	Shift + 6
&	&	Shift + 7	*	×※✕﹡	Shift + 8
(	⌒(	Shift + 9	)	⌣)	Shift + 0
―	─ ― ‑ ‒　‥…←→　⋯ ―　⋯ ‒　～‐	Shift + ―	+	±＋	Shift + ^
{	⌒{	Shift + @	}	⌣}	Shift + [
:	：：	Shift + ;	″	〃 ˇˋ "	Shift + :
｜	↑↓｜‖｜｜	Shift +]	<	〈《⌒⌢<	Shift + ,
>	〉》⌣⌣>	Shift + .	?		Shift + /
全角・中国語　または　全角・英数モード					
`	″′、	全角／半角	〔	⌒┐┐〔「『【	@
〕	⌣⌒⌒〕」』】	[	;		;
'	′ ˊ ˋ	:	＼	↖↘＼	]
，		，	｡		.
／	÷↗↙／	／			

●●

■ Chinese Writer V5

　Windows 2000 では、これまで見てきたように、中国語 IME「微軟拼音輸入法」が標準で装備されているため、Windows 98/Me と違って、中国語 IME を別に購入する必要はない。

しかし、微軟拼音輸入法は、元来中国語 Windows に搭載されていたもので、高機能ではあるが、日本人にとってはやや使いにくく感じる面もあるかもしれない。使いやすさや、ツールの豊富さでは、やはり日本製の中国語環境（中国語 IME ＋中国語フォント等）の方に軍配が上がる。

高電社[4]の Chinese Writer（チャイニーズ・ライター）は、最もポピュラーな中国語環境の一つであろう。現在のバージョン Chinese Writer V5 は、Windows 2000 上でも動作する。

4) http://www1.mesh.ne.jp/KODENSHA/index.html

Chinese Writer V5 をインストールすると、中国語 IME がタスクバーの箇所に設定される。GB・BIG5・CW の3種類である。

このうち、CW は独自入力形式で、日本語のフォント置き換えによるものである。これは本来の中国語とはいえないので、使用しない方がいい。ただ、以前にこの形式で作成した文書を処理する場合は必要である。

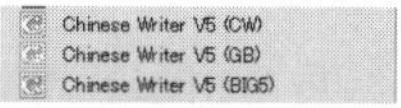

GB を選択すれば簡体字入力を、BIG5 を選択すれば繁体字入力を行うことができる。入力方法は多く用意されており、「全ピン入力モード」や「双ピン入力モード」などを指定できる。また簡体字の場合は「声調付きピンイン符号」を入力可能となっており、単語や熟語をどんどん打ち込むことができる。

図33 Chinese Writer V5 の IME 切り替え

さらに、GB 2312 や BIG5 の文字コード番号や、部首検索による入力（図34）も可能であり、入力法では困ることはまずない。

ピンイン入力の辞書機能は充実しており、語彙の豊富さは右に出る者がないと思われる。

図34 Office XP をインストールした場合はこのように言語ごとになる

使用できるアプリケーションの数も多い。また Unicode に対応しているため、Word や一太郎を使って中国語文書、あるいは日中混在文書が簡単に作成可能である。

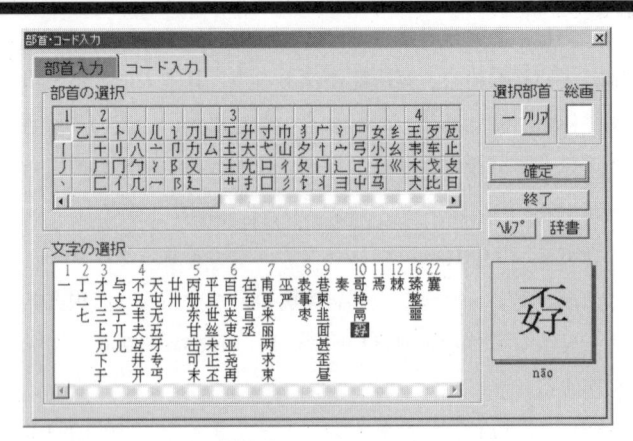

図35 Chinese Writer V5の部首入力

　その上Outlookなどのメールソフトの上で、中国語メールを編集・送信することも容易である。また、Internet Explorerなどのブラウザ上で中国語を入力することもでき、日常的に中国語を使う上で、十分すぎるほどの性能を持っている。

　また、特筆すべき機能に、テキストファイルのコンバータ機能がある。簡体字中国語テキストを繁体字テキストに変換したり、またUnicode文書を処理したりする場合には、威力を発揮する。

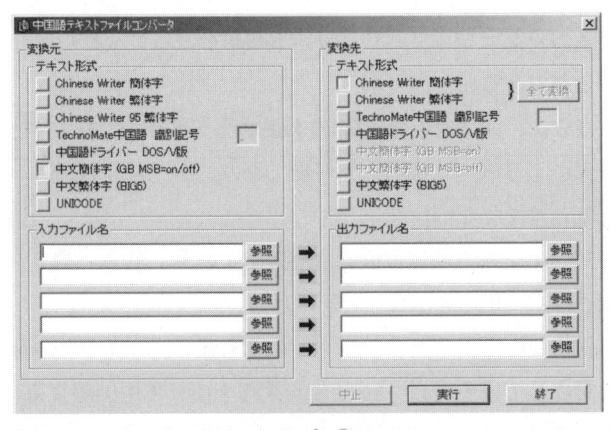

図36 Chinese Writer V5のテキストコンバータ

■ 楽々中国語（cWnn5）

オムロンソフトウェア[5]の製品である、cWnn（シーウンヌ）も、日本ではポピュラーな中国語環境の一つである。

ただし、現在のバージョンcWnn5は、「楽々中国語」という中国語統合環境ソフトの一つとなっている。

楽々中国語は、中国語IMEである「cWnn5」、翻訳ソフトである「Chinese Navigator」、中国語学習ソフトである「聞いて効く中国語会話入門」など、いくつかの異なる種類のソフトが同梱されたものだ。

中核となるcWnn5は、Windows 2000上でも動作する高機能な中国語IMEである。

Chinese Writer同様、タスクバーからcWnn・GB・BIG5の3種類のIME切り替えが可能となっている。このうち、cWnnは、独自形式の入力法である。

GB（簡体字）とBIG5（繁体字）の入力は、Unicodeにも対応しており、Wordや一太郎などのワープロ、それにOutlookなどのメールソフトでも中国語が使用できる。もちろん、コード入力や部首入力など、多くの様々な方法で入力可能である。また、コードコンバータの機能も充実している。

cWnn5で特筆すべきは辞書の機能である。IMEと小学館『日中・中日辞典』が連動しており、IMEを使って変換した単語の意味や用例が検索簡単に見られるようになっている。

5) http://www.omronsoft.co.jp/

図37 cWnn5のIME切り替え

図38 cWnn5のIME切り替え

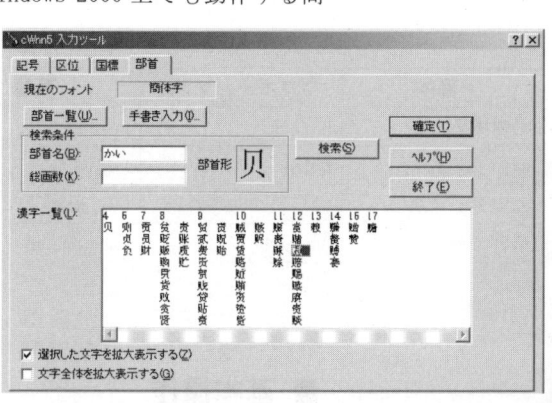

図39 cWnn5の部首入力機能 Office XPをインストールした場合は言語ごとになる

ハングルを使うには

師茂樹　Shigeki Moro

■ 入手・インストール

　韓国語 IME にはいくつか種類がある。ここでは Microsoft が無料で提供している韓国語用の Global IME（Microsoft 한글 입력 시스템／ハングル入力システム）について簡単に紹介する。入手方法、インストール方法は中国語の Global IME と同様である。[1]

1) より詳しい情報については「Enjoy! Hangul Computing」http://www.2d.biglobe.ne.jp/~kmlabs/ehc/ 等を参照。

　入手しやすい韓国語フォントは以下のとおりである。IE に Gulim(che)、Dotum(che) が、Office XP に Batang(che)、Gungsuh(che) が含まれている。

書体	プロポーショナル	等幅
明朝体系	Batang	Batangche
ゴシック系	Dotum	Dotumche
丸ゴシック系	Gulim、New Gulim	Gulimche
草書体系	Gungsuh	Gungsuhche

図1

■ 基本操作

　Microsoft ハングル入力システムを起動させると、次のようなアイコンが表示される。表示されるボタンの数は、アイコンの上で右クリックをすることで開くことができるプロパティ画面において変更することが可能だ。
　一番左のボタンはハングル入力と英語入力を切り替えるボタンである。このボタンをクリックすると、ハングル入力の時には가に、英語入力の時にはAに、表示が切り替

Windows を味方にしよう

わる。右 Alt を押すことでも切り替えること
が可能である。

　中央のボタンは、英数字や空白文字の半角
と全角を切り替えるためのボタンである。ク
リックするごとに半角・全角が切り替わる。

　一番右にあるボタンは、Word 上で選択した
文字列を、ハングルから漢字、漢字からハン
グルへと相互変換するためのボタンである。

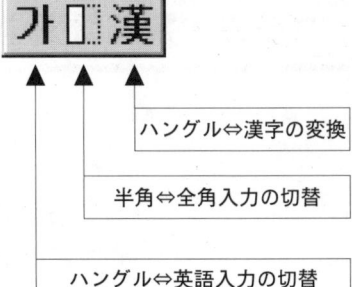

ハングル⇔漢字の変換
半角⇔全角入力の切替
ハングル⇔英語入力の切替

図2

■ 入力方法

　Microsoft ハングル入力システムの入力方法には2ボル
式、3ボル式、ローマ字入力など、いくつかの種類がある
が、ここでは代表的な2ボル式を紹介する。

　2ボル式は、図3のような配列でハングル字母が配当さ
れている（二つ並んでいるところの右側は、Shift を押し
ながら入力した場合）。キーボード上のアルファベットと
ハングル字母との対応はないが、少し練習すれば記憶でき
るだろう。

　入力の際、子音が
初音になるのかパッ
チムになるのかの判
定は、IME が自動的
に調整してくれる。

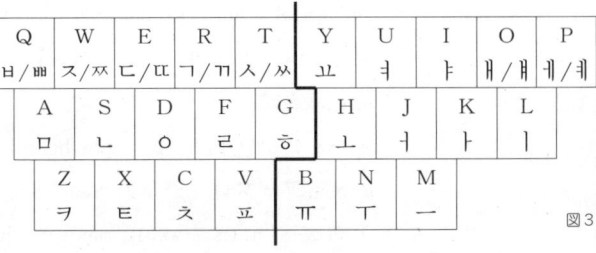

Q	W	E	R	T	Y	U	I	O	P
ㅂ/ㅃ	ㅈ/ㅉ	ㄷ/ㄸ	ㄱ/ㄲ	ㅅ/ㅆ	ㅛ	ㅕ	ㅑ	ㅐ/ㅒ	ㅔ/ㅖ

A	S	D	F	G	H	J	K	L
ㅁ	ㄴ	ㅇ	ㄹ	ㅎ	ㅗ	ㅓ	ㅏ	ㅣ

Z	X	C	V	B	N	M
ㅋ	ㅌ	ㅊ	ㅍ	ㅠ	ㅜ	ㅡ

図3

例えば「시스템（システム）」と入力する際、「ㅅ」→「시」
→「싯」（次の初音ㅅパッチムになっている）→「시스」
（母音ㅡを入力したので1番目のパッチムとされていたㅅ
が2番目の文字の初音になる）→「시슫」→「시스테」→
「시스템」という具合に変化する。

コラム・電脳韓国学事始・リンク集

師茂樹　*Shigeki Moro*

　東アジアの文化を考える上で、日本と中国との間に挟まれた朝鮮半島の存在を無視することはできない。紙数の都合によりほんの一部しか紹介できないが、役に立つサイトを列挙してみよう。

● 情報の基点
・Korea Web. http://koreaweb.ws/ 英語サイトであるが、コンピュータ関連情報のみならず、各種機関、研究者、書籍、サイトなどへのリンクが非常に充実している。
・きょん☆あ Labs 2000 http://www2d.biglobe.ne.jp/~kmlabs/ 充実したリンク集、Enjoy! Hangul Computing（下記）など。

● 日本語版 Windows で韓国語
・Enjoy! Hangul Computing http://www2d.biglobe.ne.jp/~kmlabs/ehc/ Windows98 での韓国語処理のほか、オンラインソフト情報など。「【概論】パソコン上のハングル環境」は必読。
・ハーンソフト http://www.haansoft.com/japan/ 定番中の定番ワープロ「アレアハングル」
・高電社 http://www1m.mesh.ne.jp/KODENSHA/ 入力ソフト「Korean Writer」、OCR「アルミ」、翻訳ソフト「j・Seoul 2001」など
・オムロンソフトウェア http://www.omronsoft.co.jp/ kWnn を含む韓国語統合ソフト「楽々韓国語」

第 3 章

メールとインターネット

　パソコン購入の動機としてインターネットをあげる人も多いだろう。インターネットが人と情報とをつなぐ知の宝庫であり、また中国や台湾が急速にIT化を進めていることも知られている。しかし、実際に中国語で電子メールをやりとりしたり、中国・台湾のホームページにアクセスしたりすることについては、注目度の割に情報が不足しているといってよいだろう。

　本章では、インターネットで情報を収集し、それを発信するまでの一通りを紹介している。

　ホームページの紹介についてはとても本文で紹介しきれない。詳しくは付録 CD-ROM を参照のこと。

❖ インターネットのなりたち

インターネットの歴史

師茂樹　Shigeki Moro

　インターネットの歴史をどこから始めるかについては諸説があるだろう。

　ここではとりあえず、冷戦の真っ只中の 1957 年にソ連が打ち上げた世界初の人工衛星スプートニク号から筆を起こすとしよう。米国はこの出来事に大きなショックを受け、情報技術の分野でリードするために、国防総省内に ARPA（アーパ、高等研究計画局）を組織し、コンピュータの分散化についての研究を始めた。すなわち、データや通信を１台の大型コンピュータに集中させるよりも、複数に分散したほうが攻撃を受けた際の被害を最小限に抑えられるという軍事的な危機管理の発想からスタートしたものなのである。この「分散」という概念は、現在にいたるまでインターネットの重要なキーワードとなっている。

　この組織が 1969 年、ネットワーク研究のため ARPANET（アーパネット）を開始したのがインターネットの起源と言われているが、最初はたった４台のコンピュータを結んだごくごく小さなネットワークで、回線速度は 50Kbps だったとされている（現在市販されている、アナログ・モデムの回線速度と同じくらい）。現在では接続台数が１億台に届くかというほどまで成長しているインターネットの歴史を、時系列に沿ってかいつまんで見てみよう。

1971 年：電子メールプログラムが発明される。

1972 年： @（アットマーク）が電子メールの区切り記号となる。世界初のチャットが行われる。

1973 年：ARPANET が初めて国際接続をする。

1975 年：メーリングリスト始まる。

1980 年：初めてのコンピュータウィルス。

1982 年：TCP/IP が完成。この時、「複数のネットワークがつながったもの」を（小文字の）internet、「TCP/IP でつながった internet」を（大文字の I で始まる）Internet と定義される。

1983 年：ARPANET から軍事機関が切り離される。BBS（電子掲示板）ソフトウェアが発明される。

1984 年：日本でインターネット（JUNET）への接続が始まる。最初に結ばれたのは東京大学・慶應大学・東京工業大学。

1990 年：世界初の商用プロバイダが営業を始める。

1991 年：ワールドワイドウェブ（WWW）が発表される。

1993 年：WWW 用ブラウザ Mosaic が開発される。これによってインターネットが爆発的に普及する。

1994 年：世界初のインターネット銀行強盗。世界初のスパムメール。

　最近、最先端のイメージを持って語られているアットマークやらチャットといったものが WWW よりも古いというのも興味深い。さらに詳しい歴史を知りたい場合には、Hobbes' Internet Timeline（http://www.zakon.org/robert/internet/timeline/、和訳 http://www.histec.me.titech.ac.jp/~ktanaka/rfc/rfc2235-jp.txt）が定番となっているので、そちらを参照されたい。こうして見るとインターネットの歴史がごく浅いものであることがわかるだろう。

インターネットのなりたち

■ インターネットはバケツリレー

　さて、先に述べた歴史をざっと眺めただけでもわかるだろうが、インターネットというのは複数のコンピュータを網の目のようにつないだネットワークである。したがって、我々が普段、何気なくホームページ（WWW）を見ているときにも、ホームページが置いてあるコンピュータと我々が使っているコンピュータとの間には、いくつものコンピュータが存在してデータをバケツリレーのように届けてくれている。これはWWWに限ったことではなく、メールなど他のデータもすべてバケツリレーでやりとりがなされているのである。

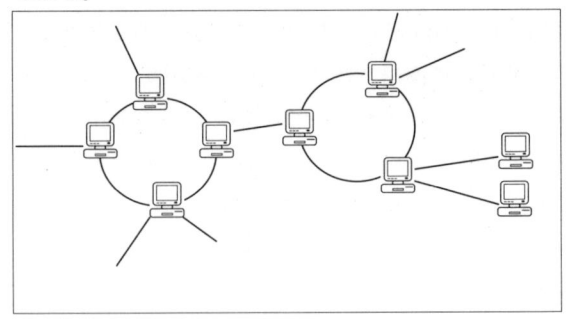

図1

　自分との間にいくつのコンピュータを経由しているかを調べるのは割と簡単である。例えば、自分のパソコンから「雅虎中国」（http://cn.yahoo.com/）の間にいくつのコンピュータ（正確にはルータ）があるかを調べるには、DOSプロンプトを立ち上げて「tracert cn.yahoo.com」と入力すればよい[1]。インターネットにおける距離とは、地理上の距離ではなく、経由するルータの数と言いかえられるかもしれない。

1）ちなみに、筆者の自宅から「雅虎中国」までには20台のルータがあったが、「雅虎台湾」（http://tw.yahoo.com/）との間には16台、日本のYahoo! Japan（http://www.yahoo.co.jp/）との間には5台であった。

■ メール、WWW、FTP

　さて、網の目をリレーされるデータの種類は、通信の方式によって様々な形態がある。インターネットで最もよく利用されているデータであるメールは、少ない量の文字データがほとんであろうし、ホームページ（WWW）は文字と画像が混在した小さなデータの集まりだ。フリーソフトウェアなどをダウンロードしたことがある人もいるだろうが、そういったデータはまとまった大きさを持っている。

　このように様々なタイプのデータを効率よくリレーするために、それぞれの方式にふさわしいプロトコルが決められている。プロトコルとは元々「条約原案」や「外交儀礼」といった意味の言葉であるが、インターネットではデータをやりとりするコンピュータ同士の約束事を意味する。当然のことながら世界中で統一されている。

　メールの場合、送信にSMTP[2]、受信にはPOP[3]を使うことがほとんどだ。WWWを送信するプロトコルはHTTP[4]、大きなファイルをやりとりするにはFTP（File Transfer Protocol）を使うのが効率がいいのだが、他のプロトコルでもできないということではない。

　HTTPの場合は小さなデータを一方的に送りつけるだけなので、一度送ってしまったあとはすぐに相手との接続は切れてしまうが、FTPの場合、データの相互やり取りや、（権限があれば）相手のファイルを消したりすることもできるので、HTTPより複雑ですぐに切断したりもしない、などの違いがある。メールの場合は、文字（しかも、原則としてアルファベットと数字などの所謂ASCII文字に限られる）をやりとりするのが前提となっているので、画像などを送るためには工夫が必要になってくる。

2）Simple Mail Transfer Protocolの略
3）Post Office Protocolの略
4）Hyper Text Transfer Protocolの略

メールソフトで中国語

師茂樹　Shigeki Moro

■ Outlook Express

■ 入手・設定

　Windows で（最近は Macintosh でも）もっとも普及しているメールソフトは、Outlook Express（以下 OE）であろう。Windows を使っていれば必ずインストールされているはずであるが、万が一インストールされていない場合は Internet Explorer（以下 IE）の最新版を入手しよう。Microsoft のサイト[1] からダウンロードできるほか、パソコン雑誌の付録 CD-ROM などからも入手できる。

　OE で中国語メールを扱うには、IE の多言語サポート環境[2] をインストールすることで、自動的に実現される。初期設定で登録されているフォントは図2のとおりであるが、これらのフォントで表示しきれない部分については別のフォント（通常は日本語のフォント）で補おうとする。

　通常はこれでほとんど問題がないが、フォントの設定を変更したい場合には、メニューの[ツール]→[オプション]→[読み取り]を開き、下部にある[フォント]ボタンをクリックすると、各言語のフォントを設定することができる。

1) http://www.microsoft.com/japan/ie/

2) ⇨ p.110「中国語のホームページを読む」

図1

文字コード	プロポーショナルフォント[3]	固定ピッチフォント[4]
日本語	MS Pゴシック	MS ゴシック
簡体字中国語	SimSun	(なし)
繁体字中国語	(なし)	MingLiU
Unicode	Arial	Courier New

図2

3) プロポーショナルフォント
文字を並べた時の美しさを考え文字ごとに幅を変えてあるフォントのこと。

4) 固定ピッチフォント
等幅フォントとも言う。プロポーショナルフォントとは逆に、すべての文字幅を一定に設定してある。

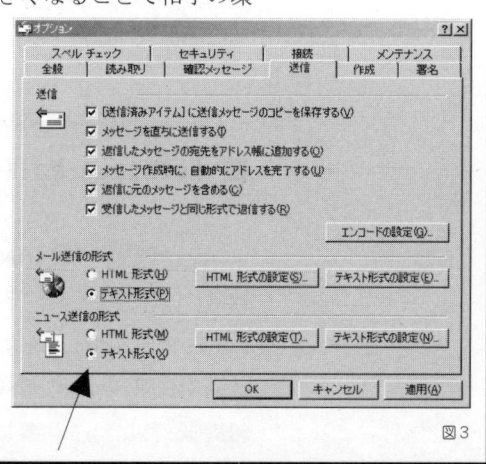

■ 使用上の注意

ちなみに、OE および Outlook 2002 などの関連製品は、入手や設定が簡単で広く普及しているが、その反面セキュリティ面に弱くコンピュータ・ウィルス作者の格好の標的となっており、これまで世界中で多くのユーザが被害にあっていることも忘れてはならない。一般の報道も騒がせた「I Love You」ウィルスなど最近の主流は、受け取った人だけでなくその友人・知人にも感染するようなものであり、対策を怠れば被害者であると同時に加害者になる可能性がある。したがって、利用に際してはワクチンソフトの導入等、充分な配慮が必要である。

また、初期状態で HTML メールを送るようになっているのも Outlook シリーズの特徴である。HTML メールは見栄えがする反面、メールの容量が大きくなることで相手の環境（回線やメモリなど）に余分な負担をかけることになる上、そもそも HTML メールを読めない人にとっては無駄なだけである。また、ウィルスの問題も、多くはこの HTML メール機能を逆手に取ったものなのである。

HTML メールをやめるには、[ツール]→[オプション]で設定ダイアログを開き、[送信]タブ

図3

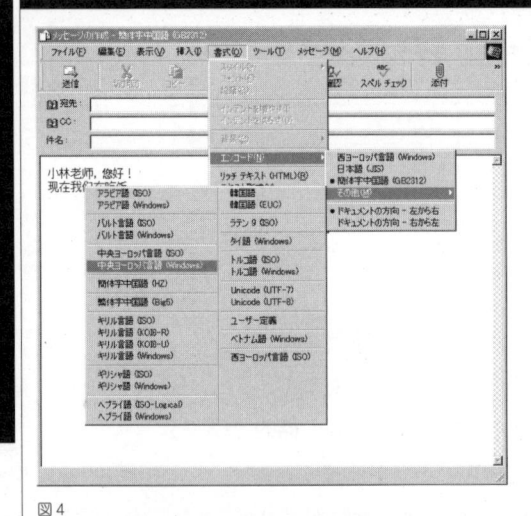

をクリックすると送信するメールの形式を設定できる（図3）。「メール送信の形式」と「ニュース送信の形式」を共に[テキスト形式]にしておけばよい。

■ 中国語メールを書く

OEでは、メッセージ作成中にメニューの[書式]→[エンコード]から[簡体字中国語]か[繁体字中国語]を選択することで中国語文書の作成が、[Unicode]を選択することで日中混在文書が編集が可能となる（図4）。

しかし、中国語でメールを書いている途中でも、IMEを切り替えれば中国語以外の言語を入力できてしまう。もし、設定した以外の言語で書いたメール（中国語の文書に日本語を混ぜてしまった場合など）を送ろうとすると、次のような警告が出るので、両者を混在したまま送りたい場合には[Unicodeで送信]を選択する（図5）。

図4

図5

5) http://home.netscape.com/ja/download/download_n6.html

■ Netscape Mail

ブラウザ戦争でMicrosoft社のライバルであったNetscape社は、1998年、当時開発中であったNetscape Communicator 5.0のソースコードをオープンソース（誰もが入手でき、改変や公開が可能な形式）として公開し、同時に設立した組織mozilla.orgに参加する一般ユーザの手に開発をゆだ

ねる、という画期的な決断をした。このmozilla.orgにおける開発の成果をもとに、Netscape Mail（以下 NM）、Netscape Composerなどを統合したNetscape 6は、WindowsをはじめとしてMacintosh、LinuxなどƒA各種OSに対応しているのが特徴である（図6）。

Netscape 6の日本語版[5]は、ネットスケープ社のサイトからダウンロードできるほか、パソコン雑誌の付録CD-ROMなどを通じてフリーで入手可能である。

NMで中国語メールを扱う場合にも、Windows 2000の多言語サポート環境[6]をインストールすることで、ほぼ自動的に実現される。フォントを自分で設定したい場合には、メニューの［編集］→［設定］で「設定」ダイアログを開き、左の［カテゴリ］にある［表示］の下にある［フォント］（見えない場合には［表示］の左にある三角をクリックする）をクリックすると、各言語のフォントを設定することができる（図7）。

なお、設定画面にある「セリフ」「サンセリフ」は、日本語で言うところの「明朝体」「ゴシック体」に相当する。また、フォント設定を切り替えてもすぐには反映されない場合があるので注意すること。

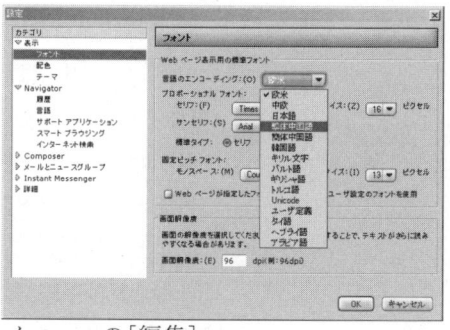

図6

図7

6) ⇒ p.36「Windows 2000の中国語設定」

インターネットのなりたち

99

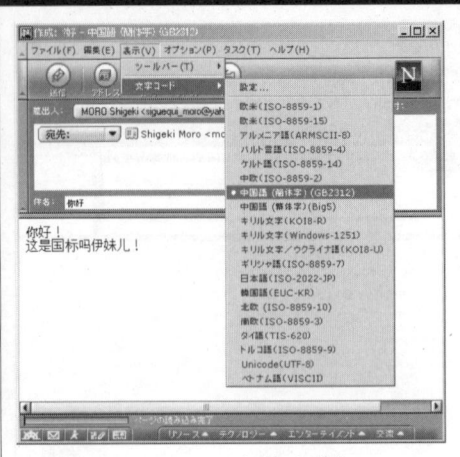

■ 使用上の注意

　Netscape 6 は残念ながら、現時点では若干安定性を欠くようである。

　また、NM は OE と同様、初期状態で HTML メールを送るようになっている。HTML メールをやめるには、メニューの[編集]→[メール／ニュースアカウントの設定]で設定ダイアログを開き、「メッセージの作成にHTML を使用する」というチェックを外せばよい。

図8

■ 中国語メールを書く

　NM では、メッセージ作成中にメニューの[表示]→[文字コード]から[中国語（簡体字）(GB 2312)]または[中国語（繁体字）(BIG5)]を選択することで中国語文書の作成が、[Unicode (UTF-8)]を選択することで日中混在文書が編集が可能となる（図8）。

　しかし、中国語でメールを書いている途中でも、IME を切り替えれば中国語以外の言語を入力できてしまう。もし、設定した以外の言語で書いたメール（中国語の文書に日本語を混ぜてしまった場合など）を送ろうとすると、図9のような警告が出るので、[キャンセル]を押していったんメール作成画面に戻り、言語を[Unicode (UTF-8)]にしてから送信し直す。

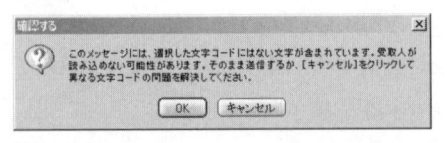

図9

100

■ Becky!2

■ 入手・設定

　その多機能さと多言語対応ゆえに、中国・台湾にも愛用者がいるというシェアウェアのBecky! バージョン2（以下B2）は、開発元のリムアーツのサイト[7]からダウンロードできるほか、窓の杜[8]やVector[9]などのダウンロードサイト、パソコン雑誌の付録CD-ROMなどからも入手できる（図10）。

　公開されているファイルには、拡張子が「exe」の自己解凍形式と、「zip」のZIP形式がある。どちらも中身は同じであるが、後者よりも前者の方がインストールの手間が少ない分、ファイルが若干大きくダウンロードに時間がかかる。

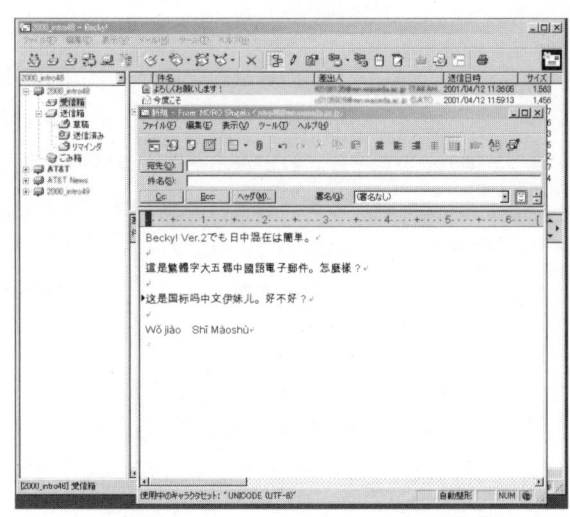

図10

7) http://www.rimarts.co.jp/index-j.html
8) http://www.forest.impress.co.jp/
9) http://www.vector.co.jp/

　アップグレードの場合、Becky!が起動していると失敗するので終了させなければならない。自己解凍形式を入手した場合、ダブルクリックして実行するだけでSetup画面が表示される（図11）。ZIP形式の場合自分でZIPファイルを解凍した後、B2Setup.exeを実行することで同様にSetup画面が表示される。

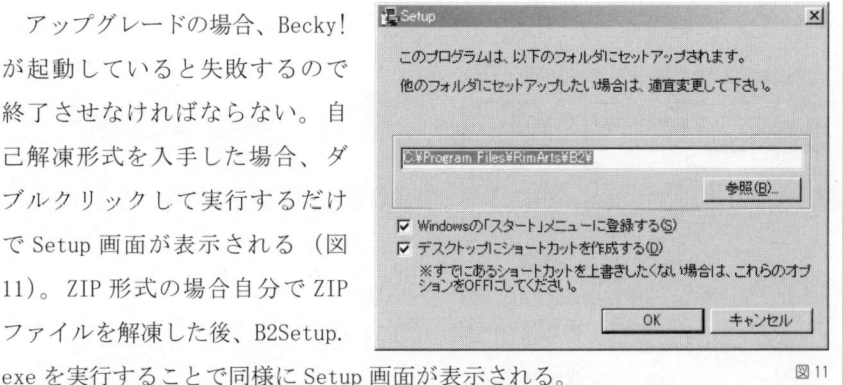

図11

ここで[OK]をクリックすれば、インストールが開始される。

■ 中国語の設定

B2で中国語を利用する場合、まずWindows 2000[10]やIE[11]の多言語サポートから簡体字中国語あるいは繁体字中国語をインストールしておかなければならない。

10) ⇒ p.36「Windows 2000の中国語設定」
11) ⇒ p.110「中国語のホームページを読む」

これが済んだら、ほぼ無設定で中国語の利用が可能であるが、場合によっては自動で設定されない場合がある。その場合は、以下の手順でフォントの設定をする(以下、簡体字中国語を例にとって説明する)。

1. メニューの[ツール] → [全般的な設定]でダイアログを開き、[言語/フォント]タグを開く。
2. [言語]で「GB2312 (Chinese Simplified)」を選択する。
3. 次に[フォント]を簡体字中国語のフォントに変更する。[変更]ボタンをクリックすると下のようなダイアログが出るので適当なフォント(SimSunなど)を選び、書体の種類を「CHINESE_GB2312」にする。
4. [OK]ボタンを押すと設定が完了する。
5. 表示がうまくいかないときは、[UNICODEフォント]をチェックしてみる。

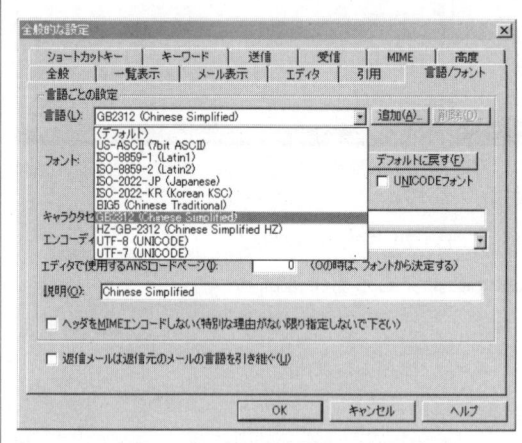

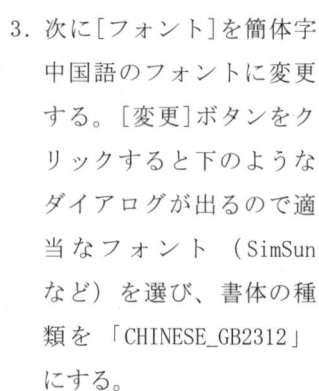

図12

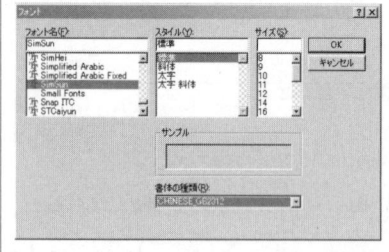

図13

繁体字中国語(BIG5)など他の言語の場合も同様の手順で設定する。

■ 中国語メールを書く

　B2で中国語メールを書くときには、メニューの[表示]→[言語]か、右下の地球儀マークから、中国語(「Chinese Traditional (BIG5)」、「Chinese Simplified (GB2312)」、「Chinese Simplified HZ (HZ-GB2312)」のいずれか)やUnicode (「UNICODE (UTF-8)」、「UNICODE (UTF-7)」) を選択することで、編集が可能になる。

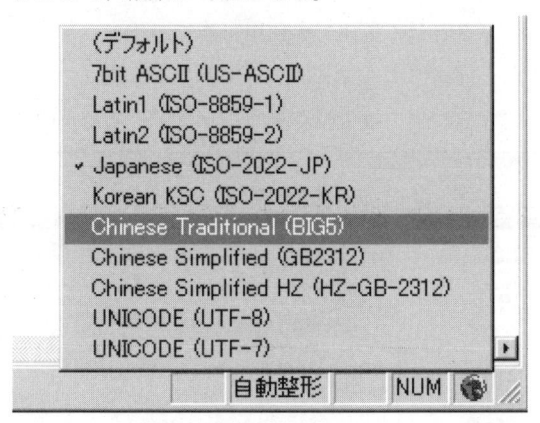

図14

　ただしB2の場合、言語の指定は必ずメールを書く前にしておかなければならない。

　例えば、BIG5で「你好！吃飯了嗎？」と書いた後、編集途中でUnicodeに切り替えたとする。OEやNMではそのまま問題なく編集が可能であるが、B2の場合は「znIYF?H」という具合に文字化けしてしまうのである。どうしても文字コードを切り替えたい場合は、文字化けしてほしくない部分を選択して切り取り、言語を切替えた後に先ほど切り取ったものを貼り付ければよい。

　また、B2では「件名」に中国語を入力することはできない仕様になっているので注意したい。

■ その他のメールソフト

ほかにも、中国語に対応したメールソフトはある。

綾の明氏によるシェアウェア akira21++ と DinosaurX[12]は、中国語やUnicodeをはじめとする多くの文字コードに対応した本格的なメールソフトで、付属のエディタを多言語エディタとして単体でも利用可能である。

また、同氏によるシェアウェアどこでも読メーラは、なんとフロッピー1枚で動くメールソフトである（図15）。

12) http://www.tg.rim.or.jp/~khf07113/

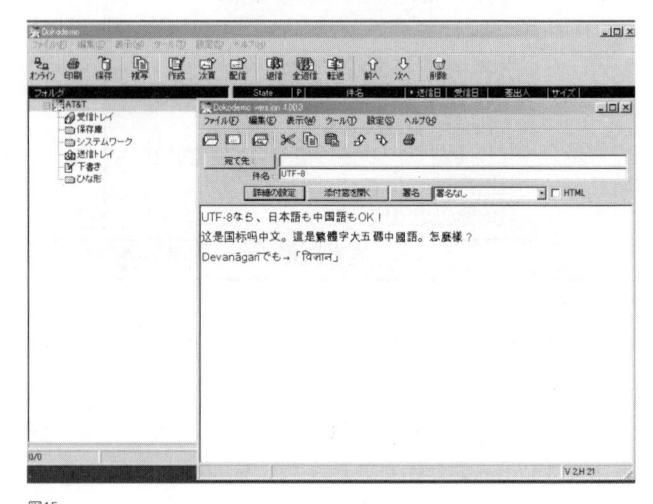

図15

残念ながら中国語には対応していないが、Unicode（UTF-8）に対応しているので、相手がUTF-8に対応しているのならば中国語のメールを送ることも可能である。フロッピーをパソコンに入れて起動すればどこでも同じ環境でメールを見ることができ、しかもそのパソコンにはメールアドレスなどの情報を残さないので、出張先のパソコンや、海外旅行中でも中国・台湾のネットカフェなどで気軽にメールチェックができるという他にかえ難い魅力がある。

■ 電子メールのエチケット

■ ネチケットに気を配ろう

ネチケットとは「ネットワーク」＋「エチケット」の造語で、インターネット上の各種サービスを利用する上で心がけたい最低限のエチケット、マナーのことである。エチケットと言っても単なる慣例、慣習的なものではなく、インターネットの標準化団体であるIETF[13]が管理する公式文書（RFC）として公開されているものである[14]。

とは言え、実際の社会においていろいろな考え方の人がいるように、インターネット社会もエチケットに対する考え方に温度差がある。ネチケット違反と言われるHTMLメールを積極的に使う人もいれば、ネチケットの遵守を強要する人もいる。以下にあげる電子メールのエチケットも絶対的なものではないが、代表的なものなので身に付けておいて損はない。

13) http://www.ietf.org/

14) サリー・ハンブリッジ著・高橋邦夫訳「RFC1855 ネチケットガイドライン」http://www.cgh.ed.jp/netiquette/rfc1855j.html、原文：http://www.cgh.ed.jp/netiquette/rfc1855.txt

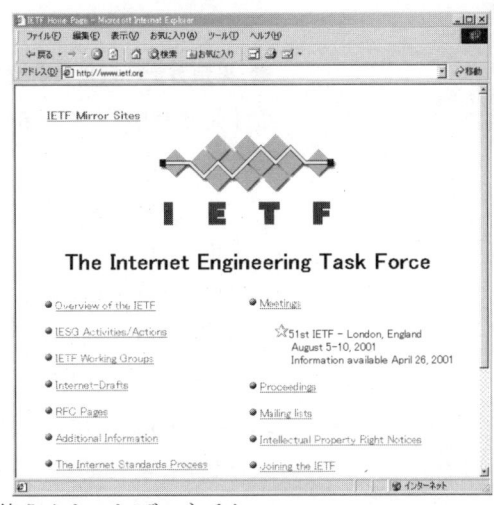

図16

■ 誰もが読めるメールを書こう
● HTMLメールは控える

先にOEやNMの説明のところでも触れたが、HTMLメールはネチケット違反とされることが多い。Windows上で動くメールソフトの場合HTMLメールを見られるメールソフトが多いのだが、そうではないソフトもたくさんあるということを常に念頭に置くべきであろう。

また、HTML メールを閲覧する場合にはメールソフトの見えない所で IE などが起動している場合も多く、スペックの低いマシンでは数分間もハードディスクが回りつづけて作業がストップするという事態を招きかねない。モデムから電話回線を通じてインターネットに接続している人に対しては、普通のメールよりも容量の大きい HTML メールは負担になるだろう。

● 半角カナ・機種依存文字は使わない

半角カナとは、その名のとおり幅が 1 文字の半分のカタカナである。

全角：コンピュータ

半角：ｺﾝﾋﾟｭｰﾀ（「ﾋﾟ」は「ﾋ」と「゜」の 2 文字）

半角カナはそもそもインターネットで使われることが想定されていなかった文字なので、メールが届かなかったり、文字がおかしくなったりと正常に扱われない場合がある。

また、Windows でしか扱えない文字がある。所謂「機種依存文字」とよばれるものであるが、この文字を使うと他の OS（Macintosh など）できちんと表示されない。以下に Windows の代表的な機種依存文字を挙げる[15]。

15) 詳細なリストは http://www.zukeran.org/shin/jdoc/ikenai-moji.html を参照。

丸付き文字	①②③④⑤⑥⑦⑧⑨⑩⑪⑫⑬⑭⑮⑯⑰⑱⑲⑳㊤㊥㊦㊧㊨
ローマ数字	ⅠⅡⅢⅣⅤⅥⅦⅧⅨⅩ ⅰⅱⅲⅳⅴⅵⅶⅷⅸⅹ
単位	㍉ ㌔ ㌢ ㍍ ㌘ ㌧ ㌃ ㌶ ㍑ ㍗ ㌍ ㌦ ㌣ ㌫ ㍊ ㌻ mm cm km kg cc m²
略号・略記	№　K.K.　℡　㈱　㈲　㈹　㍻　㍼　㍽　㍾
人名に使われることの多い漢字・異体字	髙 増 齋 﨑 彅 德 顗 etc..

図 17

日本語メールを書くとき、うっかりこれらの機種依存文字を使ってしまうと、例えば「エリザベスⅡ世」と入力したつもりでもMacintoshでは「エリザベス(企)世」と表示され、意味が通じない。どうしてもWindowsの機種依存文字を使いたい場合には、Unicodeメールにする。

■ 読みやすく

1行あたり30〜35字程度で改行することがマナーとされている。[16] また、まとまりのない長文や無用な引用など、読むのに時間がかかるメールは歓迎されない。特に、メーリングリストのようにたくさんのメールがやり取りされる場では、Subject: (OE、NM、B2では「件名」)には、メールの内容がわかるような具体的な題を書き、「はじめまして」「こんにちは」と言ったような中身のわからない題は避けるべきであるとされている。

[16] もっとも、目の不自由な人にはこの改行が逆に迷惑になることもある。例えば、「中国」という単語の途中で改行があった場合、メール読み上げソフトが「ちゅうごく」ではなく「なか くに」と読む可能性があるからである。

■ プライバシーへ配慮する

電子メールで守られるプライバシーについてよく言われるのは葉書程度だ、ということである。つまり、メールがやりとりされている経路で容易にその中身を見ることが可能なのだ。

複数の人に電子メールを送る際、To: (OE、NM、B2では「宛先」)にずらずらとメールアドレスを並べてしまう人がいるが、これは送る相手にこのアドレスすべてを知らせてしまうことになる。すでにお互いが知り合っている場合ならともかく、面識がない人々のアドレスを列挙するのはプライバシーの侵害ととられかねない。このような場合には、相手に知られないBcc:にアドレスを書くべきであろう。

また、通常の手紙と同様に電子メールにも署名を付加するべきであるが、それも名前、メールアドレス、所属程度

に留めるべきであろう。たまに、自宅の住所や携帯電話の番号などを書いている人もいるが、悪意のある人に利用される危険性があることを意識すべきだ。

■ 望まれない情報は送らない

　電子メールは大量に送信することが容易であるため、しばしば絨毯爆撃的な広告活動、アンケート調査などが行われることがある。このような受信者の立場を無視して大量にばら撒かれるメールのことをスパム・メールと言う。これは受信者にとって迷惑なだけでなく、メール・サーバが一度に大量の処理をこなさなければならないため、他のメールが遅れたり、最悪の場合はシステム・ダウンを引き起こすこともある。

　スパム・メールの中には善意に基づくものもある。例えば「○×というとっても危険なコンピュータウィルスが流行しています。危険を知らせるために、このメールをなるべくたくさんの友人に転送して下さい！」というようなものだ。また、読み物として面白い「ドラえもんの感動的な最終回」や「サザエさん一家の悲惨な最終回」といった小話が、読者の熱意によって積極的に回覧されることもある。ただし、こういった情報を真に受けたり、あるいはおもしろがって回覧に参加すると、スパム・メールの発信者＝マナー違反者と見なされかねないので、注意が必要だ。

コラム・ウィルスにご用心

師茂樹　Shigeki Moro

　インターネットがインフラとして整備され、パソコンの普及率が50%を越えるようになった昨今、インターネットの情報サイトだけでなく、一般の新聞やニュース番組などでも「コンピュータ・ウィルス」「セキュリティ」などの単語を見ない日はない。ラブレターを装った「I Love You」、サイバーテロかと疑われている「Nimda」など、世界中で何億ドルという損害を引き起こしたウィルスは、実はWindowsやOfficeなどマイクロソフト社の製品を狙うちにしたものである。マイクロソフト社製品は、本書で紹介しているようなすぐれた多言語機能を有する反面、ウィルスに攻撃されるリスクを負うことになる。HTMLメールを使用しない（p.97、100）、ウィルス対策ソフトをインストールするなどは、最低限の対策である。

　また、ウィルスはコンピュータのセキュリティに対する最大の脅威ではない、というレポートもある。「セキュリティ上の脅威トップ20」(http://66.129.1.101/top20.htm) によれば、第1位「OSやアプリケーションの標準インストール」、第2位「ノーパスワードあるいは簡単に見破られるパスワード」、第3位「データのバックアップをしない、あるいは不完全」とのことである。

　Windows 2000のユーザに、これに該当する人は多いのではないだろうか？「使いやすい」「設定が簡単」「高機能」といったメーカーの宣伝文句の裏で、安全性が犠牲となっている場合が少なくない。

　いずれにせよ、大切なのはインターネットが危険であることを自覚し、知識を蓄え、自己防衛をすることが必要だ[1]。

1）中村正三郎『ウィルス、伝染るんです』（廣済堂出版、2001年6月）には、このあたりのことがよく書かれているのでお勧めしておく。

❖ インターネット中国学への入口

中国語のホームページを読む

野村英登　Hideto Nomura

■ Internet Explorer

中国語のホームページを読む方法だが、すでにWindows 2000の言語の設定で中国語を使えるようにしてある場合、何の問題もないだろう[1]。多くのページはInternet Explorer（以下IEとする）が自動的に文字コードを判断して、正しく中国語を表示してくれる。文字化けしてきちんと表示されない場合でも、[表示]→[エンコード]で表示される一覧から[簡体字中国語]や[繁体字中国語]を選択すれば、まずきちんと表示される（図1）[2]。

Windows 98/Meなどでまだ中国語環境を設定していない場合は、[エンコード]の一覧に中国語が表示されない。その場合は、インターネットから中国語サポートをダウンロードしよう。IEのメニュー[ツール]→[Windows update]を選択すると、自動的にマイクロソフトのサイトに接続され、追加できるソフトや機能がリストアップされる[3]。その中の[Windows

1) ⇒ p.36「Windows 2000の中国語設定」

2) [エンコード]には、最初最低限の文字コードしかリストアップされていない。[その他]を選ぶと、IEにインストールされている全ての言語が表示される。

図1 文字コードを選択する

3) スタートメニューから「Windows update」を選択し、IEが起動した後、ページ内の「製品の更新」を選択してもよい。

メールとインターネット

の追加機能］の［多国語サポート］から［簡体字中国語サポート］と［繁体字中国語サポート］を画面の指示に従ってダウンロードすればよい[4]。

さて IE は中国語使用に関して半自動的に設定してくれるわけだが、Web ページの方が必ずしも一般的な文法で書かれているとはかぎらない。ページによっては、［エンコード］の設定を変更してもきちんと表示されなかったり、特殊なフォントを利用しなければ表示できない箇所があったりすることがある。そういった状況に対処できるよう、さらに二つほど IE に関する設定を覚えておこう。

IE の［ツール］→［インターネットオプション］を選択すると IE の設定画面が表示される（図2）[5]。その最初の画面下部に［フォント］と［言語］の二つのボタンがある。

まず［言語］ボタンを押すと、［言語の優先順位］を設定する画面が表示される（図3）。初期状態ではここに中国語がリストアップされてないので、［追加］ボタンを押して、［中国語（中国）］と［中国語（台湾）］の二つを加えておく。こうしておくと、例えば使用文字コードを明示していない Web ページを見ても、文字化けはしない。

次に［フォント］ボタンを押すと、［フォント］の設定画面が表示される（図4）。［言語セット］の欄で該当言語を選ぶと、その言語で使用可能なフォントの一覧がリストアップされ、現在選択されているフォントは反転して表示される。通常中国語サポートがイン

4）ここで中国語 IME も選択できるようになっているが間違ってもダウンロードしてはいけない。Global IME といって通常の IME よりも性能が落ちるし、動作不良の原因にもなる。

5）他に、デスクトップの IE アイコンを右クリック→［プロパティ］、［マイコンピュータ］→［コントロールパネル］→［インターネットオプション］、スタートメニューから［設定］→［コントロールパネル］→［インターネットオプション］などの操作がある。

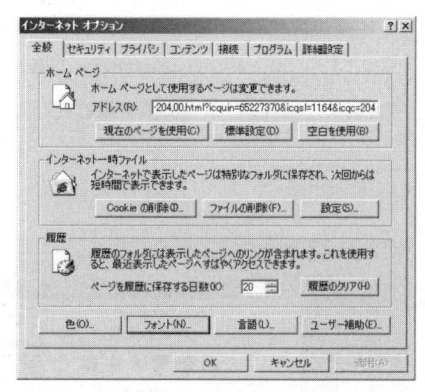

図2 インターネットオプション

図3 言語の優先順位

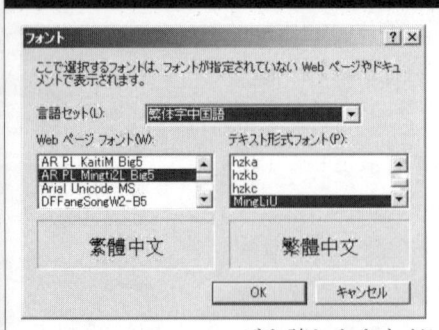

図4 フォントの設定

6）Office2000以降を利用していて、付属のインターナショナルサポートをインストールしている場合は、簡体字中国語は「SimSun」になっている。

7）台湾中央研究院の図書館（http://www.sinica.edu.tw/~libserv/lib/）のオンライン目録などがそう。所蔵している日本語書籍に関して、タイトルなどの仮名部分が「MingLiU」フォントでは表示できない。

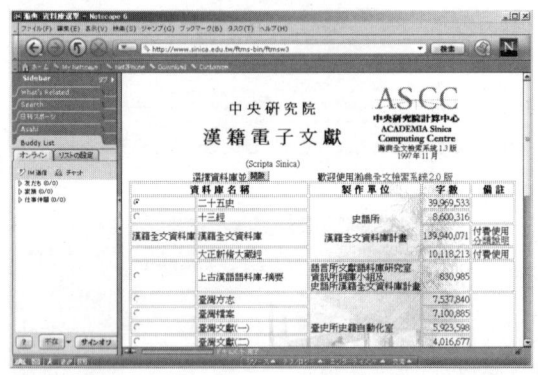

図5 Netscape 6

8）例えば中国語ページで日本語IMEを使った入力ができる。IEではバージョン4で実現していた機能だ。

ストールされている場合、簡体字中国語は［MS Song］、繁体字中国語は［MingLiU］が選択されている[6]。ここの設定を変更することで、画面表示に使われているフォントを変更することができる。例えば、台湾のBIG5ベースの日本語を使用したWebページを読むときなどには、フォントをここで切り替えておくとよい[7]。

■ Netscape Navigater

　Netscape Navigater（以下NN）についても、中国語の利用は難しくはない。多言語対応という点では、IEに遅れをとっていたものの、最新バージョンの6ではかなり追いついてきた[8]。ただし相変わらず中国語フォントは付属してこないので、自前で準備する必要がある。

　中国語を表示する方法は、用語や画面構成に多少の違いがあるものの、IEと基本的には同じである。まず設定事項についてだが、IEと同様に言語の優先順位とフォントを設定する。

　まずNNを起動してメニューの［編集］→［設定］で設定画面を表示する。画面左側のカテゴリから［Navigater］→［言語］を選択すると、右側に言語の設定画面が表示される（図6）。ここでIEと同様に［簡体字中国語］［繁体字中国

語]を追加すればよい。

次にカテゴリの[表示]→[フォント]を選択すると、画面右側にフォントの設定画面が表示される（図7）。IEより設定項目は細かいが気にする必要はない。[言語のエンコーディング]で[簡体字中国語]や[繁体字中国語]を選び、3箇所あるフォントの指定をすべて該当するフォント、[MS Song]や[MingLiU]などであるのを確認する。これで設定は終了である。

NNでも自動的に中国語のページを表示してくれるが、文字化けしてしまうときには、メニューの[表示]→[文字コード]で「簡体字中国語」「繁体字中国語」を指定すればよい。こIEと同様だ。

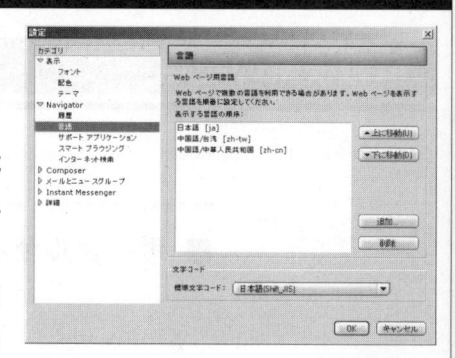

図6 言語の設定

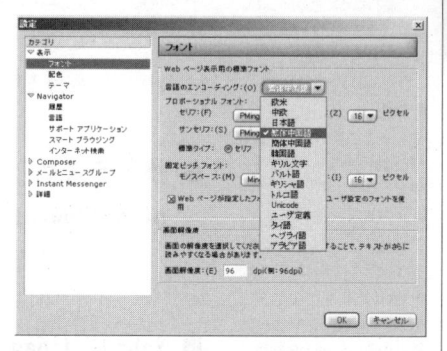

図7 フォントの設定

実際のところ、ブラウザとしての性能は明らかにIEに劣っている。だからインターネットを情報収集としてだけ使っている場合は、取り立ててNNを使う必要はない。NNが必要になるのは、自分でWebサイトを作り、インターネットで情報を発信する場合である。というのもIEが使えるのはWindowsとMacだけで、LinuxなどのUnix系環境では今でもNNがもっとも高機能なブラウザとして高いシェアをほこっている。だからより多くの人に情報を発信したいのであれば、NNに対応したページデザインをしておいた方がよい。つまり、NNは作成したWebページのチェック用に使うのが妥当な利用方法だろう。

情報検索の起点

山田崇仁　Takahito Yamada

> 1) メタサーチ
> 複数の検索サイトを一度に検索してくれるシステム。
>
> Webサイト、ホームページ、Webページの三つの用語は、一般的に同じ意味合いで使われることが多いが、実際にはそれぞれ違った意味合を持っている。
>
> ● Webページ
> html形式で書かれたブラウザで閲覧可能なテキストファイル。
> ● ホームページ
> ブラウザが起動した時に最初に表示されるWebページ。
> ● Webサイト
> 複数のWebページを含んだ特定のWebページ群の登録場所全体をさす。
>
> 2) 当然GBコード。
>
> 3) 当然BIG5コード。

■ ポータルサイト

ポータルサイトとは、ブラウザを起動した時に最初に表示されることを目的にしたWebサイトのことである。各種情報検索の起点として便利なので、「ブックマーク」「お気に入り」に登録しておくことをお薦めする。

■ 検索デスク
http://www.searchdesk.com/
いわゆるメタサーチ[1]が使えるサイト。

■ Yahoo! Japan
http://www.yahoo.co.jp/
説明不要の著名サイト。各国語版がある。

■ Goo
http://www.goo.ne.jp/
ロボット型サーチエンジンの老舗。

■ 中国の三大門戸（ポータルサイト）[2]
● 新浪網（http://www.sina.com/）
● 網易（http://www.163.com/）
● 捜狐（http://www.sohu.com/）

図1　蕃薯藤のトップページ

■ 台湾の三大門戸（ポータルサイト）[3]
● 蕃薯藤（http://www.yam.com/）
● 家庭網絡（http://pchome.com.tw/）
● Open Find（http://www.openfind.com.tw/）

■ Googleのテクニック

■ Google（http://www.google.com/）とは？

Googleは、ロボット型サーチエンジンの一つである。

従来のロボット型サーチエンジンは、単にWebページ内の文字列をキーワードとして検索用データベースに登録するだけなので、よく検索されるキーワードをページに「こっそり」仕込んでおけば、サーチエンジンの上位に食い込むことも可能だった。

対してGoogleでは、リンク数やWebページのレイアウト情報を基にそれぞれの重要度を判断し、それが高いページから順に表示する。そのため、キーワードと直接関係ないWebページはランク上位になれず、結果として検索者の求める情報を発見する可能性が高まる。このPage Rankシステムと呼ばれる手法が、Googleの人気と評価を決定的にしたのである。

■ Googleを使ってみよう

Google[4]の使用方法は、Webサイトにアクセスしてキーワードを入力し、[Google検索]のボタンをクリックする

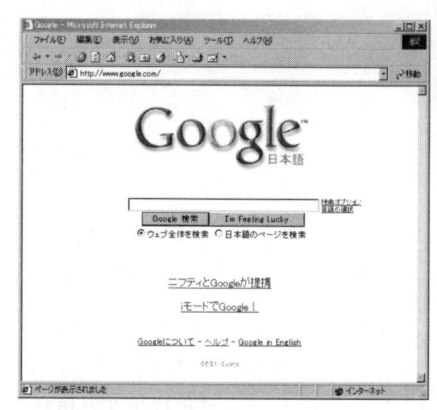

図2 Googleのトップページ

4）Googleのサイトは非常にシンプルで軽く、また検索や結果表示に要する時間も極短時間である。この辺りも人気の秘密だろう。

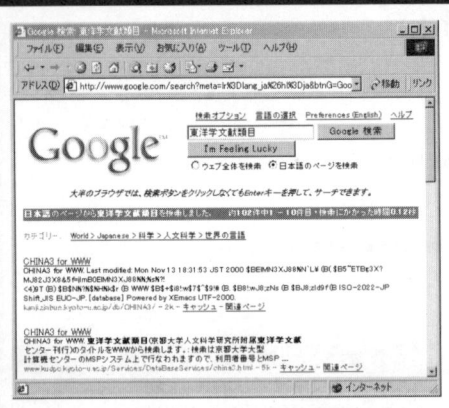

図3 Googleの検索結果

5) 試しに「山田崇」で検索したら、筆者の名前「山田崇仁」は、検索結果の中には存在しなかった。

6) 電子テキストは、キーワードの各文字間にスペースを挿入して検索しないと見つからないものもある。これは、中華文化網系統の電子テキストサイトが、ほぼ中央研究院漢籍電子文献のコピー＆ペーストであるため、漢籍電子文献の結果表示形式である所謂半角スペースが挿入された電子テキストをそのまま使っているのがその理由。

だけでよい。

　その際、複数のキーワードを使用することも可能だ。（所謂半角全角スペースかは問わず）各キーワード間に空白を挿入して区切りとする。ただし、and 検索しかできない。

　主に英語など「空白で区切られるが、一続きの文章である」を検索する場合には、「フレーズ」機能を利用する。やり方は、キーワード全体を「"」で囲むだけである。

　ただし、キーワードとなる単語は、必ず全て入力しなければならない。これは Google がキーワードに完全一致する個所を検索し、他のサーチエンジンのように、前方または後方一致等の曖昧検索を行っていないからである[5]。

　検索が終了すると結果表示画面に切り替わる。ここでは「東洋学文献類目」をキーワードにした。Google の検索結果のトップは「CHINA3 for WWW」、すなわち東洋学文献類目のタイトルデータ無料検索ページである。通常このキーワードで検索したい目的の Web ページは、この無料版か有料版かのいずれかだろう。Google は最初に無料版、次に有料版を結果表示として示す。この順番もアクセス頻度から導き出されたのだろう。他のロボット系サーチエンジンではこうはいかない。Google の Page Rank システムの威力を実感する瞬間である。

　検索総数が多い場合、幾つかのキーワードを追加して検索し、絞り込む方がよい。検索結果が表示されたページの一番下の入力フォームにキーワードを空白で区切って幾つか追加入力する。その際、追加キーワードの前に「-」を加えれば、「〜を除く」という指定も可能だ[6]。

■ Googleの多言語検索

　Googleは日本語以外の言語にも対応するが、他のサーチエンジンが各言語用ページにアクセスするか、チェックボックスで検索対象言語を指定する必要があるのと異なり、一度に多言語サーチを行うことが可能である。

　Google側での設定は必要なく、既に中国語等のWebサイトを閲覧できる設定になっていれば、特に問題ないはずだ。

　ここでは、「千字文」とその冒頭文句「天地玄黄」の二つをキーワードに検索をしてみた。始めに日本語のサイト、2番目に簡体字（GB）サイトが表示される。[7]一部文字化けして表示されるが、検索自体は正常に行われているので、それぞれのリンク先にジャンプし、ブラウザをしかるべき文字コードに設定し直して表示させればよい。

　この方法を利用すれば、インターネット上に散らばる電子テキストも検索可能だ。まずは適当な書籍を選び、いくつかの文字列をGoogleに入力する。上手くいけば、未発見の電子テキストが見つかるかもしれない。

[7] BIG5には、黄が未収録のため検索にマッチしない。このため、黄で検索する。JIS未収録字の検索方法は後述。

● 中国語だけを検索する

　JIS第一・第二水準に含まれる文字ならば、前述の方法で中国語サイトも検索できるが、JIS未収録字を日本語Googleで検索しようとしても上手くいかない。その場合は別途、検索する言語を指定する必要がある。

　始めにGoogleのトップページの［言語の選択］をクリックして、［言語の選択］ページに移動する。ページには［表示言語

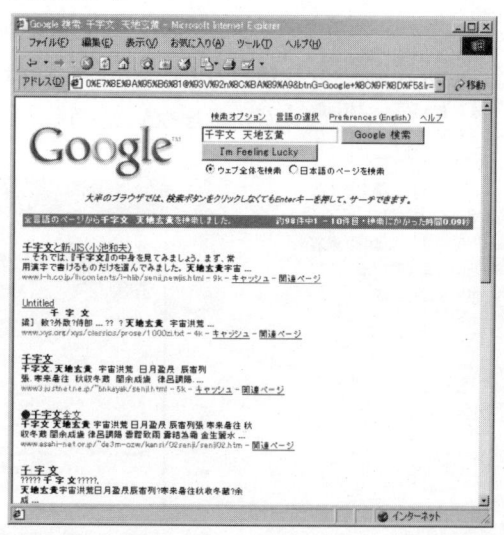

図4　Googleで「千字文」「天地玄黄」を検索

インターネット中国学への入口

［検索言語の設定］の設定項目があるが、中国語の場合はいずれも［中国語（簡体字、繁体字のいずれか）］を指定し、［保存］をクリックする。

すると、設定した言語用の Google に移動するので、そこで検索すればよい。後の使い方は全く同じである。

日本語の設定に戻すには、中国語 Google では「使用偏好」をクリックして、［日本語（日文）］を選択し、［設定使用偏好］をクリックする。

■ Google を使おう！

その他 Google には多彩な機能が備わっている。例えば、「キャッシュ機能」を利用（検索結果表示の［キャッシュ］をクリックするだけだ）すれば、既に閉鎖されたサイトを閲覧することも可能だ。また、ディレクトリサーチエンジンや i モードにも対応しており、更に英語版では画像サーチ機能も提供されている。

現在の Google は、ポータル化[8]を計る他のサーチエンジンとは異なり、検索機能のみに絞って運営されており、検索のスピードと効率のよさは、一度利用してみるとよく分かるだろう。

8）ポータル化
Goo や Yahoo! などは、広告料の増収などを目的に、利用者が Web ブラウザが起動すると最初に開く起点的な Web サイト（＝ポータルサイト）として登録することを狙って、検索サービス以外に様々な付加価値を備える方向に進んでいる。これをポータル化と呼ぶ。

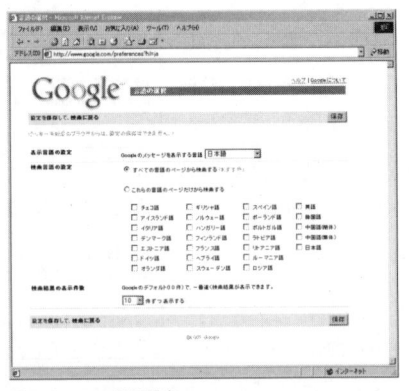

図 5 Google の言語設定

本や論文をさがす

山田崇仁 Takahito Yamada　千田大介 Daisuke Chida

■ 国内の図書と論文

国内外の中国学関連図書や論文を検索するのに、NACSIS Webcat と CHINA3 for WWW は欠かせないだろう。

■ NACSIS Webcat
http://webcat.nacsis.ac.jp/

国立情報学研究所の NACSIS Webcat は、全国教育機関の図書関連総合目録データベース検索システムである。

最近 UTF-8[1] 検索に対応したが（利用には UTF-8 対応環境が必要）、OPAC の多くが JIS の第一・第二水準の範囲しかフォローしていないことを鑑みると、簡体字の書籍を検索する機会が多い中国学にとって、Webcat の Unicode 対応は非常にありがたい。

● UTF-8 での Webcat 利用

UTF-8 版 Webcat を利用するには、英語版ページにアクセスすればよい。既にそこは UTF-8 ページである。

検索は、複数キーワードを使っての and 検索も可能（キーワード間は空白で区切る。or 検索は非対応）。また前方一致検索（キーワードの後ろに「*」を付ける）にも対応する。検索式等は日本語版と共通なので、日本語版のヘルプも参照のこと。

入力は簡体字でも繁体字でも JIS 漢字でもよい。Webcat が自動的に変換して検索するからだ。このインデックスに

1）UTF-8 検索とは
UTF8 とは、Unicode の符号化方式の一種。要するに Unicode に収録されている文字を全て検索用語として利用可能なシステムのことである。

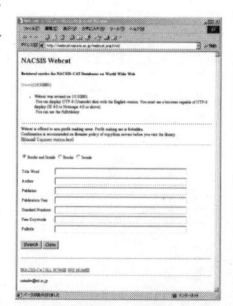

図1 英語版 Webcat

図2 你们をキーワードに検索

2）以前は、中国書に関する知識不足から、「著者：校勘記」「著者：清乾隆」と言った誤記例があったそうだが、さすがに最近では少なくなっているようだ。

3）中国学関連では、特に戦前の洋装本や線装本に多く見られる。この辺りは早急の改善を要望したい。

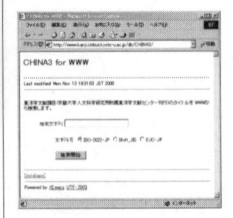

図3 CHINA3 for WWW のトップページ

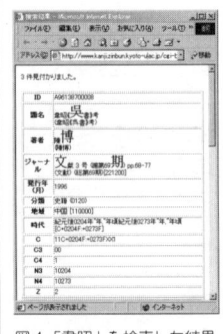

図4 「韋昭」を検索した結果

は、効率的な検索のために誤記例もわざと登録してあり、時に思わぬ検索結果が返ってくるのもまた一興である。[2]

また、UTF-8 版に限らず、Webcat の結果表示は、個別 OPAC の形式に準ずるため、書籍によっては同一のものが複数登録されている場合がある。[3]

■ CHINA3 for WWW

http://www.kanji.zinbun.kyoto-u.ac.jp/db/CHINA3/

京都大学人文科学研究所附属漢字情報センターが発行する『東洋学文献類目（以下『類目』と略）』は、中国学には必須の図書であるが、検索に非常に手間がかかり、初学者は遠ざけてしまいがちであった。

本来、目録類こそコンピュータが活躍すべきである。実際、『類目』も China3 という名で京都大学大型計算機センターのデータベースとして公開されているが、利用規定の制約のため、一部の研究者にしか利用されてこなかった。

しかし、上記「漢字情報研究センター」Web サイトにて、タイトル限定ではあるが無料China3システムが公開された。

● 利用方法

利用方法は CHINA3 for WWW のページにアクセスし、フォームにタイトル名を入力して、「検索実行」をクリックすればよい。検索結果は表形式で表示され、JIS 未収録文字は画像で表示される。

表の形式は China3 の登録形式に準ずるが、形式のうち、最低限「題名」「著者」「ジャーナル（雑誌名）」「発行年（月）」だけ分かれば、実物の取り寄せなどの利用には十分だろう。

本来の China3 は、非常に便利なデータベースなので、タイトルのみというのはいささか不満が残る。

■ 中国・台湾の書籍・論文検索

　OPACは図書館蔵書目録であるのだから、台湾や中国のものを検索しても意味がない、と思うかもしれない。しかし、日本のOPACの中国書対応は遅れているので中国・台湾のOPACを使って必要な本のあたりをつけ、その結果を国内でリファレンスする、といった使い方ができる。

■ 台湾

　台湾のOPAC・論文データベースはよく整備されており、文献情報検索の起点として非常に有用である。

● 全国図書書目資訊網（BIG5）
`http://nbinet.ncl.edu.tw/`

　台湾の図書館蔵書・出版物情報中心的サイト。台湾国家図書館が運営する。ここでは以下のようなデータベースが提供されている。

・聯合目録資料庫

　図書をタイトル・作者名・キーワードなどから検索できる。図書の情報とともに各図書館の収蔵情報が表示され、1回の検索で台湾の主要図書館をまとめて検索することができるのがうれしい。また、《百部叢書》《叢書集成新・二・三編》から《続修四庫全書》《四庫全書存目叢書》に到るまで、多くの大規模

図5

叢書が登録されているので、オンライン版《叢書綜録》として利用することもできる。

・**大陸出版品書目**

1949〜98年に中国で出版された書籍の情報を検索できる。中国ではOPAC整備がやや遅れているので、解放後の中国書データベースとしては、今のところここがベスト。

・**善本古籍聯合目録**

台湾の主要図書館が所蔵する善本古籍の総合データベース。

● **國家圖書館遠距圖書服務系統（BIG5）**
http://www.read.com.tw/

當代文學史料、當代藝術家、政府公報などのデータベースを無償で検索できる。特に期刊論文データベースは、1991年以降の台湾および香港・澳門の学術論文を収集したもので、題目・著者名のほかキーワードやサマリーの検索もできるし、あいまい検索・同音語検索などの機能も備えている。また、年会費NT$500で会員になると、著者の許可を得た論文の画像データダウンロード、それ以外の論文のコピー郵送サービスを実費で受けられる。クレジットカードによるオンライン決済が可能なので、海外研究者にとっては非常にありがたいサービスである。

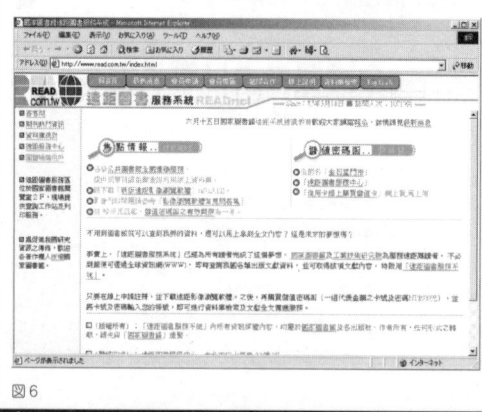

図6

■ **中国**

中国でも多くの図書館がOPACサービスを提供しているが、しかし全国規模の統合データベー

スや横断検索システムは執筆時点ではまだないようである。

● 中国国家図書館（GB）
http://www.nlc.gov.cn/

　中国最大の図書館、中国国家図書館（北京図書館）のサイト。OPACでは1970年以降の書籍が検索できる。検索画面は、画面上の［数拠庫検索］をクリック、次の画面で［聯機公共目録館蔵査詢］をクリックする。and・or検索、前方一致検索などを指定可能。ほかにも、電子図書館や地方志人名データベースなど、有用なコンテンツが多い。

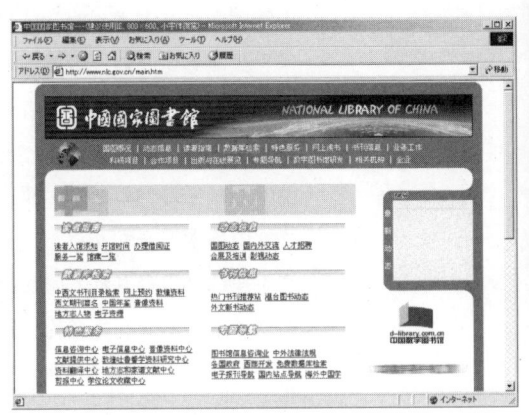

図7

● 上海図書館（GB）
http://www.libnet.sh.cn/

　OPACは画面上方の［検索査詢］→［書目査詢］をクリックする。すると、亜太城市数字図書館計画に参加している図書館の一覧が表示されるので、任意の図書館を選択する。紙不足に悩む中国の図書館は、いずれも積極的に電子データ化を進めているが、上海図書館は古籍善本書のCD-ROM化を進めており、そのうち宋版を中心とする20の書籍の全文画像データを上海数字図書館 (http://www.digilib.sh.cn/) で公開している。

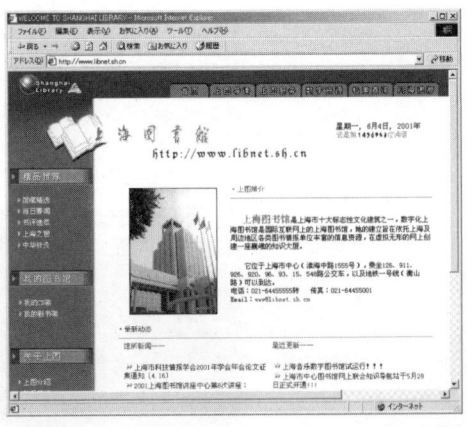

図8

123

● CNKI（中国期刊網）(GB)
http://www.cnki.net//title/login.asp

　清華大学の関連企業、清華同方の提供。1994年以降に中国国内で発表された学術論文を網羅した全文データベースを公開している。有償データベースであるが、学術論文の題名・キーワード・著者等の検索は無償で提供されている。契約は、組織・団体ごとのサイトライセンス方式で、中国のほとんどの大学・研究機関が契約しており、学内で論文の検索と全文ダウンロードができるようにしている。個人契約は用意されていない。中国国外の大学・研究機関がサイトライセンス契約を結ぶことができるか否かは確認していないが、CD-ROM版も用意されているので、それを購入することは可能であろう。積極的な導入を望みたい。

　このほか、人民大学の《復印報刊資料》の全文CD-ROMも発売されており、オンライン化も進められているようである。詳細については、「中国の学術データベース」（小川利康、『漢字文献情報処理研究』第二号、2001.10）を参照していただきたい。

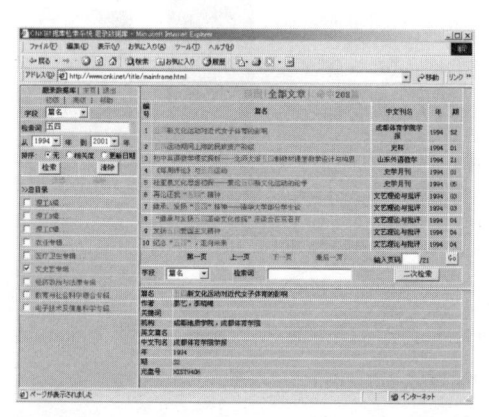

図9

■ オンライン書店

　前編『電脳中国学』でもオンライン書店を幾つか紹介したが、当時一押しだった「博学堂」は、2000年の倒産騒ぎを経、利用価値が激減した。ネット世界の栄枯盛衰は本当にめまぐるしい。

　さて、日本国内に目を転ずると、既存の中国書取扱店も、海外や「書虫[4]」のような国内Web専業書店への対抗上、インターネット向けのサービスをする所が増えてきた。また「日本の古本屋[5]」のような、古書サーチエンジンも便利になった。

　一方、中国でも大型のWeb書店が増えてきた。

　一般書が目的なら「当当書店[6]」がお薦め。中国国内の利用好感度調査でも上位に位置する人気書店だ。

図10　日本の古本屋のトップページ

　ただし、人文学関係書の品揃えは、「上海書城[7]」や「北京図書大廈[8]」に比べてあまりよくない。

　筆者個人は、人文学関連書を豊富に取り扱う、「書城.com[9]」や台湾の「三民網路書店[10]」をよく利用する。

　海外のWeb書店を利用するメリットは、なんといっても価格である。またCD、VCD、DVD等も扱っているので、書籍以外の利用も楽しめる。ただし、「現物を確認できない」「手元に来るまでに時間がかかる」等のデメリットもあり、また返品や交換に際しての手間も尋常ではない。その上、交渉は中国語（もしくは英語）で行う必要がある。

　従って、だれにでも海外Web書店は薦められない。日本での中国書販売店の価格が高いのも、リスクを負担しているからである。不安な方は日本の中国書取扱店を利用した方がよいかもしれない。

図11　当当書店のトップページ

4）http://www.frelax.com/sc/index.html

5）http://www.kosho.or.jp/

6）http://www.dangdang.com

7）http://www.bookmall.com.cn/

8）http://www.bjbb.com.cn/

9）旧称中国現代書店 http://www.bookscity.com/

10）http://www.sanmin.com.tw/

定番古典データベース

山田崇仁　Takahito Yamada　千田大介　Daisuke Chida　師茂樹　Shigeki Moro

■ 台湾中央研究院
http://www.sinica.edu.tw/ftms-bin/ftmsw3/

1) 日本で中研院データベースを購入した研究機関はいくつかあるが、対外公開を行っているのは大東文化大学のみである（http://china.ic.daito.ac.jp/cgi-bin/handy/ftmsw3/）。

公開データは《二十五史》《十三経（含注疏）》《朱子語類》《漢晉史三種》だけだが、その内、《漢晉史三種》は、大東だけが無料公開する。中国学研究者に益を与えるこの英断について、ここに特筆する次第である。

2) 前編『電脳中国学』でも利用方法を説明したが、その後さらなる発展を遂げているので、本書でもその点を含め、改めて紹介をすることにした。旧バージョンの解説については、そちらを参照のこと。

CD-ROMによって供給される古典データベースも増えてきたが、中国学最大のデータベースとして名高い台湾中央研究院漢籍電子文献[1]（以下、中研院と略）の地位はいまだ不動のものといってよい[2]。

中研院の変更点はいくつかある。まず名前が変更された。これは中研院のデータベースが、漢籍全文資料庫（以前はこの名前だった）のみならず、複数プロジェクトの総体であることを明確にするための措置だと思われる。

また、《十三経注疏》等が無料公開エリアに移動したり、《二十四史》の30件制限が撤廃されたりしたのはありがたい。現在も《明實録》《水経注疏》《太平御覧》等の本登録が間近なようである。

しかし、特筆すべきは検索システムが2.0にバージョンアップしたことである。従来、中研院の欠点として「検索結果の文字間に所謂半角空白が挿入される」ことが挙げられたが、新システムは、その欠点を解消した。以下新システムの利用方法について紹介しよう。

■ 新検索システムの利用

新検索システムへのアクセスは、漢籍電子文献のトップページの「歓迎使用瀚典全

図1 2.0のトップページ

文検索系統 2.0 版」[3]をクリックすればよい。アクセスに成功すれば、図1のようなページが表示される。画面はフレームと呼ばれる分割構造になっており、「漢籍電子文献」の画像の部分（上フレーム）と、背景が童子が学問をする画像の部分（下フレーム）とに分かれている。上フレームは詳細条件の選択やキーワード入力を、下フレームは、書籍の選択や結果表示をそれぞれ担当する。

次に［資料庫］をクリックして、書籍の選択画面に移る。この画面は、旧バージョンとほとんど変わらないが、選択方法が［ラジオボタンをチェック］→［開啓をクリック］から、［書籍名を直接クリック］に変わっている。

選択後、上フレームに検索条件の設定、下フレームに書籍の細目選択画面が表示される。下フレームは旧バージョンとさほど違わないので、上フレームのみ説明する。

[3] なお、バージョン2.0のシステムは、java scriptを使用するため、これが動作するブラウザ利用が前提となる。最近のブラウザはほとんど対応しているが、セキュリティの関係等でjava script使用不可にしてある場合は利用前に使用可能にしておく必要がある。

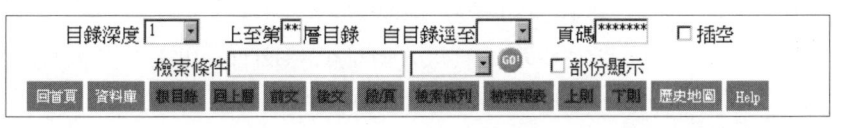

図2 上フレーム上に表示される各種選択入力画面

図2に、上フレーム部分を独立して表示した。各項目は旧バージョンのそれを踏襲しており、既に利用経験があれば、項目の役割についてさほど迷うこともないだろう。

実際の検索は、下フレームに表示された書籍の細目から、具体的に検索したい書籍もしくは細目のチェックボックスをチェックし、上フレームの［検索条件］右側のフォームにキーワードを入力する。次に［Go!］をマウスでクリックすると、右側のリストボックスにキーワードが転写されるので、もう一度［Go!］をクリックすると検索が開始される。リストボックスからは、以前のキーワードの再利用も可能だ（図3）。

図3 リストボックスから以前のキーワードを再利用

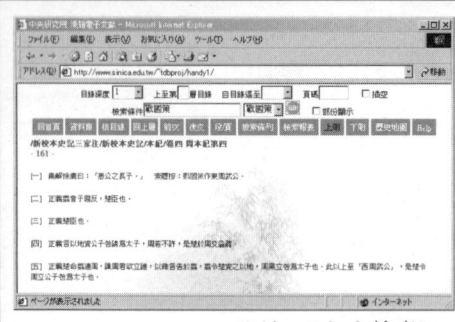

● 検索結果

　検索結果は下フレームに表示される（図4）。表示形式は旧バージョンと同様だが、検索結果に対する諸操作は上フレーム上で行う。

　初期状態では、検索にヒットするブロックすべてが表示されているが、これを検索にマッチした部分だけに切り替えるには、［部分顯示］横にチェックを入れればよい。検索にヒットした部分のページ全体を表示する場合は［段／頁］をクリックする。前後の結果表示は［上則］［下則］をクリックする。また検索結果全体を表示するには［検索報表］を、ヒットした部分の項目のみを確認したければ［検索條例］をクリックする。［前文］［後文］は、本文と注等のブロック間移動に利用する。

　使い方に関して不明な点があれば、［Help］をクリックすればよい（当然中国語で書かれているが）。

図4 《史記》で「戰國策」を検索

● 不便な点も

　新しくなった検索システムは、便利さがアップした反面、不便になった点もある[4]。例えば、java script 必須の環境になったことで反応が遅くなった。より快適な操作を望むならば、よりハイパワーなコンピュータに変えるか、高速なインターネット環境を用意する必要があるだろう。

　また、フレーム構造を採用したことにより、従来なら簡単に行えた検索結果の保存が面倒になった。一応、Internet Explorer の5以上なら、保存時に［Web ページ、完全］を選択して保存して生成されたフォルダ[5]を開き、「ftmsw3.htm」をダブルクリックしてファイルを開けば、検索結果のみの閲覧も可能だが、これでは大量のデータの処理に

4）前バージョンと同様な空白付き検索結果を得たければ、「挿空」のチェックボックスにチェックを入れると、自動的に空白付きに再表示してくれる。

5）おそらく「中央研究院漢籍電子文獻.files」という名前。

は不向きである。

　より効率的に検索結果の保存を行うには、各フレームを別画面で表示する機能を持ったソフトウェア[6]を利用して、別画面に表示させた検索結果を保存すればよい。この様な機能を備えたソフトは幾つかあるので、Vector[7]等で検索して試してみるとよいだろう。

■ 外字と文字コード

　中研院はますます発展を遂げているが、おそらく外字の問題は永遠につきまとうだろう。中研院の外字ファイルには5千字以上が登録されており、これは今後も増加するだろう。日本語環境下での外字利用はWindows NT4.0/2000/XPの利用が必須だが、外字には文字同定の誤りや重複登録も認められ、必ずしも扱いやすい代物ではない。もし利用の際にこの様なミスを発見したならば、中研院側にフィードバックするのも望ましいことである。

　また、現在BIG5で構築されている中研院は、Unicodeの漢字数が3.1において飛躍的に増大し、大陸ではGB 18030での文字増加が現実のものとなっている以上、今後中研院の文字コードがどうなるか興味深い所である。

　中研院の重要度は今後も変わらないだろうが、できうるならば、個人有料利用も海外向けに解放してほしいと希望してやまない。

■ 寒泉（BIG5）
　http://210.69.170.100/s25/index.htm[8]

　寒泉は、中央研究院漢籍電子文献（以下、中研院と略）と同様な中国古典文献データベースである。中研院と重な

---

6) 右クリックメニューを使ってフレーム画面を操作するソフトウェアの幾つか。
Kommix（Mugi氏製作）http://hp.vector.co.jp/authors/VA013453/
IE PowerTools（白川泰洋氏製作）http://www2s.biglobe.ne.jp/~yyyy/
IEX（樋口健太郎氏製作）http://www.trillion-universes.com/

7) http://www.vector.co.jp/

8) 利用可能なデータは次の通り。
《十三經（經文のみ）》《先秦諸子》《全唐詩》《宋元學案》《明儒學案》《四庫全書總目》《朱子語類》《紅樓夢》《白沙全集》《資治通鑑》《續通鑑》《二十五史》

る部分も多いが、《資治通鑑》《四庫全書総目提要》等、ここだけで公開されている書籍もあり、是非とも利用したい Web サイトである。

■ 利用方法

寒泉は BIG5 で構築されているので、利用には BIG5[9] を閲覧・入力する環境が必須だが、BIG5 用 IME を使わなくとも、Internet Explorer 4 以上及び ATOK12・MS IME 2000 以上の組み合わせであれば、日本語入力環境で利用が可能だ。

寒泉にアクセスすると、図5のようなページが表示される。画面は左右のフレームに分割され、左フレームは「書籍の選択」、右フレームは「書籍の編目を選択」「キーワードの入力」「検索結果の表示」等をそれぞれ担当する。

では、実際の手順に基づいて利用方法を説明しよう。

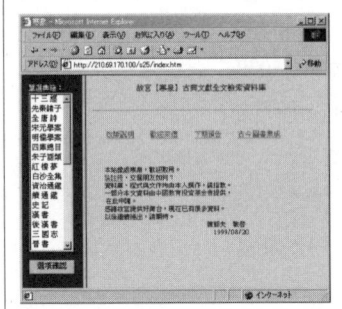

図5 寒泉のトップページ

● 書籍の選択

始めに書籍を選択する。左フレームから目的の書籍をクリックで選択し、その後［選項確認］のボタンをクリックする。

● 細目の選択とキーワードの入力

書籍を選択すると、右フレームが細目選択とキーワード入力の画面に変わる。

「可複選，單一選項（全選除外）資料不受限制。」で書籍の細目を選択する[10]。その際「…全選以下各項…」を選ぶと、先に選択した書物全体を対象として検索可能である。複数の範囲を指定しての検索方法は以下の通り。

・01-05 までのような、連続する複数範囲を選択

---

9) BIG5 については、p. 41 サイド注7)を参照のこと

10) 例えば正史の場合は「紀・伝」等、《十三経》や《秦諸子》の場合は個々の書籍を選択。

Shiftを押しながら、選択範囲の初めと終わりをクリックする。

・02、05、07のような、飛び飛びの複数範囲の選択

Ctrlを押しながら、目的の項目（ここでは、02、05、07）をクリックする（図6）。

図6　十三経の細目を選択

注意したいのが、この項目は「必ず」何れかを選択する必要があるということだ。検索に失敗した場合、この項目を設定したかどうかもう一度見直してみよう。

● キーワードの入力

［検索字串］にキーワードを入力する。複数のキーワードを組み合わせてのand or検索は、必ずそれぞれのキーワード間を「半角空白」で区切る必要がある。

［開始捜尋］をクリックすると、検索が開始される。

● 検索結果の見方

検索結果（図7）は右フレーム上に表示されるが、表示形式はいずれも同じで、書籍の章名や入力データ原本の相当ページと、キーワードにマッチした部分（字で表示）を含んだ文章、そして最下行には検索結果の総計が表示される。

■ 寒泉の注意点

寒泉は、中研院のような独自外字は使用していないが、「衞→衛」の様に、一部のBIG5未収録字を、BIG5内に漢字統合している。それ以外は「□＝」等で代用しており、当然そこに存在す

図7　《十三經》の《論語》より、「君子 and 仁」を検索した結果

るはずの文字は検索不可能である。他にも十三経の注疏が省略されている等、やや不便な部分もあるが、概ね中研院よりもレスポンスはよく、《資治通鑑》等ここでしか利用できない書籍もあり、どちらか一方だけ利用すればよいというものでもない。目的によって両者を併用することが望ましい。

■ 華夏文庫（BIG5）
http://www.chant.org/

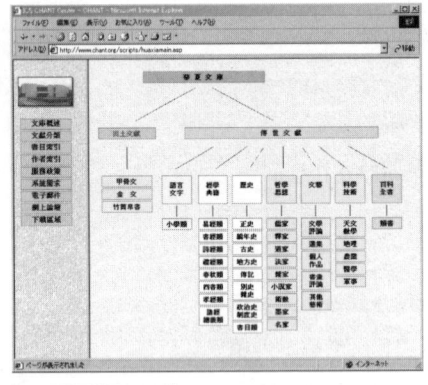

図8 華夏文庫のページ

11）華夏文庫は、Internet Explorer4 以上の利用を推奨している。Netscape Navigator で試したところ、華夏文庫のページには移動できるが、そこから先へのアクセスと表示が上手くいかなかった。

12）中央研究院と異なり、海外からの有料エリア利用も可能（個人100米ドル、機構150米ドル いずれも1年単位）なので、条件さえ許せば有料利用した方がよいだろう。

華夏文庫[11]は、逐字索引シリーズで著名な香港中文大学中国文化研究所の電子テキストサイトである（図8）。

華夏文庫電子テキストは、独自校訂のものが中心であり、更に輯佚書収録のものまで含める点が特徴である。

公開データは「無料エリア」「無料登録エリア」「有料登録エリア」の3ランクに分かれている。

以下、無料及び無料登録エリアについて解説する[12]が、まだサイト公開後間もないこともあり、実際に公開されているデータは極一部であることに注意しておこう。

■ 利用方法

まず初めに、香港中文大学中国文化研究所のサイトにアクセスする。次に「華夏文庫」の画像をクリックして、華夏文庫のページに移動する。

ページは左右に分かれており、左フレームに目次、右フレームに書籍の項目がツリー構造で表示されている（図8）。

目次には、文庫の概要や閲覧スペック、各種申請の説明等が含まれているので、参照しておくとよい。

では、実際に無料エリア（図9）を閲覧してみよう。

始めに、右フレーム画面のツリーから見たいテキストが存在する分類にカーソルを合わせ、クリックする。ここでは、［経学典籍］→［春秋類］を選択した。ちなみに、右フレームの［書目索引］［作者索引］にそれぞれカーソルを合わせてクリックすると、右フレームに一覧表示されるので、収録されている電子テキストが確認できる。

図9 無料エリアのテキスト表示

選択後、画面が切り替わる。左フレームはそれぞれ上位項目へのリンクとなっている。右フレームには、当該項目（ここでは春秋類）に収録される（或いは予定の）電子テキスト一覧が表示される。公開されている書籍のみにリンクがはられている。

目的の書名にカーソルを合わせてクリックすると、画面が切り替わる。右フレームには目次へのリンク、左フレームには選択書籍の電子テキストが表示される。最下部の［登記］にカーソルを合わせてクリックすると、無料登録エリア入口に移動する。

初めての利用の場合、［新用戶］をクリックして新規登録ページに移動する。次にページ上で必要情報を入力し、［登録］ボタンをクリックして登録する。もし、IDやパスワードを変更する必要が生じたら、［更改用戶信息］をクリックして登録情報を更新する。

実際の利用は、無料登録エリア入口の画面で［請輸入閣下的 Login ID］にはID（実質的には電子メールアドレス）を、［請輸入閣下的密碼］にはパスワードを入力する（図10）。

図10

インターネット中国学への入口

13)「服務政策」のページに (http://www.chant.org/policy.htm) 有料エリア登録申請の詳細が記載されているので、参考にしてほしい。

無料登録エリア（図11）最下行にも、「無料登録エリアはここまで。」という表示とともに、有料登録エリアのID＆パスワード入力画面へのリンクが貼られている。最後まで閲覧するには、有料登録が必要[13]。

■ 注意点

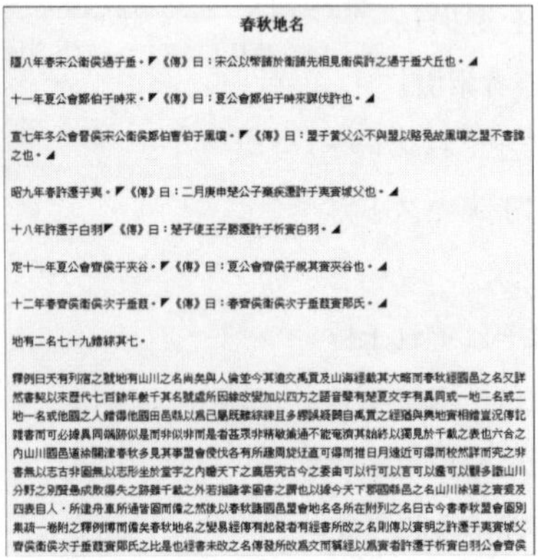

図11 無料登録エリアを表示

華夏文庫の電子テキストは、そのままWord等にコピー＆ペーストが可能だが、一部に外字を使用しており注意を要する。加えて、単純にコピー＆ペーストするとページレイアウトが崩れる。また一部のテキストで、校訂された文字を示すのにjava scriptで別ウィンドウを開く仕組みになっており、便利な反面、電子テキストの二次利用という面からは少々面倒である。

14) ⇒ p.142「オンライン図書館と著作権問題」

更に注意すべきは、電子テキストの一部に、香港中文大学で独自校訂したものが含まれていることである。当然香港中文大学の責任の下に行われた校訂だが、是非は利用者個々が書籍版の逐次索引や校訂の際に参考とされた資料を参照して判断すべきである。更に別途著作校訂権[14]が生ずることも認識すべきだろう。

また輯佚書の出所に関して、それが《玉函山房輯佚書》《黄氏佚書考》等に出所があるのか、或いはオリジナルの輯佚データなのかについての情報が不明なため、信頼という面でいささか劣ってしまうのは致し方ない。

なお、電子テキストは原則として本文のみで、注釈類は含まれてない。別途電子テキスト化されている注釈書もあるが、現在本文と合刻されている注釈を欠くのは、少々残念である。

しかし、《四庫全書》《四部叢刊》など、既存の大型叢書が電子化されて一般にも入手可能となっている今日、独自校訂の電子テキストや、輯佚書を公開する華夏文庫は、電子テキストの将来的な展開を示していると言ってよい。

加えて海外からの有料利用にも窓口を設けることは、積極的に評価できるだろう。日本の中国学関連電子テキストの作成と公開に関しても、学ぶべき点が多いサイトではないだろうか。

■ 全唐詩全文検索系統（UTF-8）
http://chinese.pku.edu.cn/cgi-bin/tanglibrary.exe

北京大学中文系の提供。中華書局本《全唐詩》のみならず、《全唐詩補編》《全秦漢三国南北朝詩》《楽府詩集》、および《歴代詩話》《新旧唐書》の列伝なども入力されている。つまり、唐代以前の詩歌の総合データベースである。

■ ユーザー登録とログイン

全唐詩全文検索系統を使うには、無料のユーザー登録をする必要がある。ユーザー登録するには、図12右下の［現在注冊］をクリックし、移動したページの［現在就發E-Mail］をクリックする。北京大学中文系宛のメールが新規作成されるので、ページの説明をよく読んで、所属機関と学歴・職位を明記した中文もしくは英文のメールを送ると[15]、1日か2日でIDとパスワードが

15）⇨ p.96「メールソフトで中国語」

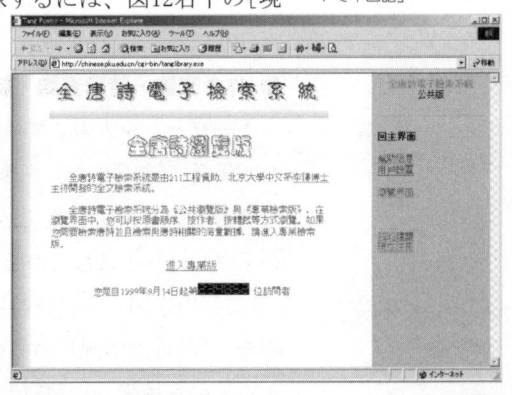

図12

インターネット中国学への入口

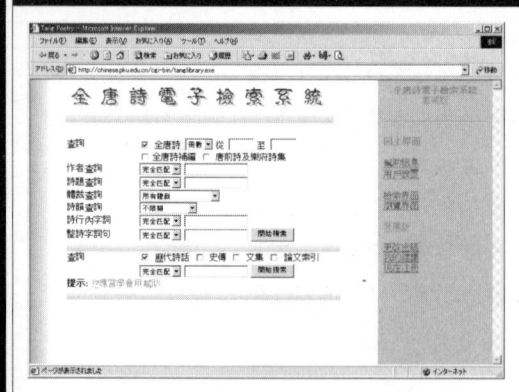

返送されてくる。

システムにログオンするには、図12画面下の［進入専業版］をクリックしてあらわれた画面の下の「用戸名」「密碼」にメールで送られてきた ID とパスワードを入力して［提交］をクリックすればよい。

図 13

■ 詩歌の検索

ログオンすると、図13の検索画面が表示される。上が詩歌の検索、下が詩話など文の検索フォームだ。上の詩歌検索から見ていこう。

● 査詢

検索する範囲の設定。《全唐詩》は巻数の指定ができる。また、「全唐詩補編」「唐前詩及楽府詩集」（《全秦漢三国南北朝詩》と《楽府詩集》）を選択することもできる。

● 體裁査詢・詩韻査詢

▼をクリックして、詩形・韻目を選ぶ。

● 作者査詢・詩題査詢・詩行内字詞・整詩字詞句

キーワードを入力して検索する。例えば「李白」と入力した場合、［部分匹配］を選択すると、「李」もしくは「白」を含むものを検索する。［完全匹配］を選ぶと「李白」というフレーズを含むものを検索する。

［詩行内字詞］と［整詩字詞句］の違いは、検索範囲にある。［詩行内字詞］の場合は一句の中に指定した語句があるものを検索し、［整詩字詞句］は詩全体の中に指定し

た語句があるものを検索する。しかし、実用上さしたる差異はないので、複数の検索語句を指定するときに両方の欄に語句を入力する、程度に考えてよいだろう。

　検索語句は繁体字か簡体字で入力する。簡体字は繁体字に自動変換されるが、日本の常用漢字体には未対応だ。条件指定したい項目を入力・選択したら、［整詩字詞句］ボックス右の［開始検索］をクリックする。

■ **文の検索**

　検索画面の下部は、作品と関連文献、伝記資料など、文の検索画面だ。使い方は詩歌とほぼ同じで、よりシンプルになっている。検索範囲は、歴代詩話、史伝（《唐才子伝》《唐詩紀事》《新旧唐書》列伝など）、文集（《陶淵明集》《文選》）、論文が指定できる。検索時には、キーワードを入力してすぐ右の［開始検索］をクリックする。

■ **検索結果**

　検索を実行すると、10件ずつ結果が表示される。ここで緑のライン下の［詳細信息］をクリックすると、ヒットした詩の題名、掲載ページなどの詳細情報が表示される。ヒットした詩のタイトルをクリックすれば、その詩の全文を閲覧できる。キーワードは赤で表示される。

　デフォルトでは、検索結果の表示は10件ずつだが、それを変えたいときには、右側にある［用戸設置］をクリックする。表示件数のほかにも、注釈の表示・非表示、英語表示・中国語表示、などを設定できる。設定が終わったら、［検索界面］をクリックして検索画面に戻る。

　《全唐詩》のオンラインデータベースやCD-ROMは計7、8種あるが、使いやすく無償である北京大学《全唐詩》がベストであると考える。

インターネット中国学への入口

137

仏典（BIG5）

師茂樹　Shigeki Moro

■ CBETA
http://www.cbeta.org/

　中華電子佛典協會が、なんとスタートからたったの3年余りで目標としていた大正新脩大蔵経1～55、85巻の電子化を完成させ、新しいウェブサイトとCD-ROMによる公開を開始した。

　以下、2001年4月に配布された測試版（Test Version）をもとに、一般向けながらかなり高度な機能を備えているHTML Help版について簡単に紹介しよう。

■ インストール
● 利用条件

　HTML Help版を利用するには、OSとして繁体中文版のWindows 95/98/ME/NT4.0/2000が推奨されているが、日本語版のWindows 2000などにもインストールすることは可能である。しかしながら、検索という最も利用したい機能が日本語版Windows上では動作しないので、やはり本格的な利用には繁体中文版Windowsの導入を薦めたい。

　また、Windows 2000「Multi Languageバージョン」であれば、［システムの言語設定］で「Chinese (Taiwan)」を規定値にすることによって検索機能が利用可能となる[16]。日本語のソフトを使いつつCBETAのCD-ROMで検索もしたい場合には、有力な選択肢の一つとなるだろう。

　なお、中文版Windows以外で起動した場合には、表示の

16) ⇨ p.298「Windows 2000とWindows 2000多国語版で海外ソフト」

大部分が英語になる。

● メニュー画面

　CD-ROM をドライブに入れると、図1のようなメニュー画面が自動的に起動する（自動的に起動しない場合には、CD-ROM ドライブの setup.exe をダブルクリックする）。[1]

図1

　ちなみに、中文版 Windows で起動した場合にはメニューが「安装CBETA 電子佛典」「更新 Microsoft HTML Viewer 1.3」「安裝説明」「光碟使用説明」「離開」と表示される。

[1] Windows 2000 の場合には、管理者権限が必要。

● HTMLHelp のインストール

　Windows Me/2000 などでは最初から HTMLHelp がインストールされているが、他ではインストールされていないものもある。その場合にはまず[Update Microsoft HTML Viewer 1.3]（あるいは[更新 Microsoft HTML Viewer 1.3]）をクリックして最新のものを入手しよう。

● 本体のインストール

　[Install CBETA Tripitaka]（あるいは[安装 CBETA 電子佛典]）をクリックすると、経典データのインストールが始まる。一般的な Windows アプリケーションと同様の手順なので、特に難しいことはないだろう。インストール後、再起動が求められる。

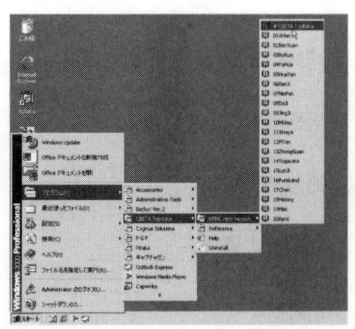

■ 使用方法
● 起動方法

　正常にインストールが完了すれば、スタートメニューに

図2

インターネット中国学への入口

139

図2のように登録されるはずだ。

中文 Windows にインストールした場合には、01Ahan、02 BenYuan、03BoRuo…の部分が 01 阿含部類、02 本縁部、03 般若部類…となる。

この中、一番上の「# CBETA Tripitaka」（または「# CBETA 電子仏典」）をクリックすれば全体の表紙に、それ以下は各部類[2)]にそれぞれ移動する。

2）この「部類」は、大正新脩大蔵経における分類とはことなるCBETA独自のものである。例えば中国人による般若経の注釈書は大正蔵では「経疏部」に分類されていたが、CBETAの分類では「般若部類」に収められている。

■ 閲覧する

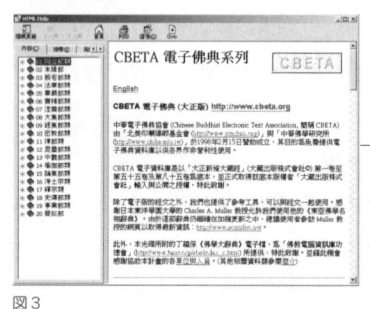

図3

図4

HTML Help 版の画面（図3）は大きく二つに分かれている。左側が機能ウィンドウ、右側が本文ウィンドウだ。

左側の機能ウィンドウにある[目次]タブ（中文版は[内容]）では、図4のように分類を開いていくことで所期のテキストにたどり着くことができる。

巻数や頁がわかっていて手っ取り早くそのページを見たい場合には、メニューバーの[Goto]ボタンをクリックすると、図5のような入力フォームが出てくるので、ここに巻数（冊数）、ページ番号などを入力すればそのページへジャンプすることができる。

図5

● 外字の表示

　BIG5外字については、例えば「睽」を「[目*癸]」と表記する方式であるが、その部分をダブルクリックすると図6のように今昔文字鏡の画像が表示される。

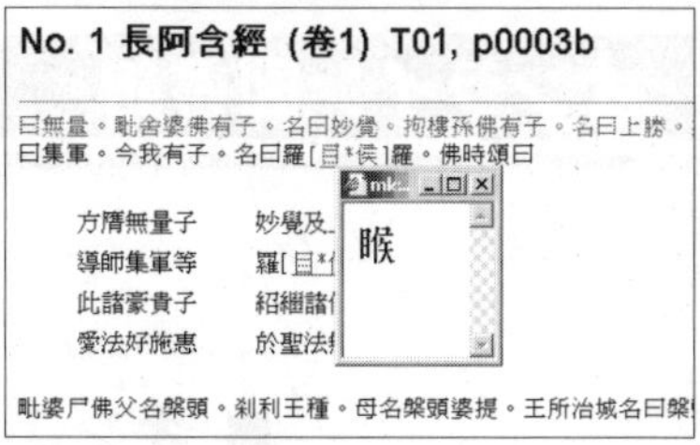

図6

● 検索機能

　左側のウィンドウにある[検索]タブ（中文版は[搜尋]）では、全文検索が可能だ。[3]

　入力欄にキーワードを入力し（入力欄の右にある矢印ボタンから and 検索、or 検索などの指定が可能）、検索をすると、左ウィンドウに結果一覧が表示される。それをクリックすると右側の本文で、キーワードが強調表示される（図7）。

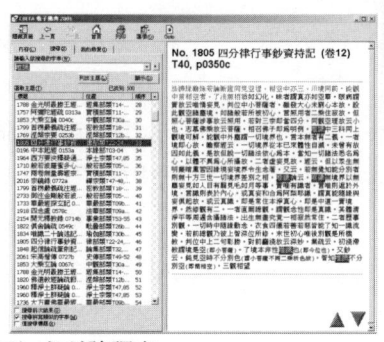

　なお、最初の検索のときだけは、インデックスを作る作業があるため結果が出るまで時間がかかるので注意。

図7

3）ただし、日本語版Windowsでは動作しない。前述「利用条件」参照。

■ その他の機能

　この他、チャールズ・ミュラー博士編纂による仏教語辞典・漢日英辞典や、丁福保《佛教辞典》などもHTMLHelp版としてインストールされており、本文データベースと連係することが可能だ。

　また、CBETAのサイトで公開されている「HTMLHelp 工具安裝程式」[4] をインストールすることによって、HTMLHelp版にさらに便利な機能を追加することができるので、試してみては如何だろうか。

4）http://www.cbeta.org/cbeta/download/htmlhelp/cbhhtool.zip

オンライン図書館

千田大介 Daisuke Chida

■ オンライン図書館と著作権問題

　オンライン図書館という言葉は厳密に定義されずに使われることが多く、その指し示す内容は一定しないが、ここでは書籍の電子データを作成・収集して公開するサイト、すなわちオンライン・データ・アーカイブに限定する。

　中国には百以上ものオンライン図書館が存在する。中国は通信インフラが整備途上で遠隔地のホームページが繋がりにくいため、地域ごとに同じようなサービスを提供するサイトが乱立する傾向があり、オンライン図書館乱立の理由の一つは、この点に求められる。

　また、著作権の概念が希薄なことも重要なファクターだ。中国で著作権法が制定されたのは1991年、近年こそWTO加盟を睨んだ様々な啓発運動、取り締まり活動、さらには文学作品のインターネットでの無断公開さし止め訴訟などによって著作権の知識が徐々に広まりつつあるものの、「データの公開にあたって許可は取っていません。商用に使用することを禁止します。」というクレジットを掲げれば大丈夫だと考えている安易なサイトが多いのが現状だ。

　著作権法の骨子はどの国でも共通しており、しかも国際条約によって相互に権利が保護されている。通常、著作権は作者の死後50年間保護されるが、中国は第二次大戦の戦勝国なので、戦中に生きていた人に関しては戦争期間が加算される。原作の著作権が切れていても、例えば古典文学の注釈や校訂、句読の著作権は校訂者に帰属するし、影

印本の画像の公開や翻刻にあたっては、収蔵権を有する所有者の許可が必要になる。

以下に紹介するオンライン図書館の中には、著作権や蔵権をクリアしているとは思えないデータも多く見受けられる。データの再利用や転載に際しては、十分な注意を払っていただきたい。

■ 超星電子図書館（GB）
http://www.ssreader.com.cn/

中国の電子図書館ソリューション。PDGという独自形式のファイルを専用ブラウザで閲覧する。画像処理ゆえに全文検索はできないが、電子化が簡単である利点を生かして、数十万冊ものデータ量を誇っている。

超星ソリューションを導入した図書館の蔵書を片端から入力しているようで、収録書籍の分野は政治・経済・人文学から自然科学・医学・パソコンマニュアルまで、また一般向けの概説書から研究書、古籍の影印本までにおよぶ。この雑多さが、逆に魅力とも言える。

特に中国全国の文史資料、地方志（全《地方志叢書》を含む）、革命史史料、明清史档案などには、国内では閲覧が困難なものが多く、これらの膨大な書籍を居ながらにして閲覧できることは、研究史上の革命であると言っても過言ではない。

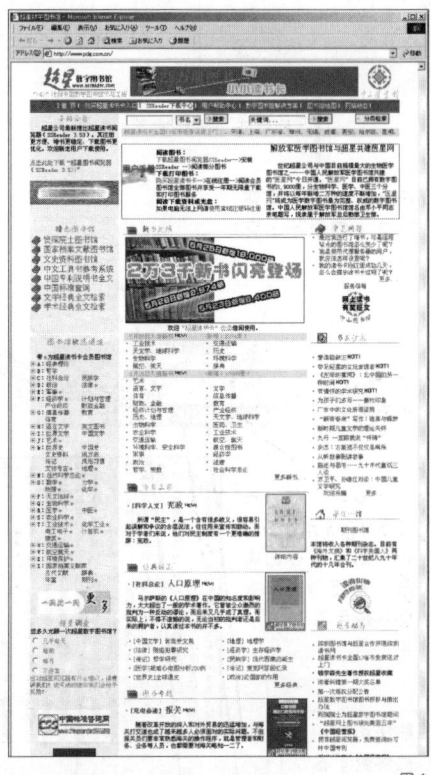

図1

メールとインターネット

■ SSReader の使い方

閲覧には、専用のブラウザ SSReader（無償）が必要。超星トップページから［SSReader 下載中心］をクリックしてダウンロードページに移動する。日本語 Windows で使う場合は、英語版をダウンロードしよう。ダウンロードしたファイルをダブルクリックすると、SSReader がインストールされる。デスクトップにアイコンが作られるので、ダブルクリックして起動する。

SSReader 各部の名称は以下の通り。

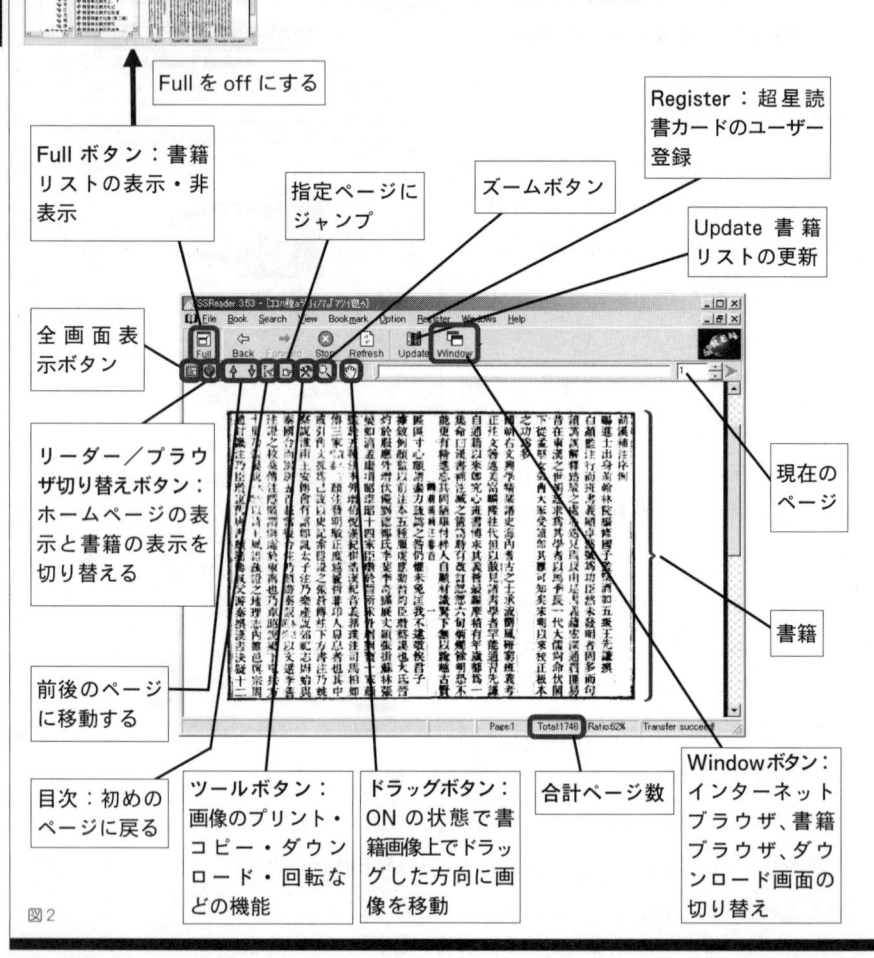

Full を off にする

Full ボタン：書籍リストの表示・非表示

指定ページにジャンプ

ズームボタン

Register：超星読書カードのユーザー登録

Update 書籍リストの更新

全画面表示ボタン

リーダー／ブラウザ切り替えボタン：ホームページの表示と書籍の表示を切り替える

現在のページ

書籍

前後のページに移動する

目次：初めのページに戻る

ツールボタン：画像のプリント・コピー・ダウンロード・回転などの機能

ドラッグボタン：ON の状態で書籍画像上でドラッグした方向に画像を移動

合計ページ数

Windowボタン：インターネットブラウザ、書籍ブラウザ、ダウンロード画面の切り替え

図2

144

● **書籍リストを使う**

　SSReader で目的の本を探す方法は二つある。一つは、左フレームの書籍リストから捜す方法。SSReader の[Update]ボタンをクリックして最新の書籍リストをダウンロードしておく必要がある。このリストは Windows 95/98/Me では文字化けしてしまうが、Windows 2000 の場合はフォントを設定すれば表示できる。その方法は、以下の通りである。

1. [Options]→[Properties...]で[General]タブをクリックする。
2. [Change...]をクリックすると、日本語のフォント設定画面が表示される。[フォント名] を [SimSun]などの中国語フォントに、[書体の種類] を [CHINESE_GB2312] に設定（図3）。
3. [OK]をクリックして全ての設定画面を閉じる。

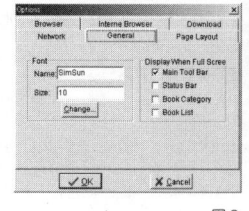

図3

　書籍リストの左のフレームでジャンルを選択すると、中のフレームに書籍のリストが表示される（図4）。この書籍名をダブルクリックして、メインフレームに書籍の画像を呼び出す。

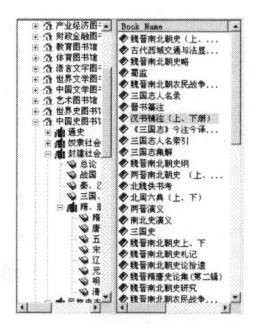

図4

● **ホームページで書籍を検索する**

　Windows 2000 を日本語モードで使っている場合は、書籍リストの検索機能が使えない。このため、書籍を検索したいとき、あるいは Windows 95/98/Me を使っている場合は、超星のホームページで書籍を検索することになる。こちらの方がより高度な検索が可能なのでお勧めだ。

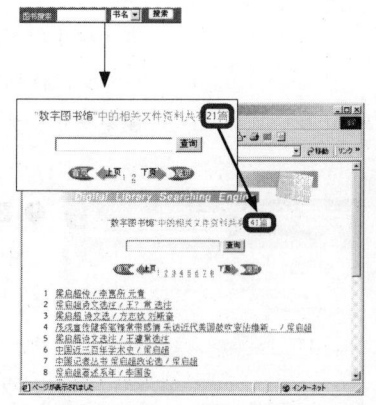

　書籍を検索する場合は、超星ホームページの右上の検索ボックスに語句を入力して

図5 「梁啓超」を検索

145

［捜索］をクリックすれば、新しいウインドウが開き、ヒットした書籍の一覧が表示される。このとき、検索結果画面の上のボックスに同じ字句を入力して検索すると、図5で21件が141件になっているように、ヒットする書籍数が増加する。本のタイトルだけでなく、著者・目次などの書誌データ全体を検索してくれるためだ。ただし、目次はOCR入力のようで、誤字が目につくので注意が必要だ。[1]

1）2001年10月現在、書誌データ全体のキーワード検索機能は使えなくなっている。

なお、超星の検索システムはインデックスファイルを使っているため、例えば「梁啓超」で検索すると「啓超」の検索結果に含まれないものにもヒットする。検索語句を色々と変えて検索した方がよい。

検索結果をクリックすると、詳細な書誌情報が表示される。超星の書籍データには奥付けページが含まれないので、このページを保存・印刷しておこう。書誌画面の［閲読図書］あるいは、リンクになっている目次の項目をクリックすると、SSReaderが起動し書籍画像が表示される。

● 書籍を閲覧する

書籍の閲覧は、Adobe Acrobat Readerと大差ない。書籍画像はドラッグして上下左右に動かすことができる。拡大・縮小は🔍をクリックして倍率を選ぶ。⬆⬇で前後のページに移動する。ページを指定してジャンプするには、をクリックしてページ番号を入力、［OK］を押す。

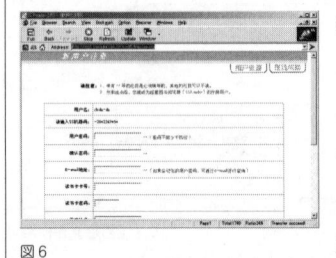

図6

● 読書カードの登録と書籍のダウンロード

中国のパソコンショップなどで販売されている「超星読書カード」（100元）を購入してユーザー登録すると、1年間無制限に書籍データのダウンロードができる。カードは海外からの通販も可能なようだが、国内の書店にも輸入販売

して頂きたいものだ。

　ユーザー登録するには、[Register]メニュー→[Register Online...]をクリックする。超星サイトの登録ページが表示されるので[新用戸注冊]をクリックする（図6）。次に、ユーザー名を入力する。これは、超星電子図書館にログインするためのもので、読書カードの番号とは別。ハンドルネームでかまわない。入力したユーザー名が使われていなければ、ユーザー登録画面が表示されるので、パスワード・メールアドレスなどの各項目を記入する。このとき、読書カードの裏に印刷されたカード番号とパスワードが必要になる。

　1枚の超星カードで最大10台のパソコンに登録できるが、1枚のカードは一人のユーザーしか使うことができない。また、ダウンロードできるのは、最後に超星カードの登録をしたパソコンに限られ、同じIDと読書カードによる同時ダウンロードはできない。

　登録が終わると、書籍データのダウンロードができるようになる。目的の書籍を表示させて、✗→[Download]をクリックする。ここで「Local Library」を選ぶと、ローカルの書籍リスト中に登録できる。「Disk Directory」を選んだら、任意のフォルダを選んで保存する。あとは、図7の画面でダウンロードする範囲を選択して［OK］をクリックするだけ。

　なお、ダウンロードしたファイルは、ダウンロードしたのと同じユーザーIDで登録したSSReaderでないと閲覧できない。つまり、友人にファイルをコピーして渡しても閲覧できないので、注意が必要である。

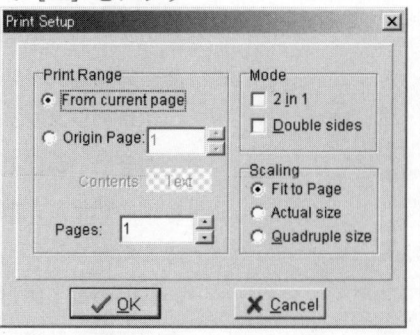

図7

インターネット中国学への入口

147

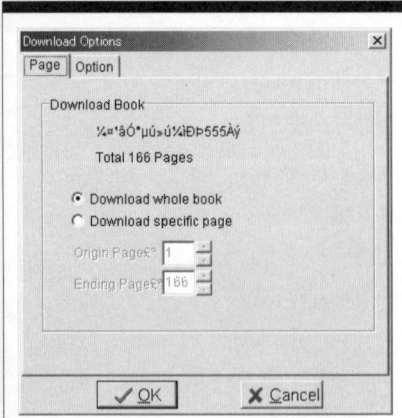

■ 印刷

ダウンロードしたデータは、印刷することができる。※→[Print]をクリックすると、図8の画面が開く。左で印刷範囲を指定するのだが、設定方法がやや特殊だ。上で印刷開始ページを指定する。「From Current Page」(現在のページから) をチェックするか、「Origin Page」(開始ページ) をチェックして、ページ番号を指定する。下は、印刷するページ数。「開始ページから何ページ分印刷する」という意味なので、間違えないように。SSReader のステータスバーに表示される合計ページ数などを参照して、必要なページ数を計算する必要がある。

画面右では、印刷サイズを設定する。一般の書籍であれば、A4 サイズに「2in1」で見開き印刷するとよかろう。地方志など字が小さい書籍は、「Fit to Page」で紙全体に印刷するとよい。

■ 超星のススメ

超星は読書カードの収益金をダウンロード回数に応じて著者に支払うシステムをとっている。これは、著作権問題をクリアした電子図書館ソリューションとして、中国では高く評価されている。

超星のシステムは、PDF を模倣したかのような画像方式に過ぎないが、しかし、そのデータ量は圧倒的である。量が質に転化した典型とも言えよう。この点、フォーマットにこだわり、いつまでたってもコンテンツの構築が進まない某国の電子図書館の対局とも言える。ともあれ、もはや中国研究、特に近現代研究の分野で超星を無視することは

できないことは明らかであるし、教育分野での利用、さらには超星ソリューション導入による電子図書館構築など、さまざまな応用の可能性を秘めている。是非、超星読書カードを購入し、その威力を存分に味わっていただきたい。

■ 中国古典文献

■ 国学（GB）
http://www.guoxue.com/

中国の大規模古典文献電子図書館。二十五史、《資治通鑑》、《全唐詩》など他のサイトから転載・整理とおぼしいデータが大半を占めるが、《雲笈七籤》《西遊記》（GBK コードによる繁体字版あり）のオリジナルデータも多数ある。

古典文献は画面左の四部分類メニューからたどる。GB・GBK コードの HTML 形式で、校訂の回数が明示されている。ただし、底本や著作権についての説明は不十分。また、段落の末尾に転載防止の隠し文字が埋め込まれているので、隠し文字を削除しないと検索・加工には使えない。このほか、学術ニュース、研究著作のデータ、書評なども充実している。

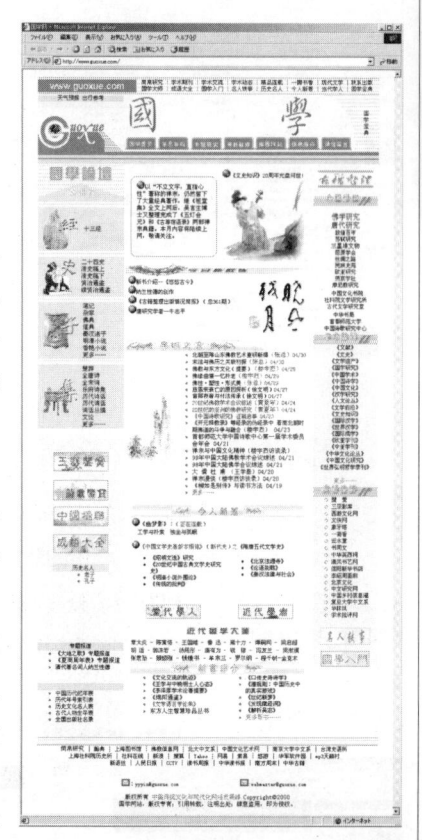

図9

■ 中国青少年新世紀読書網（GB）
http://www.cnread.net/

共青団中央宣伝部思想教育処というお堅い共産党関連組織が、青少年の教育指導を目的として提供しているサイト。

149

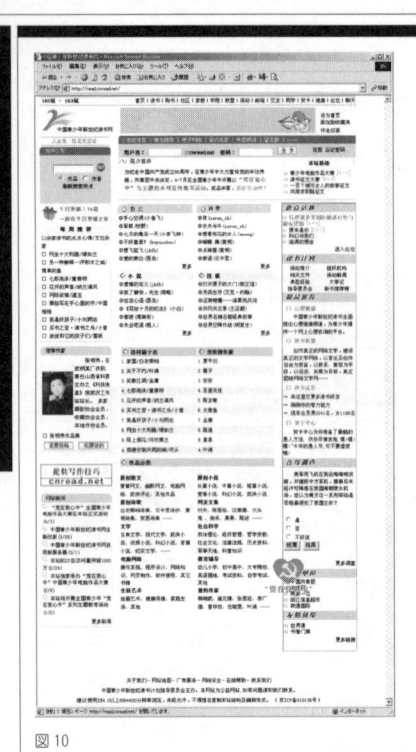

古典文献から現代文学、さらには学術著作や共産主義の理論書まで、大量のテキストデータが公開されている。

　前述 URL のトップページは 163 と 165 とに設置されたサイトの選択画面だけだ。どちらかをクリックすれば図 10 のページに移動する。画面の下方［作品分類］から各カテゴリをクリックすると、電子テキストのリストが表示される。

　本文は簡体字で各行右端に改行が入っている。これは中国語オンライン図書館に一般的な形式だが、検索・加工の際に改行が邪魔になることがある。利用に際してワープロやエディタなどの置換機能で、一括削除するとよかろう。

　新世紀読書網が提供する電子テキストは、大部分が他のサイトの転載だが、古典小説や現代文学・政治・学術的著作などのオリジナルデータも多い。ただし、校訂が十分であるとは言えず、また著作権に関する注意書きもないので、利用にあたっては注意を要する。

図 10

2）亦凡公益図書館
http://www.shuku.net/

3）書路
http://www.shulu.net/

■ 中国近現代文学

■ 全景中文（USA ミラー）（GB）
http://www.cnovel.com/cnovel.html

　独自のデータを持たない中国文学電子テキストの検索サイト。近現代文学の電子テキストは、まずここで捜そう。亦凡公益図書館2)、書路3) 中国青少年新世紀読書網な

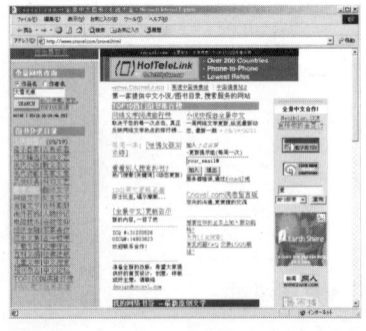

図 11

どの電子図書館サイトで公開されている、古典・現代文学作品、実用書、学術書などの電子テキストを、カテゴリ別・作家別に分類したリンク集がメインコンテンツ。作品名・作者名の検索も可能だが、データベースが今ひとつ整理されていないので、著者名で検索する場合には「作者名」だけでなく「作品名」も指定して再検索した方がよい。

特に現代文学作品の収集が充実している。例えば、2000年にノーベル文学賞を受賞した「高行健」で作品名を検索すると、執筆時点で19件の作品データや評論にヒットする。ただ、リンク先のデータの大半が著作権問題をクリアしているとは思えないものであることは、言うまでもない。逆に、全景中文そのものは単なるリンクサイトであるから安全なのだが。

■ 榕樹下（GB）

http://www.rongshu.com/

ここ数年、中国でブームを巻き起こしている"網絡文学"（ネット文学）の一大中心地。1日に万を超える文学作品が投稿され、審査を経て発表される。優秀な作品は或いは既存文学雑誌に転載され、或いは単行本として発行される。作家の著作権への配慮も行き届いている。また、年1回の網絡文学賞は審査委員に著名な作家・批評家を揃えており、世間の注目度も高い[4]。

紙不足で雑誌の発行が思うに任せない中国にあって、新人作家の発掘および作品発表の場としてネット文学サイトは欠かせないものとなっている。中国文学の次代を担う作家は、あるいはこの榕樹下から生まれてくるかもしれない。

4）榎本雄二・三須祐介「インターネット文字サイト『榕樹下』から見る中国文字メディアのゆくえ」（『漢字文献情報処理研究』創刊号、本会編、2000.10.好文出版）に詳しい。

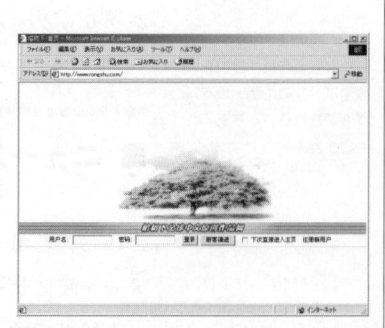

図12

新聞とニュース

千田大介　*Daisuke Chida*

■ 人民網（GB）
http://www.people.com.cn/
http://www.people.ne.jp/（日本ミラー）

中国共産党の機関誌《人民日報》のWebサイト。日本にミラーサイトが設置されている。《人民日報》掲載記事のほか、他の全国紙、地方紙、専門紙からの転載も大量に掲載されており、ニュースの更新も頻繁。中国のニュースサイトの中でも充実度は群を抜いている。日本語版もあり、1日遅れで主要ニュースの訳が掲載される。ニュースの他にも、中国の政府・要人・国情などのデータ、図書と出版業に関する情報などのコンテンツが充実している。[1]

人民網では、画面の上の［関鍵詞］に単語を入力し［検索］をクリックすれば、1995年以降の記事検索を無償で検索できる。詳細に検索したい場合は、その右の［高級検索］をクリックする。[2]

図1

1）共産党のプロパガンダメディアゆえの大盤振る舞いだが、しかし、中国の今を知りたいときに最初に訪ねるべきサイトであるのは確かである。

2）人民網はデザインがしばしば変更され、これらの検索ボタンの位置・ラベルが変更されることもあるので要注意。

■ ニュースのメール配信サービス

いちいちホームページを開くのが面倒な人には、新聞のメール配信サービスを勧める。

人民網では、画面上の［新聞訂閲］をクリックするとメー

ル申し込み画面が表示される。メールアドレスを入力し、「国際新聞」「国内新聞」「体育在線」「IT動態」などにカテゴリ分けされた中から、講読したいものをチェックして[訂閱]をクリックすると、確認メールが送信されてくるので手を加えずに返信すればよい。

ただし、一般のメールアドレスではたいていエラーになる。その場合は、人民網トップページの上の[免費郵箱]をクリックしてメールアドレスを取得して利用しよう。

また、中国・台湾には、フリーのメールマガジン（メルマガ）配信サイトが幾つかある。

■ 希網網絡（GB）
http://www.cn99.com/

中国のメルマガサイト。電脳、学術、文芸、娯楽など、あらゆる分野の無料メルマガの講読申し込みができる[3]。中国関連の最新情報の入手にうってつけだ。

図2

ただし、人民網も含めて大半のメールが HTML 形式で配信されるが、画像の表示のためにインターネットに接続しなくてはならない場合があるので要注意。

3）例えば、「報紙」カテゴリには、上海の《解放日報》《新民晩報》をはじめとする50以上の地方紙・専門紙が登録されている。

■ Maillist 魅力站（BIG5）
http://www.maillist.com.tw/

■ PC home ePaper 電子報（BIG5）
http://www.epaper.com.tw/

以上二つは、台湾のメルマガサイト。中国に比べて数は少ないが、個人の発行する趣味・娯楽メルマガが多い。台湾では、新聞の記事配信が有料化される方向にある[4]。

4）世界的な不況の中で、その流れが中国に及ぶ可能性もある。

153

政府の公式情報

千田大介　Daisuke Chida

■ 中国

　従来、中国政府各機関のホームページ構築は遅れていたが、1999年より実施された政府上網工程の結果、現在では中央官庁はもとより、省・市さらには県や郷鎮クラスの地方政府までもが独自のサイトを持つようになってきた。そのおかげで、政府の公式情報、各地域の概要、さらには各種統計資料などが簡単に入手できるようになりつつあるのは喜ばしい限りだ。ただし、地方政府のサイトは画一的なものが多いし、社会主義体制ゆえに情報公開も一部分にとどまっている。

■ 政府上網工程（GB）
http://www.gov.cn/

図1

　中国の政府系機関全てにサイトを持たせるプロジェクトのセンター。中国の中央・地方政府機関のサイトを網羅的に収集・分類したリンク集が便利。また、中国政府のオンライン化に関するドキュメントやニュースも多数。

■ 人民網 (GB)
http://www.people.com.cn/

中国共産党の機関誌である《人民日報》のサイトは、また、政府の各種公式情報の宝庫でもある。

白書、中央・地方政府要人のプロフィールや政府組織の紹介、「法規法律庫」では中央・地方の各種法規の閲覧・検索もできる。

■ 台湾

■ 政府網際服務網 (BIG5)
http://www.gov.tw/

台湾電子政府のポータルサイト。中央から地方まであらゆる政府機関のサイトと所在地をまとめたサーチエンジンがメイン。

ここを起点とすれば、司法院や立法院の法学・法規データベースも簡単に見つかるし、地方の市や県の政府機関サイトや在外政府機関、さらには研究機関や大学・学校のサイトも網羅されている。

このほか、各機関の陳情窓口やアンケート受付窓口、公式発表、各種資料の閲覧方法なども集約されており、電子地図や政務・各種申告窓口などのサービスもある。台湾の公式情報の窓口として、非常に便利なサイトだ。

図2

❖ 中国語のホームページを作る

ホームページ？

師茂樹 Shigeki Moro

■ ホームページの中身

世に「ホームページ」[1]と言われるものはごまんとあり、それを見ている人は数え切れないほどいる。しかし、その中身を見たことがある人はどれくらいいるだろう？ 自分のホームページを公開している人ですら、その中身については全く知らない人がいるのではないだろうか。

実は、ホームページを作るだけであれば中身を知る必要はない。あとで紹介する FrontPage 2002 や Netscape Composer を使えば、ワープロ感覚で中国語ホームページを作ることが可能だからだ。しかし、表面だけを理解して原理を知らないでいると、急激に変化するインターネットの世界の方向性を理解することもできないだろう。

■ HTML とは？

ホームページの中身は、HTML という言語で記述されている。…と言っても「H…何？言語？記述？」という読者もいるであろうから、具体的に例を挙げてみよう。

図1が HTML である。これをメモ帳などで入力し（ローマ字はすべて半角で）、「hajimete.html」などという名前

1）世間一般で「ホームページ」と呼ばれているものは、本来は単に「ページ」あるいは「ウェブページ」などと呼ばれるべきものであり、「ホームページ」の本来の意味はブラウザを立ち上げた時に最初に表示させるページ、あるいはある個人・団体が公開しているページ群（「サイト」などと言う）の玄関に相当するページを指す。後者の場合は「トップページ」などとも言う。またホームページを「HP」と略す人もいるが、コンピュータ業界で「HP」と言えば大手コンピュータメーカーのヒューレット・パッカード社を表すのが一般的である。日本の常識が世界の常識ではない場合も少なくないことを憶えておこう。

で保存した後、Internet Explorer（以下 IE）などで開い
てみると、図2のように表示されるはずだ。
　両者を見比べながら、HTML について見てみよう。

```
<!DOCTYPE html public "-//W3C//DTD HTML 4.01 Transitional//EN">
<HTML lang="ja">
<HEAD>
<META http-equiv=Content-Type content="text/html; charset=ISO-2022-JP">
<TITLE>はじめてのホームページ</TITLE>
</HEAD>
<BODY>

<H1>はじめてのホームページ</H1>

<P><STRONG>はじめまして！</STRONG><BR>
ここからが中国インターネットへの
<U>第一歩</U>です。</P>

<P>中国の Yahoo!は
<A href="http://cn.yahoo.com">「雅虎」</A>と言います。</P>

</BODY>
</HTML>
```

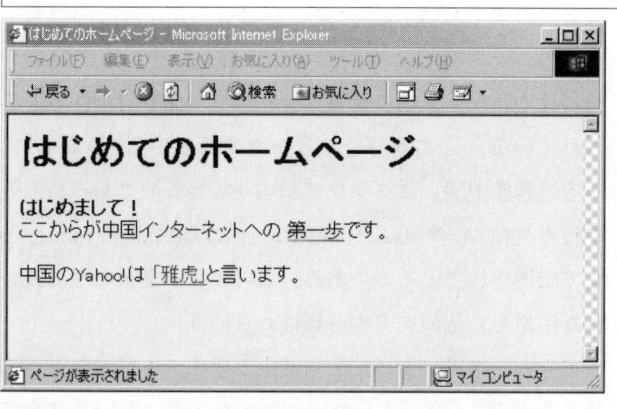

図1

図2

■ タグ

まず目につくのは、実際の文書以外に<HTML>や<STRONG>など、不等号（<、>）で囲われた文字が見える。これは「タグ」と呼ばれるもので、HTMLを記述する基礎となるものだ。

例えば、<STRONG>と</STRONG>で囲われた「はじめまして！」という文は、IEでは太字で表示されている。<STRONG>は文字通り、間に挟まれた文を強調せよ、と指定するためのタグである（</STRONG>のように先頭にスラッシュ「/」が入っているタグは、終了タグと言われる）。同じように、<H1>は1番大きな見出し（Heading）、<P>は段落（Paragraph）、
は改行（line BReak）、<U>は下線（Underline）を表現する。[2] IEなどのブラウザは、これらのタグを解釈して、表示しているのだ。

[2] その他のタグについては、市販の書籍を参照。

■ リンク

タグの中でも<A>（アンカー Anchor＝錨）は特別な意味を持つ。上の例では<A>によって「雅虎」という文字列が囲われており、ブラウザでは違う色で下線が引かれて表示されている。この部分をクリックすると中国のYahoo!である「雅虎中国」にブラウザが切り替わるのであるが、その行き先は<A>の中に「href="http://cn.yahoo.com"」として記述されているのである。このようにタグの中に書かれた情報を、そのタグの「属性」という。

アンカータグによってテキストとテキストがつながっていることを、「テキストを超えたテキスト」という意味で

HyperTextと言う。実はHTMLはHyperText Markup Languageの略称なのだが、この<A>タグこそ、HTMLをHTMLたらしめているものの一つなのだ。[3]

3）ちなみにmarkupとは、文にタグを書き込むこと。

■ その他の大切な情報

■ DOCTYPE宣言

冒頭にある「<!DOCTYPE html public "-//W3C//DTD HTML 4.01 Transitional//EN">」という奇怪な文字列は、このHTML文書がW3C[4]という組織が制定しているHTMLのバージョン4.01に基づく、という宣言文である。原則としてHTMLではこの宣言文を欠かすことができないのであるが、一般に出回っているHTML文書では省略されていることが多い。

4）⇒ p.170「清く正しいHTMLを目指そう」

■ 文字コードの指定

中国語HTMLを作る上で重要なのは、HTML文書の文字コードを指定する「<META http-equiv=Content-Type content="text/html; charset=ISO-2022-JP">」というタグだ。「charset=ISO-2022-JP」の部分が文字コードを表しており、ISO-2022-JPすなわち日本のJISコードであることを示している。簡体字中国語の場合は「charset=gb2312」、繁体字中国語の場合は「charset=big5」などとなる。

また、<HTML>タグには「lang="ja"」という属性があるが、これはこのHTML文書が日本語で書かれているということを示す。中国語の場合はここが「lang="zh"」になる。[5]

5）中国の文字コードを使うことと中国語であることとは厳密には異なる。中国の文字コードにもアルファベットやひらがな等が含まれているので、中国の文字コードで中国語以外の文書を作ることも可能だからだ。

画像の注意点

師茂樹　Shigeki Moro

■ さまざまな画像の形式

　さて、これまでは文字中心に話を進めてきたが、ホームページには図表や彩り豊かな画像が欠かせない、という人もいるだろう。

　インターネットでは頻繁にデータがやり取りされるため、ホームページの画像も通信回線に負担をかけないような小さなサイズの画像形式を使うのが常識である。しかし、どの形式を使うかが世界的に統一されているわけではなく、JPEG（ジェイペグ）、GIF（ジフあるいはギフ）、PNG（ピーエヌジーまたはピング）等々の複数の形式が場合によって使い分けられているのが現状だ。これらの画像にはそれぞれ特性があるので使い分けることでより上手にホームページを作ることができる。次のページの表では、代表的な画像形式の特徴について、漢字文献情報処理研究会のホームページ[1]にある画像（図1）を保存した場合のサイズと併せて一覧にしているので、その違いを比較してほしい[2]。

1) http://www.jaet.gr.jp/

図1　サンプル画像

種類（拡張子）	色数	透明	特徴	サンプル画像のサイズ
JPEG（.jpg、.jpeg）	グレースケール、フルカラー	×	圧縮率が選べる 圧縮率が高くなれば、画質は落ちる	8.84KB（フルカラー、圧縮率50%）
GIF（.gif）	グレースケール、266色カラー	○	普及しているが、ライセンスに制限がある アニメーションにも対応	24.7KB（256色）
PNG（.png）	グレースケール、フルカラー	○	あまり普及はしていないが、GIFに次ぐものとして期待されている	29.4KB（フルカラー）
BMP（.bmp）	白黒～フルカラー	×	無圧縮 Windowsの標準形式	76.3KB（フルカラー）

2)「グレースケール」とは白黒写真のようなもの。「フルカラー」は一般的に約1600万色（人間の目ではこれ以上判別ができない色数）のこと。「白黒」はファックスの原稿のように中間色のないもの。

これらの特徴を踏まえて、写真などにはJPEG、イラスト・カット類にはGIF（色数が少ない場合）やPNG（色数が多い場合）、簡単なアニメーションをしたい場合にはGIF、といった使い分けが必要になってくる。BMPをそのまま使う、というのは非常識である。

■ ツールを駆使する

画像を加工したり、デジカメなどで撮った写真に加工や

修正を施して(フォトレタッチと言う)、JPEGやPNGなどの形式に変換する場合には、専用のソフトが必要だ。Windowsに付属している画像ソフトペイントは、最近かろうじてGIFとJPEG形式での保存に対応したが、機能的には貧弱だ。本格的なフォトレタッチをしたいなら、やはり、専用のソフトウェアを買い求めるべきだろう。

　Microsoft Office XPを購入すれば、画像加工ソフトとしてMicrosoft Photo Editorが付属してくる(図2)。これはフォトレタッチソフトとしての一通りの機能を装備し、JPEG、GIF、PNGなどの各種形式に対応している。手軽な入門用としてであれば、これでも充分実用的だろう。

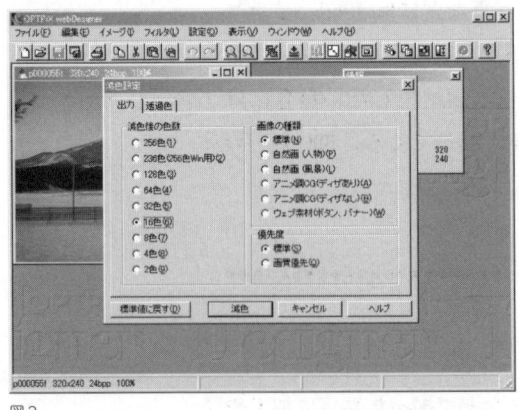

　また、画質を落とさずにファイルサイズを小さくするソフトとしては、シェアウェアのOPTPiX webDesigner[3]が高い評価を受けている(図3)。フルカラー(1600万色)の画像を16色に減色してもほとんど遜色ない場合があり、その高い技術には目を見張らざるを得ない。

少しでもホームページを軽くしたい人には、おすすめだ。

[3] http://www.webtech.co.jp/webdes/

図2

図3

サバとFTP

師茂樹　Shigeki Moro

■ サーバとクライアント

　インターネットにおける情報の伝達は、当然のことながら発信者と受信者がいる。発信者はHTMLなどを使って発信する情報を作り、その情報を読みたい受信者は、発信者に情報を要求して送信してもらわなければならない。しかし、発信者その人が受信者の要求にいちいち手作業で答えるのは面倒極まりない。そこで、受信者の要求に発信者に代わって応答するのがサーバ（server）である。要求する相手がコンピュータとなると、人間同士のやりとりのように融通が利かなくなる。そこで、コンピュータが理解しやすい一定の手続き（プロトコル）に基づき、サーバに対して情報（サービス）を要求するのがクライアント（client）である。

　インターネットでホームページを閲覧する場合には、IEやNetscapeなどといったクライアントがホームページを持っているサーバに閲覧を要求すると、該当するHTMLファイルや画像ファイルがサーバから送られてくる。送られてきたHTMLファイルをIE等が解読し、しかるべくレイアウトして表示するのである。ホームページの発信/受信を専門に行うサーバを、WWWサーバ/クライアントという。[1]

1）サーバ・クライアントはホームページに限らない。例えば、一つのパソコン（クライアント）で1台のプリンタを共有する場合など、各パソコン（クライアント）からの印刷要求を切り盛りするプリンタ・サーバなども、広く利用されているサーバ/クライアントシステムである。

クライアント　見たいページを要求する　→
　　　　　　　要求に応じたHTMLファイルを送信する　←　サーバ

中国語のホームページを作る

■ FTP

したがって、せっかくホームページを作っても、それをどこかのサーバに預けないかぎり IE などのクライアントの要求に答えることができない。つまり、そのページを誰にも見てもらうことができない。

大学や会社など、インターネットに常時接続している場合には自分でサーバを準備して公開するという手もあるが、インターネットに関する高い知識が必要になる。一般的には、プロバイダが提供しているホームページのサービスを利用する — プロバイダのサーバに間借りする — のが比較的簡単で、利用者も多いようだ。

サーバに HTML ファイルを送信する場合、FTP ソフトを使うのが一般的だ。FTP ソフトもまた、サーバとファイルのやりとりをするための一種のクライアントである。Vector[2]や窓の杜[3]などのダウンロードサイト、あるいはパソコン雑誌の付録 CD-ROM などから、様々な種類のソフトが選べる。後に紹介する FrontPage 2002 のように、FTP ソフトと同様の機能を内蔵しているものもある。

図1は Toxsoft[4]の定番 FTP ソフト NextFTP である。このソフトの場合、左側に自分のパソコンのフォルダやファイルが、右側に転送先サーバのフォルダやファイルが、それぞれ表示されている。サーバへの転送は、エクスプローラでの操作と同様に、ファイルを左から右へドラッグ・アンド・ドロップすることで簡単に転送が可能だ。

2) http://www.vector.co.jp/

3) http://www.forest.impress.co.jp/

4) http://www.toxsoft.com/

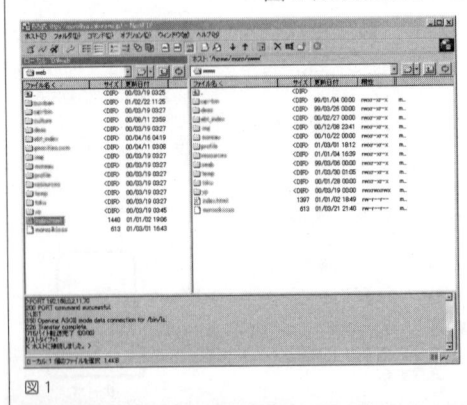

図1

FrontPage 2002

師茂樹 Shigeki Moro

■ 入手・インストール

マイクロソフト社のホームページ作成ソフト FrontPage 2002（図1、以下 FP）は、製品名からもわかるように Office XP シリーズの1本であるが、FP を含むパッケージは Developer だけで、比較的安価な Personal Standard や Professional には含まれない。もちろん単体でも購入可能である。

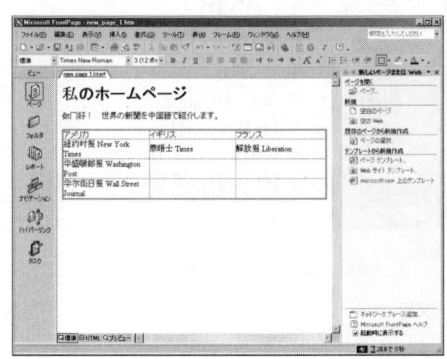

インストールは他の Office シリーズと同様、CD-ROM をドライブに入れるだけだ。もし自動的に始まらない場合には、デスクトップの「マイコンピュータ」から CD-ROM ドライブを開き、中にある Setup.exe を起動することで始まる。

図1

■ 中国語の設定

FP は他の Office シリーズと同様、中国語をはじめとする多言語の編集に対応している。Windows 2000 の多言語サポート環境をインストールすることで、ほぼ自動的に実現される[1]。

特にフォントを指定しないで文書を書く際には、表示に「標準フォント」が使われる（図2）。

1) ⇒ p. 36「Windows 2000 の中国語設定」

中国語のホームページを作る

165

この「標準フォント」は、インストールした直後の状態で以下のような設定になっている[2]。

Times New Romanはローマ字のフォントであるため、Unicodeで多言語ホームページを作ろうとしても、漢字やカナがうまく表示されない可能性がある。文ごとにいちいちフォントを指定するのは手間がかかるし、フォントを持っていない人[3]には無意味なことなので、なるべく標準フォントで表示できるようにした方がよい。

図2

文字コード	プロポーショナルフォント	固定ピッチフォント
日本語（すべて）	MS P ゴシック	MS ゴシック
簡体字中国語	SimSun	SimSun
繁体字中国語	PMingLiU	Ming LiU
Unicode	Times New Roman	Courier New

「標準フォント」を変更するには、メニューの［ツール］→［ページのオプション］でダイアログを開き、その［フォントの設定］タブで各言語のフォントを設定する（図3）。

図3

■ 中国語ホームページを作る

中国語でホームページを書くには、まず、言語を設定する。メニューの［ファイル］→

166

［プロパティ］で「ページのプロパティ」ダイアログを開き、［言語］タブを開いて［ページ言語］と［HTMLエンコード］をそれぞれ設定する。

［ページ言語］と［HTMLエンコード］との違いであるが、前者が「何語で書かれているか」を指定し、後者は「どんな文字を使っているか」を指定していると考えればよい。表示させるだけなら前者の指定はあまり問題ないが、音声合成ソフトや翻訳ソフトなどが絡んでくると、重要な情報となる[4]。

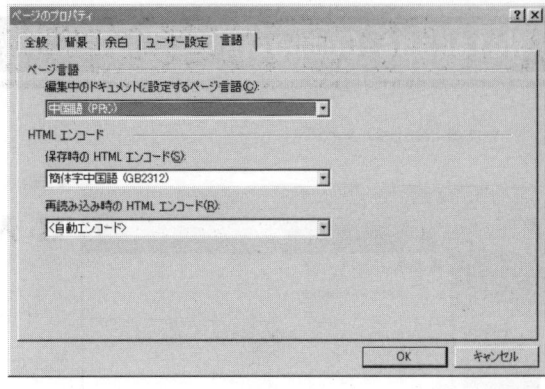

■ **保存時の注意**

実は、言語を設定しなくても多言語混在は可能だ。例えば、言語設定を「日本語（Shift JIS）」のまま、簡体字中国語で「紐約時報」入力した場合、実際のHTMLは「緵约时报」となっている（画面下の［HTML］をクリックして、HTMLソースを見てみよう）。これは文字の代わりに文字コード番号が保存されているのだが、正しいHTMLの書き方[5]なのでIEやNetscape 6などできちんと表示される。しかし、古いバージョンのNetscape Communicatorなどではきちんと表示されない場合もあるので、上で説明した［HTMLエンコード］をきちんと設定しておくべきだろう。

図4

2）固定ピッチフォントとは、文字の横幅が一定のフォントのこと。MやWのように横幅が広い文字とIや1のように狭い文字が「MWI1」のように同じ幅で表示される。プロポーショナルフォントは文字ごとに横幅が異なるフォントのこと。

3）同じ明朝体のフォントでも、WindowsとMacintoshでは名前が異なる。また、日本でMS明朝と呼ばれているフォントが、アメリカではMS Minchoという名前になるように、同じフォントでも国ごとにフォントの名前が異なる場合も少なくない。

4）例えばホームページに簡体字で「你贵姓？」と書いた場合でも、［ページ言語］で「中国語（香港）」を指定しておけば、音声合成ソフトが「ネイクワイセン」と発音してくれるかもしれない。

5）ただし、HTML4.0以降の書き方。FPはDOCTYPE宣言（p.159「その他の大切な情報」参照）を出力しないのでHTMLのバージョンが明示されず、厳密には正しくない。

中国語のホームページを作る

167

Netscape Composer

師茂樹　Shigeki Moro

図1
1) http://home.netscape.com/ja/download/download_n6.html

図2　NCの起動

■ 入手・インストール

オープンソースで開発され、Netscape Mail、Netscape Composer（以下NC）などを統合したNetscape 6 は、Windowsをはじめとして Macintosh、Linuxなど、各種OSに対応している。Netscape 6の日本語版は、ネットスケープ社のサイト[1]からダウンロードできるほか、パソコン雑誌の付録 CD-ROM などを通じてフリーで入手可能である。

インストールはダウンロードしたN6Setup.exeを起動し、メニューにしたがえばよい。

NCの起動方法は、Netscape 6を起動後、左下の鉛筆ボタン（図2）をクリックするか、メニューの[タスク]→[Composer]から起動する。

残念ながらNetscape 6はまだ、安定しているとは言えない。こまめにファイルを保存しながら使ったほうがよい。

■ 中国語の設定

NCで中国語ホームページを作る場合にも、Windows 2000の多言語サポート環境[2]をインストールすることで、ほぼ自動的に実現される。フォントを自分で設定したい場合には、メニューの[編集]→[設定]で「設定」ダイアログを開

2) ⇨ p.36「Windows 2000 の中国語設定」

き、左の［カテゴリ］にある［表示］の下にある［フォント］（見えない場合には［表示］の左にある三角をクリックする）をクリックすると、各言語のフォントを設定することができる。詳しくは、Netscape Mail の解説[3]を参照されたい。

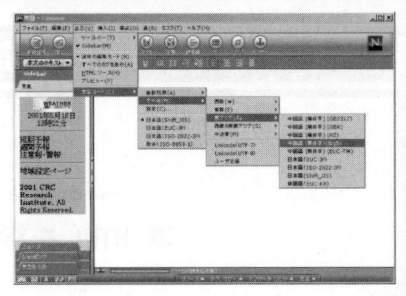

図3

3) ⇒ p.96「メールソフトで中国語」参照。

■ 中国語ホームページを作る

中国語のページを作るには、メニューの［表示］→［言語］以下で文字コードを設定する。中国語が見当たらない場合には、［その他］→［東アジア］以下を探してみよう。

■ 保存

文字コードを設定し忘れたり、間違って設定してしまったものを、文字コードを指定して保存したい場合には、メニューの［ファイル］→［文字セットとして保存］を開き、任意の文字コードを選んで保存する。

ここで例えば、「你们好」と簡体字中国語で書いたページを、日本語として保存した場合にはどうなるのだろう。日本語の文字コードにはない「你」や「们」の文字はなくなってしまうのだろうか？　答えは No である。この場合「你们好」と Unicode のコード番号で保存され、IE や Netscape 6 などではきちんと表示され（古いバージョンの Netscape Communicator などではきちんと表示されない）、また NC で再編集するときにもきちんと表示される。

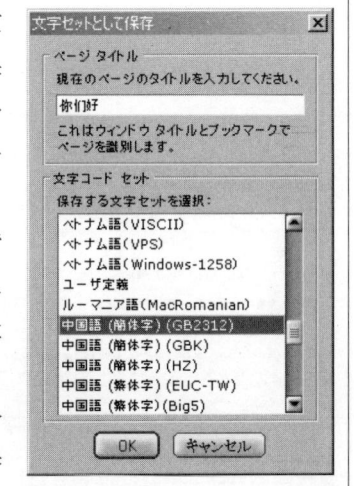

図4

169

清く正しいHTMLを目指そう

師茂樹　Shigeki Moro

■ HTMLを採点してみよう

1) http://www.w3.org/

2) W3CではRecommendation=勧告と言われる。

3) http://openlab.ring.gr.jp/k16/htmllint/htmllintl.html

4) http://validator.w3.org/

　ホームページを記述するHTMLは、World Wide Web Consortium（略称W3C）[1]という団体が、世界各国の専門家、一般ユーザ、企業の意見を取り入れながら制定している規格[2]である。石野恵一郎氏作のAnother HTML Lint[3]（図1）やW3Cが公開しているHTML Validation Service[4]（図2）は、HTMLが規格に沿っているかどうかをチェックするサービスである。特に前者においては、辛口の採点基準により規格に沿わないエラーの箇所が列挙され、減点方式で点数がつけられる（100点満点）ため、自分の作ったホームページがどれくらいのものなのかを知るのに便利だ。

　試みに、日本語と中国語が混在した簡単なページ（図3）を採点してみよう。

　まず、このページをNCで作りAnother HTML Lintで採点してみると、「7個のエラーがありました。このHTMLは95点です」と出た。これはほとんど合格点と言ってよい。一方、FPで作ったページは「23個のエラーがありました。このHTMLは79点です」と出た。標準的な点数ではあるが、いくつか致命的なミスが見られ、合格とは言えないだろう。ちなみにMicrosoft Word 2002でもメニューの［ファイル］→［Webページとして保存］

図1

170

でHTMLファイルを出力することができるので（図4）、この方法で図3のようなページを作りAnother HTML Lintで採点してみると、なんと「117個のエラーがありました。このHTMLは-263点です」というとんでもなく低い点数が出る。

　言うまでもなくこれらのサイトにおいて採点されるのはあくまでHTMLの形式であって、内容ではない。したがって、有史以来の文学理論を一変するような論文が載った全人類が認めざるを得ない価値を持つサイトであっても、不適切なHTMLで記述されていなければ0点以下になる可能性があるし、逆に、愛猫の生涯をピンぼけ写真満載で紹介した他人にとってはほとんど価値のないサイトであっても、形式さえ整っていれば100点をとる可能性がある。しかし、W3Cにも参加しているマイクロソフト社の製品がこのような点数のHTMLを出力するのは、とても奇妙である。

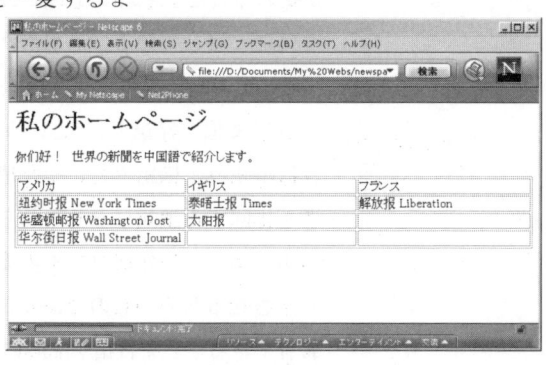

図2

図3

図4

■ 常識？非常識？

　驚くべきことに、マイクロソフトの製品に限らず世に出回っているホームページ作成ソフトの多くがまともなHTML

を出力しない。その原因は、これらのソフトの売り文句に隠されていると言ってよい。曰く「レイアウトが自由自在」「アニメーションを使ったインパクトのあるデザイン」云々。ここから読み取れるのは、視覚的に見栄えのすることを優先する論理だ。

しかし、HTML はインターネットに接続しているあらゆる人が文書を共有するために制定されているものである。様々な言語表現を可能にするための国際化についても配慮されているし、視覚に障害がある人々のためのブラウザ（図5は IBM のホームページリーダー）でも遺漏なく情報が伝わることを念頭に置かれて設計されている。コンピュータ処理に適していることも当然、考慮に入れられている。

例えば「ホームページは縦組み表示ができないので、東アジア文化の軽視だ」[5]という主張があったとしても、それは縦組み・横組みといった情報が伝わりづらい視覚障害者を排除する議論になりかねない。メーカーが開発しているホームページ作成ソフトの多くは、一部のニーズのみを満足させるためのものであり、なるべく多くの人が情報を共有できることを目指す W3C の方針からは外れているのだ。だから低い点数になる。

川俣晶氏（日本 XML ユーザーズグループ）作成の HTML-LINT RANKING[6]では、中央官庁、有名企業、有名大学のホームページが得点順に列挙されている。このランキングが朝日新聞に紹介されてからいくつかのサイトで点数が上昇したとは言え、公共性の高いこれらのホームページに未だにマイナス点が目立つのは、IT 先進国を目指すわが国の現状認識を端的に示すものではないだろうか。

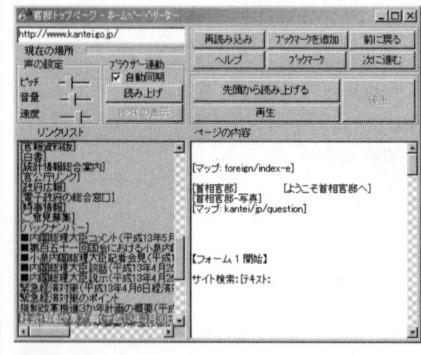

5）W3Cでは縦組み表示などについて検討が進んでおり、IE5.5では試験的に実装されている。

6）http://www.aland.to/~lintrank/table.html

図5

第 4 章

MS Officeと一太郎

　本章では、MS Officeや一太郎といったオフィス製品で、中国語や多漢字を使う方法を説明する。
　ところでこれらの製品は、一般に「仕事の効率をアップする」といったようなひどく抽象的な宣伝文句で売られている。それはそれで間違いではないのだが、具体的にはどういうことなのだろう？
　それは、ワープロソフトであれば、見栄えよりも文章の構造や流れを編集するものだということだ。文章の構造が文章の見栄えを決定すると言ってもよい。そういった使い方こそがこれらの製品のコンセプトである知的で効率的な編集機能なのだ。本書でもこのあたりを目標にして解説しよう。

❖ MS Office・一太郎を使う準備

はじめに

千田大介 Daisuke Chida　山田崇仁 Takahito Yamada

■ ビジネスソフトの人文学的使いこなし

　Windowsで使われるビジネスソフトの定番といえば、Microsoft Office（MS Office）と一太郎だ。本章ではそれらのソフトの中国学的かつ人文学的な利用法について、具体的かつ詳細に解説する。

　本章のWord・ExcelなどのMS Office収録ソフトの解説は、執筆時における最新であるMS Office XPに準拠する。しかし、MS Office 2000を使い続けているユーザーも多いと思われるので、両者の操作方法が異なる場合は注記した。それより古いMS Office 97以前のバージョンについては、前編『電脳中国学』をご参照いただきたい。一太郎は最新のバージョン11に基く。

■ Wordと一太郎と

　MS Officeに収録されるWordとジャストシステム社の一太郎とは、人気を二分するワープロソフトである。縦組み機能など一太郎の優れた点も多いが、こと多言語・多漢字機能となるとWordの方が優れており、かつ国際標準的地位を占めている。そのため、ワープロソフトについてはWordを中心に解説し、一太郎の同等の機能について後に補足することにする。

MS Officeの概要とセットアップ

千田大介 Daisuke Chida

　MS Officeは、マイクロソフト社のビジネス用アプリケーションソフトを数種類パッケージしたもので、ビジネスソフトの国際標準的な地位にある。いずれのソフトもUnicodeに対応しており、多言語混在処理が可能になっている。前バージョンのOffice 2000と比べて、執筆時点の最新版は、Office XPで収録されるソフトのバージョンは「2002」である。多言語機能が更に強化され、細かい使い勝手が磨き上げられている。

　Office XPに収録される主なソフトは以下の通り。

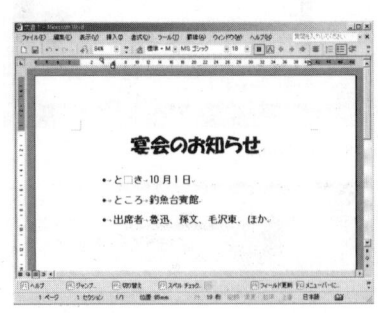

図1 Word

■ Word 2002（→p.180）

　ワープロソフト。文書作成用のソフト。一般的な文書の作成、論文・レポートなど長文の編集に使われる。ただし、何十枚にもおよぶ大量の画像や、1枚の大きさが数メガバイトもある画像を扱うのは苦手であり、そのような文書を作るときは、書籍やポスターなどのデザインに特化したDTPソフトを使う。

■ Excel 2002（→p.276）

　表計算ソフト。マス目に数値やデータを入力し、計算・分析したり、グラフを作成したりする。また、1行を1レコードして扱うことで、カード型データベースとして

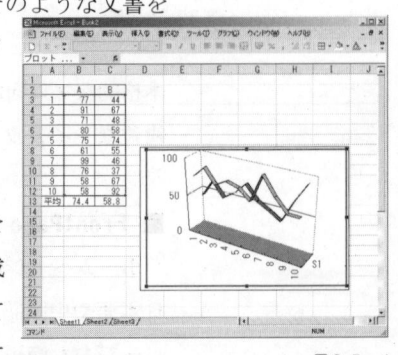

図2 Excel

175

図3 PowerPoint

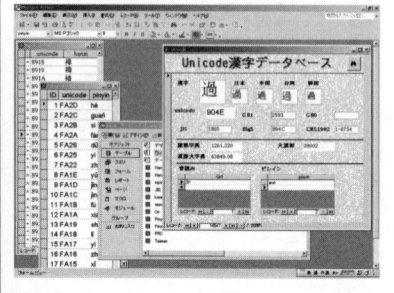

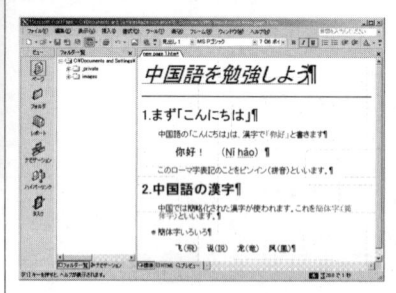

図4 Access

図5 FrontPage

も利用できる。

■ PowerPoint 2002 (→p.292)

　プレゼンテーションソフト。会議や授業などでの発表時の、スクリーン投影用資料や配付用資料の作成に使う。発表全体の構成を考えつつ、効果的に動画や音声をも使用した発表資料作成も可能。発表時に参照する会議メモ、議事の内容を記録するノート機能なども備える。

■ Access 2002

　成績の一覧と学生名簿など、複数のリストを関連づけて効率的にデータ処理させることのできる、リレーショナルデータベースソフト。複雑かつ高度なデータベースを構築することができる。

■ Publisher 2002

　DTPソフト。ポスターやパンフレット、ハガキ、宛名ラベル、立て看板などをレイアウトするのに便利。簡単な書籍や雑誌の編集にも使えるが、InDesignなどの本格的なプロ向けDTPソフトに比べると機能が乏しいため、複雑なレイアウトや本格的な書籍・雑誌編集は荷が重い。

■ FrontPage 2002 (→p.165)

　ホームページ作成・管理ソフト。同種の製品は数多いが、日本語や中国語はもとより、Unicodeによる複数言語混在ページをも簡単に作れる多言語処理機能の充実が、際だっ

た特徴である。

■ Outlook 2002

個人情報管理ソフト。スケジュールや名簿の管理ソフトと、電子メールソフトとが一体化したもの。

●●●
■ MS Office の種類

MS Officeには、用途によって異なるソフトをセットにした何種類かのパッケージがある（図6）。

	パーソナル	スタンダード	プロフェッショナル	プロフェッショナルスペシャルエディション	デベロッパー
Word	●	●	●	●	●
Excel	●	●	●	●	●
Outlook	●	●	●	●	●
PowerPoint		●	●	●	●
Access			●	●	●
FrontPage				●	●
Publisher				●	

図6

デベロッパーはシステム開発者向けのパッケージで、開発用のツールなどが添付されているが、一般ユーザーには必要ない。個人使用であればパーソナルでも充分だろうが、PowerPoint・Access・FrontPageなどを使いたければ、それらが収録されるパッケージを購入する。

また、それぞれのパッケージに正規版の他に、アップグレード版、アカデミック版などの割引パッケージが用意されている。購入資格を満たしている場合は、それら割引版を購入するのが断然お得だ。実売価格については、パソコ

177

ンショップの店頭で確認していただきたい。

■ Office XPのインストール

　Windowsを起動して、CD-ROMドライブにOffice XPのCD-ROMをセットすると、ソフトを組み込むためのインストーラが自動で起動して、図7が表示される。このとき、Windows NT4.0/2000では、Administratorの権限を持ったアカウントでログオンしないとインストール作業ができない。個人利用の場合は問題ないが、企業や学校で上手くいかない場合は、システム管理者に問い合わせていただきたい。

　ユーザー名、所属、CDケースの裏に貼ってあるプロダクトキーを入力し[次へ]を押すと、使用許諾条件書が表示される。左下、[「使用許諾契約書」の条項に同意します]をチェックして次へを押すと、図8の画面になる。標準的な機能しか使わない、もしくはよくわからない場合は[今すぐセットアップ]（図8はアップグレードのため[今すぐアップグレード]）をチェックして[次へ]をクリックすればよい。

　[標準]を選ぶと標準的な構成で、[完全]を選ぶとすべてのファイルがインストールされる。[カスタム]を選んだ場合、旧バージョンのOfficeを削除せずに共存インストールすることもできる。

　また、Office XPは一つのソフトを複数台のパソコンにインストールする違法行為を防止するため、インストール

後、ライセンス認証ウィザードでユーザー登録しなくてはならない仕様になっている。

　以上のインストール方法については、Office XP に付属する「セットアップガイド」に詳しく解説されているので、よく目を通していただきたい。

　また、インストール後には修正プログラムをダウンロードしておこう[1]。修正プログラムは問題が見つかる度に新たなものが提供されるので、常にチェックが必要だ。

1) Office ソフトの［ヘルプ］→［microsoft Office Web ページ］を選択すると自動的にサイトにつながる。

■ 一太郎の購入とインストール

　一太郎（一太郎 11 と同義。以下同）は、JUSTSYSTEM 社のアプリケーションで、パッケージには日本語ワードプロセッサ「一太郎 11」、日本語変換ソフト「ATOK14」、インターネットメールソフト「Shuriken 2.2」、ネットワーク対応スケジュールソフト「Sasuke 2.1」が含まれている。パッケージの種類には、通常版・アップグレード版・キャンペーン版・キャンパスキット版があり、別に「花子 11」とのスペシャルパックもある。

図10　一太郎11のインストール画面

　インストールは、Windows の起動後に一太郎の CD-ROM を挿入すれば、自動的にインストーラが立ち上がる。後は、画面の指示に従って進めればよい。インストール終了後、再起動すれば完了である。

　またインストール後、JUSTSYSTEM 社の Web サイト[2]にある修正プログラムをダウンロードしておこう。実行しておかないと、JIS 以外の漢字が含まれた Word 文書の読み込みが正常にできない。

2) http://www.justystem.co.jp/

MS Office・一太郎を使う準備

179

❖ Word・一太郎を使いこなす

Word・一太郎の得手不得手

千田大介 *Daisuke Chida*

■ 満漢全席ソフト

　Wordや一太郎は非常に多機能なソフトだ。例えば、自動で章番号や脚注番号を付けたり、ふりがなを振ったり、あるいは複雑な文字飾りをつけることもできる。ホームページに使われるHTML文書も作れれば、住所録機能やハガキ印刷機能もある。表計算ソフトのように表を作って数値を計算させることもできる。Word・一太郎は、単なる文書作成にとどまらず他のソフトのおいしい機能をたくさん盛り込んだ、満漢全席ソフトなのである。

　このため、デザインに凝ったレジュメを作ったり、全体の構成を考えながら論文を書いたりする場合に、Word・一太郎は無類の強さを発揮する。また、大抵の作業はWordや一太郎があれば間に合うので、複数のソフトを習い覚える労力が省けるメリットもある。

　これはよいことばかりではない。たくさんのご馳走がならんだところで、好みの料理はそう多くはないし、全部食べたら胃もたれしてしまうものだ。Wordや一太郎にも同様の側面がある。たくさんの機能はあっても、ユーザーが通常利用する機能はほんの一部分だけ、全ての機能を使うことはまずあり得ないし操作法もとても覚えきれない。ソフトが年々肥大化し動作が重くなっているのも問題だ。

また、機能が豊富なのはよいが、ときにサービスが過剰ぎみなのも問題だ。例えばWordでメールアドレスを入力すると、ショートカットが自動で設定され、hogehoge@abc.comのように、色が青く変わり下線が引かれてしまう。また、行頭のアルファベットが自動で大文字に変わってしまう。これらの機能を煩わしく感じている人も多いだろう[1]。

1)⇒ p.188「Wordのお節介機能をOFFにする」

　このようなワープロソフトのあり方に対して、文章を書くだけなら紙のサイズや字数・行数程度が指定できさえすれば十分、という考え方もある。実際、雑誌記事のライターなどは、レイアウトは専門のデザイナーに任せることになるので、ワープロソフトを使わない人が多い。そういう人たちが使うのはエディタと呼ばれるソフトだ。

　有名なエディタには、Windows付属のメモ帳、シェアウエアの秀丸などがある。機能が絞られており、文字飾りやレイアウト機能はとぼしいが、動作が軽快で突然落ちてしまうことも少ないので、テキパキと文書を書くのに向いている。

　しかしこと中国語や多言語、多漢字を使った文書の作成となると話は別だ。エディタでは、そもそも多言語混在処理が難しい。近頃はUnicode対応をうたったエディタが増えたものの、文字ごとのフォントの指定ができないので、日本語と中国の簡体字などを混在させた場合、日本語・中国語のフォントを切り替えて美しく表示することができないし、今昔文字鏡などの大規模漢字システムも使いにくい。

　このため、多言語・多漢字文書を作るにはワープロソフトを使うことになる。さらに、Word形式のファイルは世界のどの言語版で作ったファイルでも交換できるというメリットがあり、海外では文書ファイルの標準フォーマットとなっている例も多い。国際派、多言語・多漢字派にとって、Wordなどのワープロソフトは欠かせないのである。

Word・一太郎を使いこなす

文書作成の準備

千田大介　Daisuke Chida　山田崇仁　Takahito Yamada

■ 多言語機能を追加する

■ Wordの場合

　Wordの充実した多言語機能は、標準インストール[1]だけでは完全には使えない。多言語機能を追加するには、OfficeのCD-ROMをセットし、まずスタートメニューから[設定]→[コントロールパネル]を開き、[アプリケーションの追加と削除]をダブルクリックする。[Microsoft Office XP]を選択して[変更]をクリックすると（図1）、Officeのセットアップ画面が開くので（図2）、[機能の追加/削除]をクリックする。

　図3のセットアップ画面が開いたら、[Office共有機能]（Office 2000は[Officeツール]）の左の+をクリックしてツリーを展開し、[インターナショナルサポート]以下の「ユニバーサルフォント」「簡体字中国語フォント」「繁体字中国語フォント」などをクリック、[マイコンピュータから実行]をクリックする。同様に、[Officeツール]以下の[言語設定ツール]も[マイコンピュータから実行]に設定、最後に[完了]をクリックする[2]。

　作業が完了したら、[スタート]→[プログラ

1）インストール時には、Administrator権限を持つアカウントでWindows2000にログオンする必要がある。

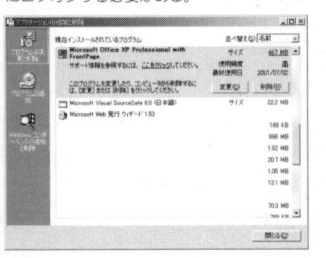

図1

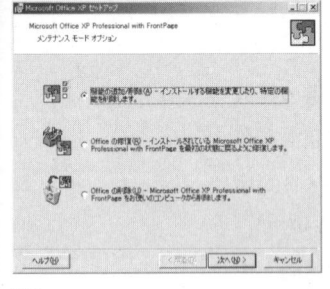

図2

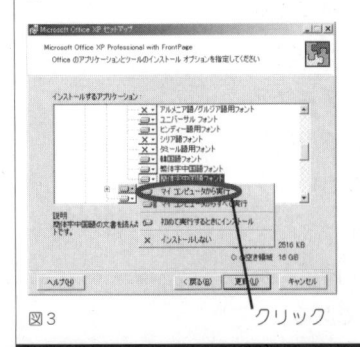

図3　　　クリック

ム]→[Microsoft Office ツール]→[Microsoft Office XP 言語設定]を開く（図4）。「利用できる言語」の下の言語が一覧表示されているボックスで、使用する言語をクリック、[追加]を押す。簡体字中国語・繁体字中国語などを使用する言語に追加しよう。Office 2000 も同じ手順で、使用する言語をクリックして追加する。

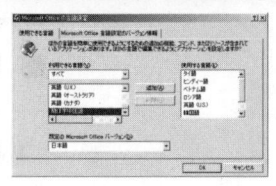

図4
2）「ユニバーサルフォント」を選択すると、Unicode 2.1 の全文字を収録した「Arial Unicode MS」が追加される。

■ 一太郎の場合

　一太郎も多漢字対応のアプリケーションだが、その内容は Word の多言語機能には及ばない。一太郎で扱える文字コードは、JIS 及び Unicode の二つだけだからある。

　一太郎には「JS 拡張漢字設定」[3] という多漢字用の機能が用意されている。これは Windows95/98/Me 上で Unicode 漢字を扱うための機能を提供するのだが、Unicode OS の Windows NT 4.0 や 2000 にインストールしても意味はない。また、Windows95/98/Me でも、他の Unicode フォント（例えば、DF 華康明朝体 U_W3 等）があればインストールしない方がよい。ATOK での多漢字検索は、「JS 拡張漢字設定」がインストールされていなくても使用できるので問題ない。

　「JS 拡張漢字設定」は通常インストールで自動的に組み込まれるので、セットアップ時に [手動]→[ツール・フォント]→[詳細機能]を[選択]→[JSツール・ユーティリティ]→[詳細機能]を[選択]→[拡張漢字設定ツール]のチェックをはずしておくとインストールせずにすむ。

　既にインストール済みの場合は、[コントロールパネル]→[アプリケーションの追加と削除]→[JUSTSYSTEM 社のアプリケーションの追加と削除]を選択すると、インストールCD が要求されるので、[ファイルの追加・削除]→[ファイルの削除]を選択、後は上と同様の手順で削除できる。

3）「JS 拡張漢字設定」でインストールされるのは、Unicode フォントの「JIS 平成明朝体 W3（グリフはJIS 第一・第二・補助＋『大漢和辞典』の Unicode 収録分のみ実装）」及び、MS明朝等の和文フォントに、Unicode フォントを利用して JIS 収録外字を擬似的に補って割り付けるプログラム（これが「JS 拡張漢字設定」）である。

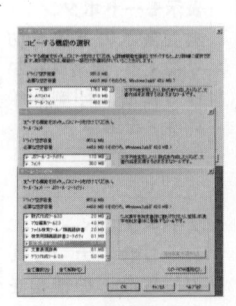

図5 一太郎のセットアップ画面―JS 拡張漢字設定の部分―

Word・一太郎を使いこなす

183

■ Word 画面の名称

　Wordでは、全ての命令・設定をメニューバーに登録された各メニューから行えるようになっている。しかし、より簡単に操作できるように、使用頻度の高い命令・設定項目は、ツールバーに登録されている。しかし、複数の方法を解説するのは混乱のもとであるので、本書では原則とし

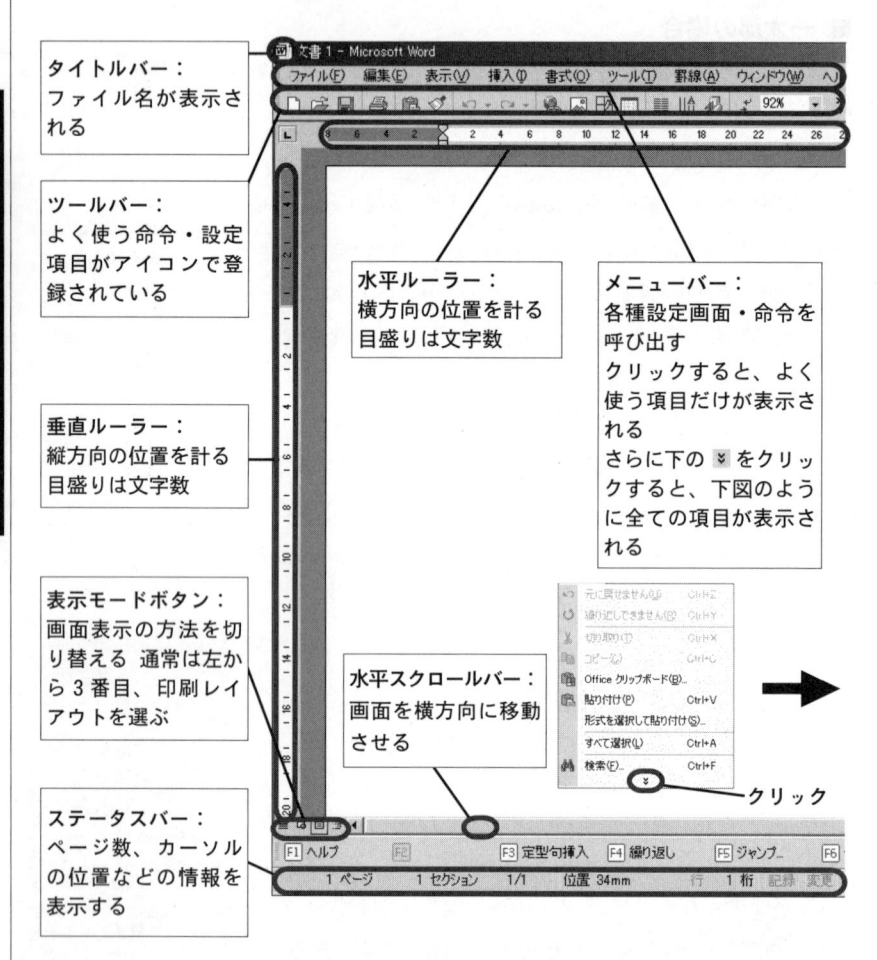

タイトルバー：
ファイル名が表示される

ツールバー：
よく使う命令・設定項目がアイコンで登録されている

水平ルーラー：
横方向の位置を計る　目盛りは文字数

メニューバー：
各種設定画面・命令を呼び出す
クリックすると、よく使う項目だけが表示される
さらに下の ≫ をクリックすると、下図のように全ての項目が表示される

垂直ルーラー：
縦方向の位置を計る　目盛りは文字数

表示モードボタン：
画面表示の方法を切り替える　通常は左から3番目、印刷レイアウトを選ぶ

水平スクロールバー：
画面を横方向に移動させる

ステータスバー：
ページ数、カーソルの位置などの情報を表示する

クリック

MS Officeと一太郎

てメニューから呼び出す方法を中心に解説する。以下の解説文中では、例えば、「[編集]メニュー」というのは、メニューバーの[編集]をあらわす。

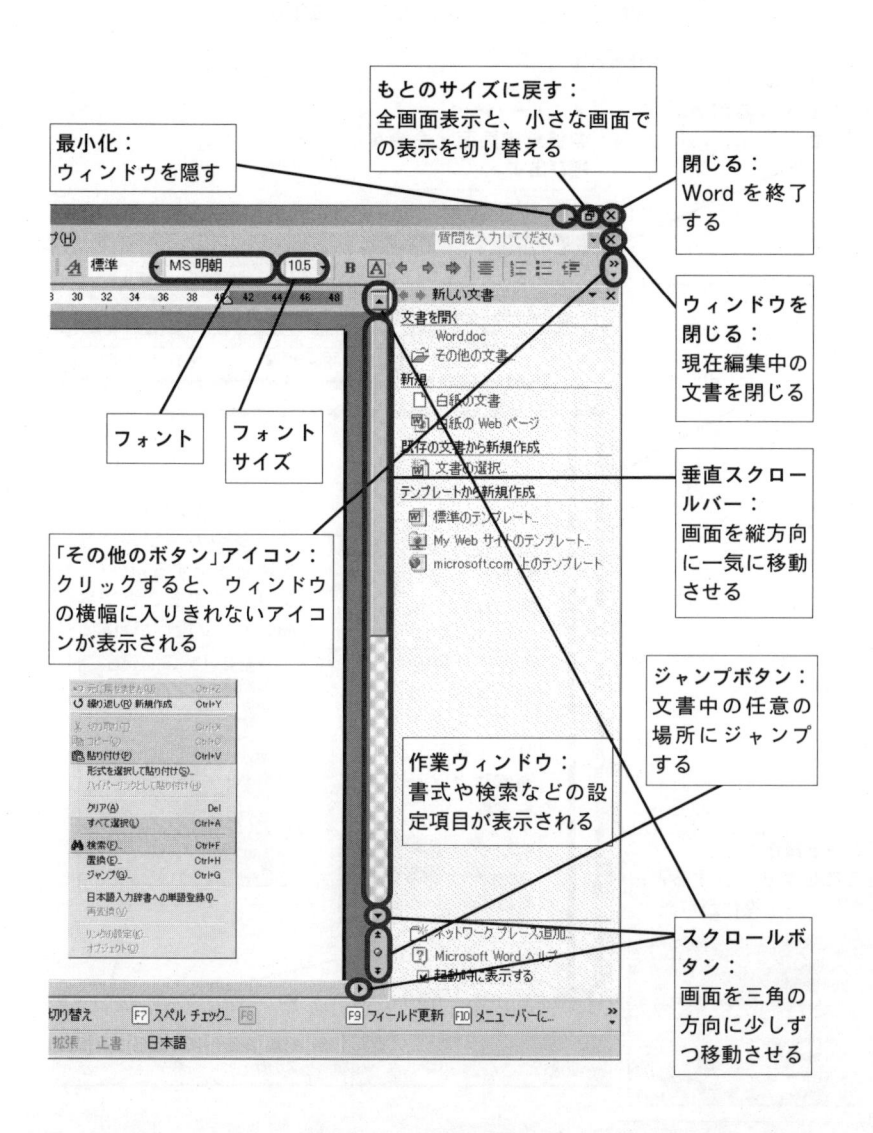

最小化：
ウィンドウを隠す

もとのサイズに戻す：
全画面表示と、小さな画面での表示を切り替える

閉じる：
Wordを終了する

ウィンドウを閉じる：
現在編集中の文書を閉じる

フォント

フォントサイズ

垂直スクロールバー：
画面を縦方向に一気に移動させる

「その他のボタン」アイコン：
クリックすると、ウィンドウの横幅に入りきれないアイコンが表示される

ジャンプボタン：
文書中の任意の場所にジャンプする

作業ウィンドウ：
書式や検索などの設定項目が表示される

スクロールボタン：
画面を三角の方向に少しずつ移動させる

Word・一太郎を使いこなす

185

■ 一太郎画面の名称

　一太郎も、メニューバー・ツールバー・右クリック等で機能を実行する。もちろん一太郎伝統の $\boxed{\text{Esc}}$ メニューも利用可能だ。

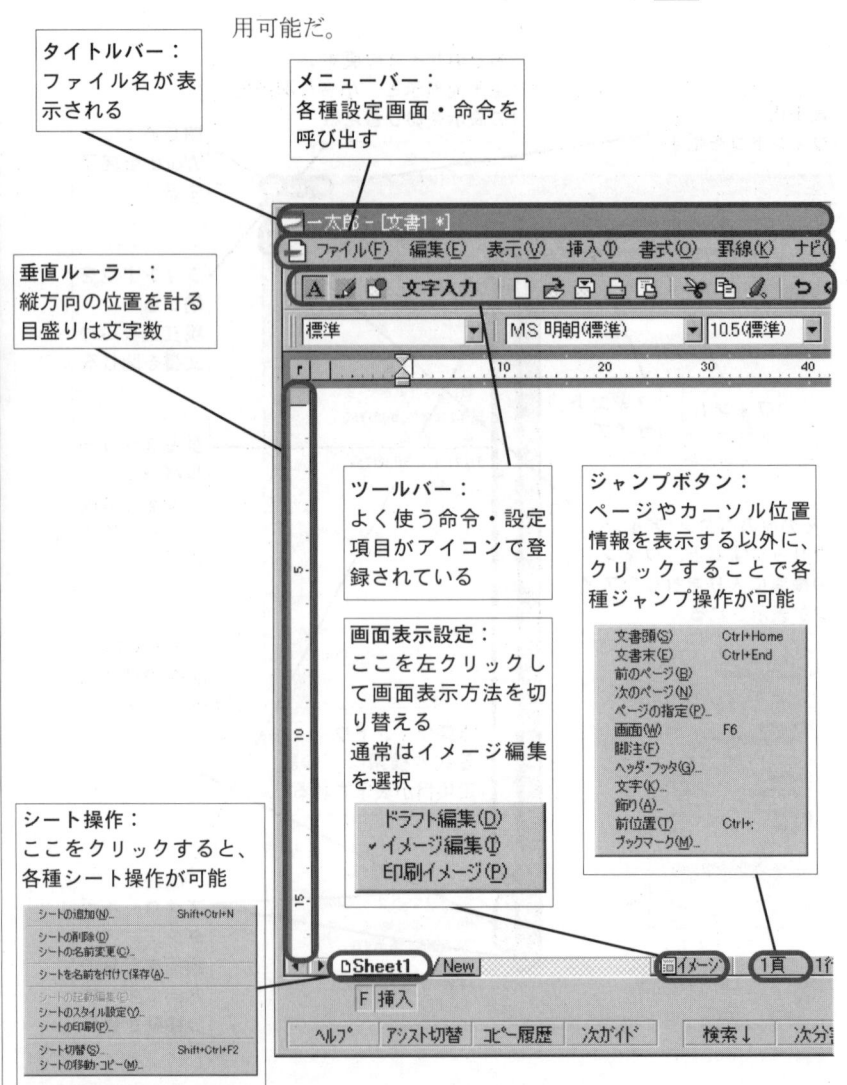

タイトルバー：
ファイル名が表示される

メニューバー：
各種設定画面・命令を呼び出す

垂直ルーラー：
縦方向の位置を計る
目盛りは文字数

ツールバー：
よく使う命令・設定項目がアイコンで登録されている

ジャンプボタン：
ページやカーソル位置情報を表示する以外に、クリックすることで各種ジャンプ操作が可能

画面表示設定：
ここを左クリックして画面表示方法を切り替える
通常はイメージ編集を選択

シート操作：
ここをクリックすると、各種シート操作が可能

最小化：
ウィンドウを隠す

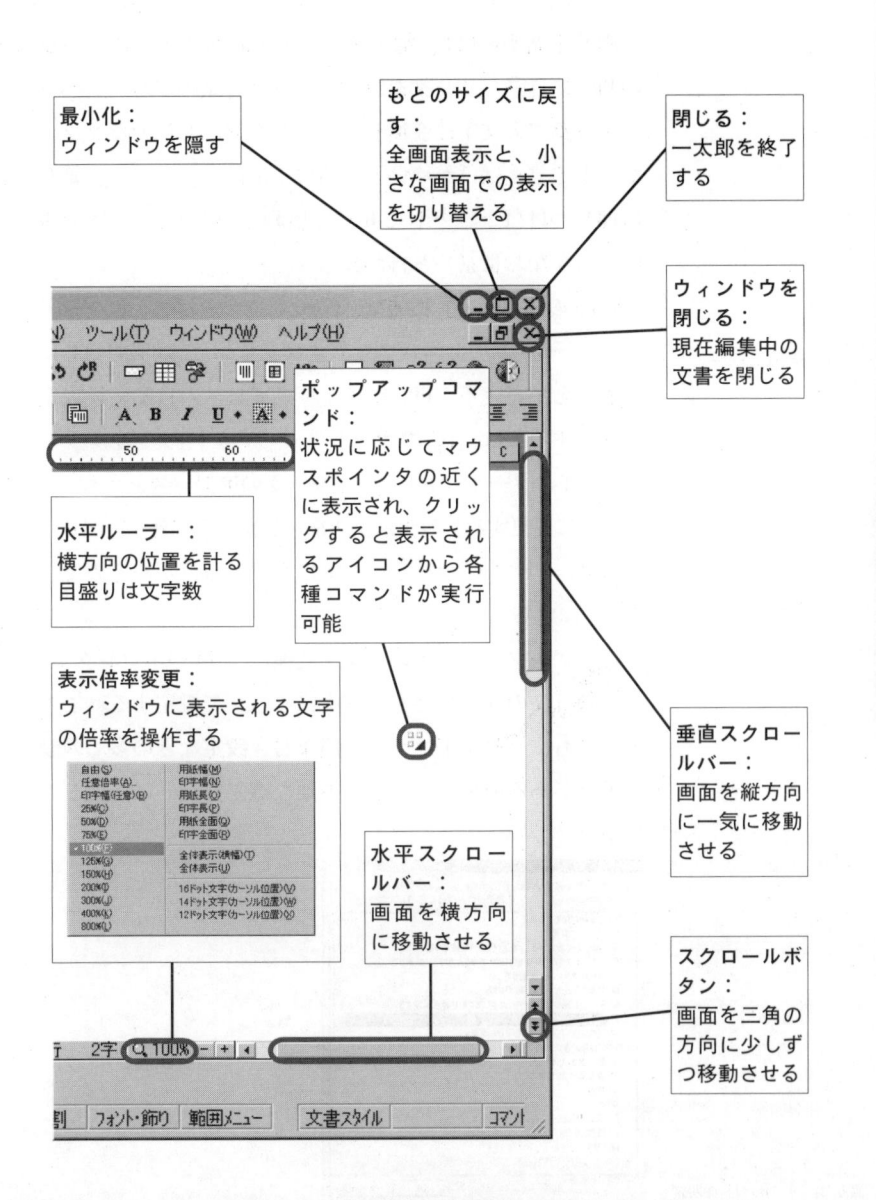

もとのサイズに戻す：
全画面表示と、小さな画面での表示を切り替える

閉じる：
一太郎を終了する

ウィンドウを閉じる：
現在編集中の文書を閉じる

ポップアップコマンド：
状況に応じてマウスポインタの近くに表示され、クリックすると表示されるアイコンから各種コマンドが実行可能

水平ルーラー：
横方向の位置を計る目盛りは文字数

表示倍率変更：
ウィンドウに表示される文字の倍率を操作する

垂直スクロールバー：
画面を縦方向に一気に移動させる

水平スクロールバー：
画面を横方向に移動させる

スクロールボタン：
画面を三角の方向に少しずつ移動させる

Word・一太郎を使いこなす

■ Wordのお節介機能をOFFにする

　満漢全席Wordは、電子メールアドレスやホームページのURLに自動でリンクを設定したり、行頭のアルファベットを自動で大文字に変換したりするなど、お節介なソフトだ。よく言えば「かゆいところに手が届く」のだが、善意の押しつけはときとして非常に煩わしいもの、「小さな親切、大きなお世話」と言われるゆえんだ。

　Wordの「お節介」機能は、Wordを立ち上げて、[ツール]メニュー→[オートコレクトのオプション][4)]以下でOFFにすることができる。URLやメールアドレスの自動変換設定を解除するには、[入力オートフォーマット]タブをクリックし[インターネットとネットワークのアドレスをハイパーリンクに変更する]のチェックをクリックして外す（図6）。[一括オートフォーマット]タブにも同じ項目があるので、[OFF]にする。

　行頭アルファベットの大文字変換は、[オートコレクト]タブの[文の先頭文字を大文字にする]で設定する。このほかにも、自動字下げや自動箇条書き設定などの多くの設定項目があるので、よく見て不要な機能をOFFにしておくとよい。

4) Word2000は[ツール]メニュー→[オートコレクト]

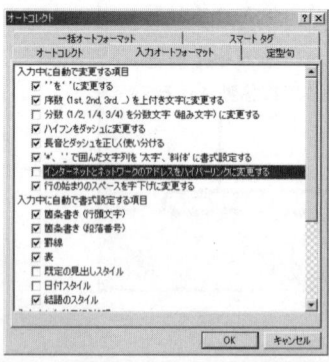

図6　オートコレクトの設定

文書作成の流れ

千田大介 Daisuke Chida 山田崇仁 Takahito Yamada

　ワープロに限らず、パソコンで文書やファイルを作る場合には、
1. ファイルを新規作成する。または既存のファイルを開く。
2. 編集する。
3. 保存、または上書き保存する。

という手順をたどる。この手順に従って、図1の文書作成の流れを解説しよう。

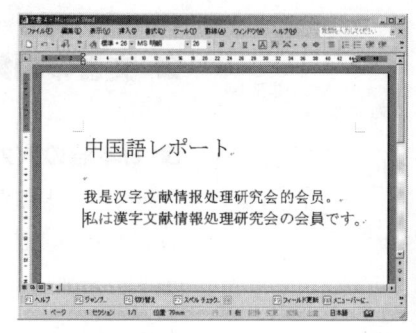

図1

■ 文書の新規作成・読み込み

■ 新規文書の作成

　新規文書を作成するのは簡単だ。［スタート］→［プログラム］からWord・一太郎を選択して起動すれば、自動で真っ白の新規文書が開く。

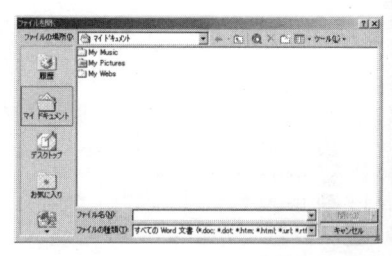

図2　Word画面

■ 既存文書の読み込み

　既存文書を読み込みには、［ファイル］メニュー→［開く］をクリック、目的のファイルを捜したらシングルクリックで選択、［開く］をクリックする（Word図2、一太郎図3）。すると、ファイルが開き、ウインドウ上のタイトルバーに、開いたファイルの名称が表示される。

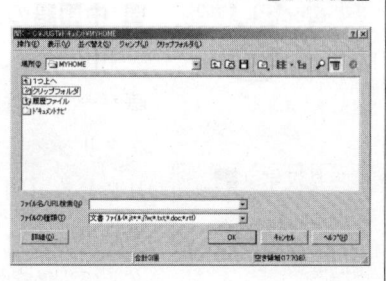

図3　一太郎画面

図4 IMEバー・言語バーIME 2002（上）は両者が一体化しているが、ATOK 14（下）は分かれている。

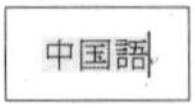

図5 「tyuugokugo」とローマ字入力

1) ⇒ p.48「日本語IMEを使いこなす」

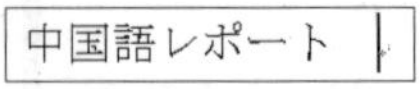

図6 スペースバーを押して空白を入力

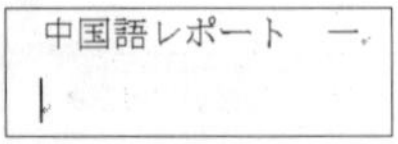

図7 Enter を押して改行

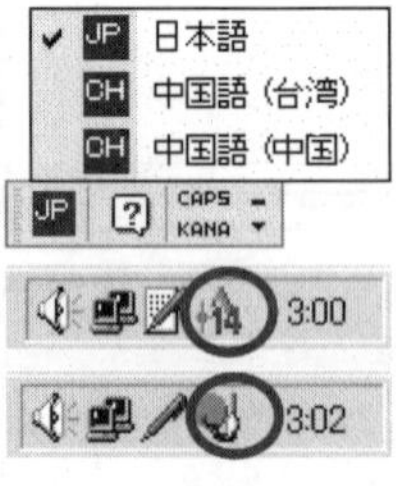

図8 上：言語バー
下：他語インジケーター

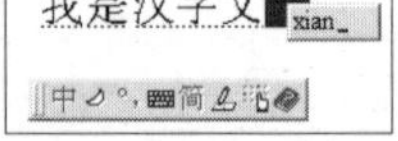

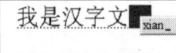

図9 中国語入力

2) ⇒ p.68「中国語IMEの使い方」

Wordは、Word形式の文書（拡張子「doc」）の他、リッチテキスト（拡張子「rtf」）や世界各国の文字コードによるテキスト形式の文書（拡張子「txt」）、一太郎文書などを開くことができる。

■ 文書の編集

■ 日本語の入力

Word・一太郎を起動すると、自動的に日本語IME[1]がONになって言語バー・IMEバーが図4のようになり、IME 2002やATOK14で日本語を入力できる状態になる。そのまま入力すれば、カーソルの位置に日本語が入力される。

このとき、改行は Enter 、空白は スペース を押して入力する。文字を削除する場合は、 Delete を押すとカーソルの右の文字が、 Back Space を押すと左の文字が削除される。既に入力した文字を訂正する場合は、マウスや ← ↑ 等でカーソルを移動し、誤字を削除して、そのまま入力する。

■ 中国語の入力

中国語を入力する場合は、画面右下に表示される「言語バー」の言語アイコンをクリックし、中国語（中国）をクリックして選択する。微軟拼音等の中国語IME[2]に切り替わる（図8）。Office XPをインストールしていない場合は、タスクトレイの多国語インジケーターをクリックしてIMEを切り替える。

そして「woshihanziwenxian…」と入力して、「我是汉字文献…」と変換、入力する（図9）。空白が スペース 、改行が Enter なのは、日本語の場合と同じ。言語バーもし

くは他国語インジケーターをクリックして日本語 IME に切り替えれば、続けて日本語を入力できる。

　Word は IME を切り替えると、フォント（書体）も自動で切り替わるので、ツールバーのフォント名を見てほしい（図 10）。一般に

　　中国語（中国）：SimSun　中国語（台湾）：MingLiU
　　日本語：MS P 明朝

が自動で選択される。フォントがうまく切り替わらずに簡体字が「・」で表示されていたら、文字化け部分を選択[3]して、ツールバーのフォントボックスで「SimSun」などを選択する（図 11）。日本語のフォントがおかしかったら、同様に「MS P 明朝」などに切り替える。Word では、入力している文字のすぐ左（縦書きなら上）の文字の書式が自動で受け継がれるので、続けて入力する場合は前に指定したフォント設定が継承される。

　一太郎の場合は、IME を切り替えてもフォントは自動では切り替わらない。手動設定が必要になる。

図 10

3）⇨ p.202「文字・行・段落を選択する」

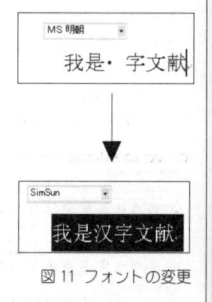

図 11　フォントの変更

■ Unicode 漢字 6 万 5 千字を使う

　MS IME や ATOK を使った漢字の検索方法については前に解説したが、それらのツールは MS Office XP で使えるようになった約 6 万 5 千字にも及ぶ Unicode 3.1 の漢字[4]の検索には対応していない。

　Word 2002 でそのような文字を使いたいときに重宝するのが「記号と特殊文字」機能だ。

4）⇨ p.41「フォントと文字コード」

■ 記号と特殊文字

　記号と特殊文字の使い方は以下のとおり。

1. 文字を挿入する位置にカーソルを移動し、［挿入］メニュー→［記号と特殊文字］をクリック。
2. 図12の文字一覧表があらわれる。
3. 左上のプルダウンメニューでフォントを変更する。

　　ここでは、ProofingTools収録の[Simsun(FounderExtended)]を選択する。
4. 右上のプルダウンメニューで捜したい文字の種類を選ぶ。一般的な漢字であれば［CJK 統合漢字］[5]を選ぶ。あまり使われない異体字などは［CJK 統合漢字拡張 B］だが、［Simsun (Founder Extended)］[6]などの対応フォントが必要。
5. 下の文字一覧表から必要な文字を捜す。いずれの領域も、部首画数順に並んでいる。
6. 必要な文字を見つけたら、クリックして選択（図13）。
7. ［挿入］をクリックすると、文字が埋め込まれる（図14）。

図12

5）ここでいう「CJK 統合漢字」には、「CJK 統合漢字拡張 A」(U+03400～U+04DB5) と「CJK統合漢字」(U+04E00～L+09FA5) の二つの領域が含まれており、それぞれ部首画数順に漢字が並んでいる。

6）⇒ p.270「Proofing Toolsの導入と使いこなし」

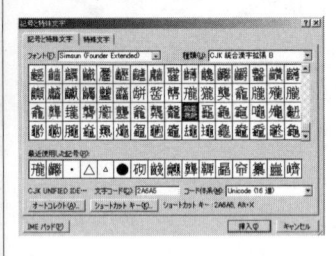

図13

図14

　また、あらかじめ入力しておいた漢字を一字選択した状態で［記号と特殊文字］を開くと、文字一覧の選択した漢字の場所が表示される。部首・画数の近い文字を入れると、漢字検索の効率が上がる。

　このようにして入力した漢字は、MS IME 2000/2002やATOK14に辞書登録してMS Office XPに直接入力することもできる。また、「記号と特殊文字」はExcel 2002、PowerPoint 2002、FrontPage 2002、Publisher 2002でも

使うことができる。

　Word 97/98/2000 にも記号と特殊文字はあるのだが、文字表が小さくて見づらいという欠点がある。対応する漢字数も Unicode の古いバージョンの約2万1千字だけだ。

■ 漢字のショートカット入力

　Word 2002 では Unicode のコード番号で文字を入力する方法がある。

1. Unicode のコード番号を半角英数で入力する。例えば「9127」。
2. コード番号の後ろにカーソルがあることを確認し、[Alt]を押したまま[X]を押す。
3. コード番号が漢字に変換される。「9127」→「鄧」。

　文字の後ろで[Alt]＋[X]を押すと、逆に Unicode 番号に変換できる。拡張 B 領域にも対応しており、対応フォントがあれば、例えば「2a6a5」を「龘」に変換・表示することもできる。Unicode 対応の漢字字典でコード番号を調べて入力すると便利な機能だ。

　ただ執筆時点では、Unicode の拡張 A・B 領域のコード番号に対応した漢字辞典や文字コード表は出版されていないので、それらの文字を検索する手段がない。このため、6万5千字の漢字を使いこなすのはまだ少々難しい。しかし、Unicode は国際規格であるがために、今後急速に、辞書や漢字検索ツールの整備が進むことと思われる。

■ 文書の保存

　Word・一太郎ともに、新たに作成した文書の保存は[ファイル]メニュー→[名前をつけて保存]をクリックする。

■ Wordの場合

Wordの場合は、図15の画面が表示される。

保存場所は標準では「マイドキュメント」フォルダになっているので、もしもフロッピーなど違う場所に保存したければ、右の ▼ アイコンをクリックして保存先を選択する。

Wordでは「名前を付けて保存」を選択すると、自動でその文書のはじめの一文がファイル名になる。例の場合は、「中国語レポート 一.doc」というファイル名だ。冒頭が中国語の場合は中国語のファイル名になってしまうので要注意。中国語のファイル名は何かと問題のタネになるので、英数のみのファイル名に変更すること。

ファイル名を変更するには、ファイル名ボックスにマウスカーソルをあわせてクリックし、ファイル名のところでカーソルが点滅したら、 ← や → を使ってカーソルを移動して Delete を押して文字を削除し、新たなファイル名を入力する。拡張子「.doc」は自動で補完されるので削除しても大丈夫だ。

テキスト形式で保存する場合は、ウインドウ下［ファイルの種類］の右の ▼ をクリックして、［書式無し］をクリックする。［保存］を押すと図16が開く。日本語のみのテキストなら、そのまま保存すればよい。中国語やJISコー

図15 名前をつけて保存

保存先フォルダ
▼をクリックして変更

よく使うフォルダ

ファイル名
変更するときはクリックして入力（図16）

ファイルの種類
テキスト形式やリッチテキスト形式で保存するときは、▼をクリック（図18）

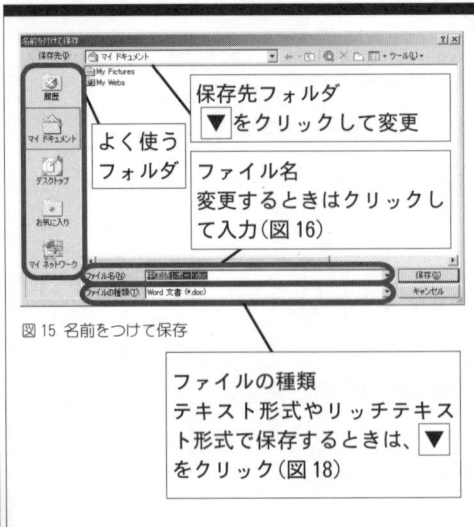

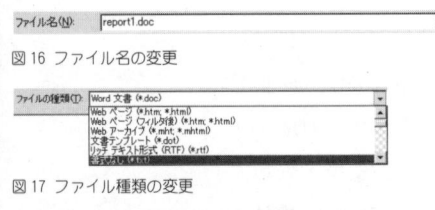

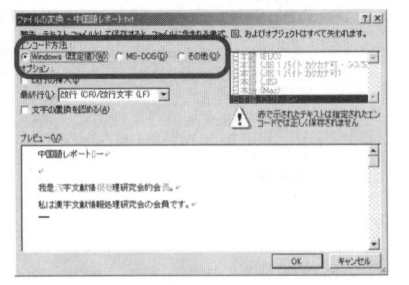

図16 ファイル名の変更

図17 ファイル種類の変更

図18 テキスト形式で保存

ドに含まれていない漢字を使っていると、保存できない文字が赤で表示される。[OK]をクリックして標準設定のまま保存すると、それらの文字は「?」で保存される。Unicodeなどに文字コードを変えて保存する場合は、[エンコード方法]で[その他]をチェックし、右のエンコード一覧で文字コードを選択した上で、[OK]をクリックする。[7]

既存のファイルを編集して同じ名前で保存するときは、[ファイル]メニュー→[上書き保存]を選択する。これで、古いファイルが修正された新しいファイルに置き替わる。

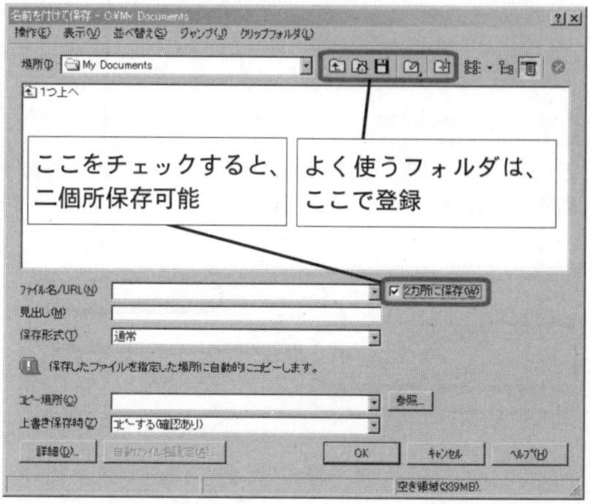

7) Word 2000の場合は図17で、JISコードのテキスト形式は「テキスト形式」、UnicodeなどJIS以外のテキスト形式は「エンコードされたテキスト」で保存。

図19 保存画面

■ 一太郎の場合

一太郎では保存時に図19が表示される。初期設定では保存場所は固定されていない。保存先フォルダの選択方法はWordと同じだが、フロッピーやよく使うフォルダを登録することも可能。

一太郎は初期設定だとファイル名を自動的に設定しない。その他の手順はWordと同じだが、拡張子は「JTD」となる。

一太郎の保存形式は、基本的に「一太郎」「Word」「テキスト」の3種類である。一太郎の過去のバージョン形式でも保存可能だ。またWordは2000形式まで対応する。しかし、テキストはJIS（リッチテキストも含む）かUnicode形式しか選択できない。別に脚注だけをテキスト（Shift JIS）保存する機能もあるが、この機能はWordにはない。[8]

8) 一太郎とWord間ではUnicode多漢字を含む文書ファイル読み書きが上手くいかない場合があるので、Unicodeテキスト保存が無難。ただし、一太郎では修正プログラムをインストールすることでWordファイルの読み込みが正常に行えるようになる。プログラムはhttp://www.justsystem.co.jp/download/ichitaro/up/win/010801.htmlより入手可能。

●●●●●●●●●●●●●●●●●●●●●●●●●●●●●●●●●●●●●
■ 文書の印刷と注意点

Word・一太郎を使いこなす

195

図20 プリンタの設定・Word

どのページを印刷するか設定
印刷部数を設定
プリンタの設定画面を呼び出す

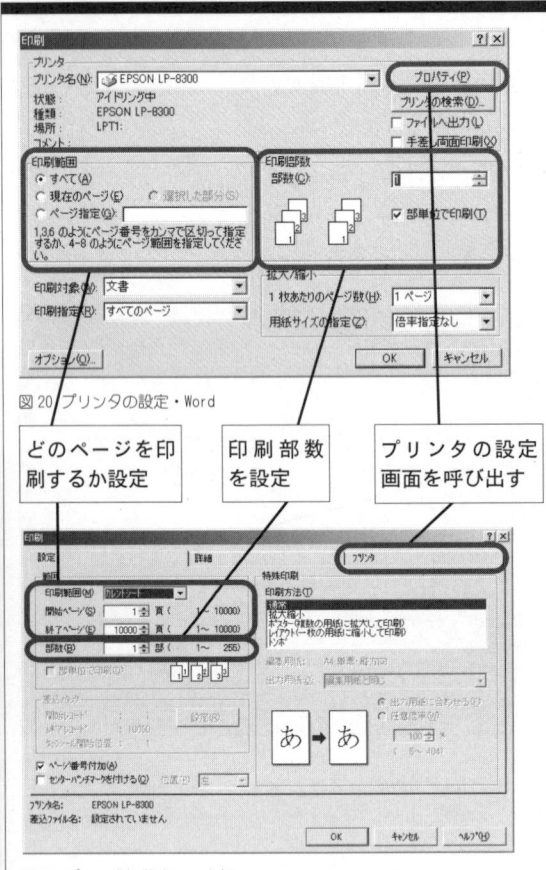

図21 プリンタの設定・一太郎

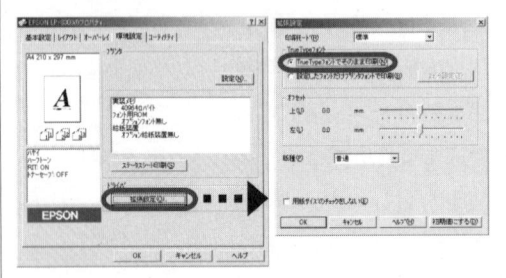

図22 プリンタ設定の例（エプソン社製レーザープリンタ）

9) 設定画面はプリンタメーカーごとに異なっているので、注意されたい。

作成した文書の印刷は、Word・一太郎ともに［ファイル］メニュー→［印刷］で行う（図20・21）。この画面で、印刷する部数、印刷するページなどを設定し、プリンタの電源が入っていることを確認して［OK］をクリックすればよい。

しかし、こと多言語混在文書や多漢字文書の印刷では、文字が印刷されなかったり文字化けして印刷されたりというトラブルが発生することがある。

レーザープリンタには、印刷速度を速めるために、MS明朝やMSゴシックなどのフォントをプリンタ内蔵のフォントに置き換えてプリントするものが多い。しかし、プリンタ内蔵フォントはUnicodeに対応していないために、JISコード以外の文字が印刷されなかったり文字化けしたりすることになる。この場合、プリンタの設定画面を呼び出して、［TrueTypeフォントでそのまま印刷］［文字をグラフィックとして印刷］などの項目を捜して設定しなくてはならない[9]。

コラム・Acrobat と PDF

千田大介　*Daisuke Chida*

●イメージ通りの文書を配布する

　パソコンで作った文書を電子データとして配布する場合、全てそのまま不特定多数の人々に配るのは難しい。テキストデータでは、デザインを再現できない。ワープロソフトのファイルは、そのソフトを持っていなければ開けない。フォントの有無も問題になる。一方、画像データではファイルサイズが大きくなり、文書の検索もできない。

　そんな悩みにこたえるのが、Adobe 社の Acrobat だ。Acrobat は、ワープロなどで作った文書を PDF という独自の形式のファイルに変換する。フォントを含めてデザインは元通り保持されるし、文書の検索もできる。PDF ファイルは、無償の Acrobat Reader（本誌付録 CD-ROM にも収録済み）を使って誰もが閲覧することができるので、インターネットを通じた不特定多数への文書配布にも適している。

　従来の日本語版 Acrobat では、中国語などアジア各言語の PDF ファイルの処理が困難であった。しかし、2001 年にデビューした Acrobat 5 では、中・台・韓の各東アジアフォントパックを追加することで、中国語や韓国語の PDF ファイルも、ほぼ問題なく閲覧できるようになった。東アジアフォントパックは Adobe 社のホームページからダウンロードできる[1]。あらかじめ Acrobat Reader 5 インストール済みのパソコンで、ダウンロードしたファイルをダブルクリックするだけで簡単に組み込まれる。

　ただ、中国語のファイル名・フォルダ名を使っている PDF は、中国版 Windows もしくは Windows 2000 の中国語モードでないと閲覧できないので、注意が必要だ。

1）http://www.adobe.co.jp/products/acrobat/acrrasianfontpack.html p.320 も参照。

クールなレジュメを作る

千田大介　Daisuke Chida　山田崇仁　Takahito Yamada

●●●

■ ナビゲーター

- レイアウトを考える→p.200
- ピンインを入力する→p.225
- 箇条書きを使う→p.236
- フォントと行間隔の設定→p.203
- 表を挿入する→p.233
- ルビを振る→p.229
- 文字揃えとタブ、インデント→p.205
- ホームページの中国語を引用する→p.218

インターネットと中国

1. 中国語電子テキスト

　Alt.Chinese Text
　新語絲（Xīnyǔsī）
　　→ボランティアによる入力

2. 電子テキストの種類

形式	サイズ	再加工	デザイン
テキスト	小	容易	不可
HTML	小	容易	可能
画像	大	困難	不可

3. 中国語電子テキストの流通

　テキスト/HTML 形式が主流。ex.魯迅『故郷』：

　wǒ màole yánhán, huí dào xiānggé ěr qiān yú lǐ, bié
　le èrshí yú nián de gùxiāng gù
　了二十余年的故乡去。
　时候既然是深冬；渐近故乡时，天气又阴晦了，
　冷风吹进船舱中，呜呜的响…

4. 中国文学電子テキストの問題点

　テキストの所在地：

198

ここでは、Wordと一太郎を使って文書をレイアウトする方法を解説する。

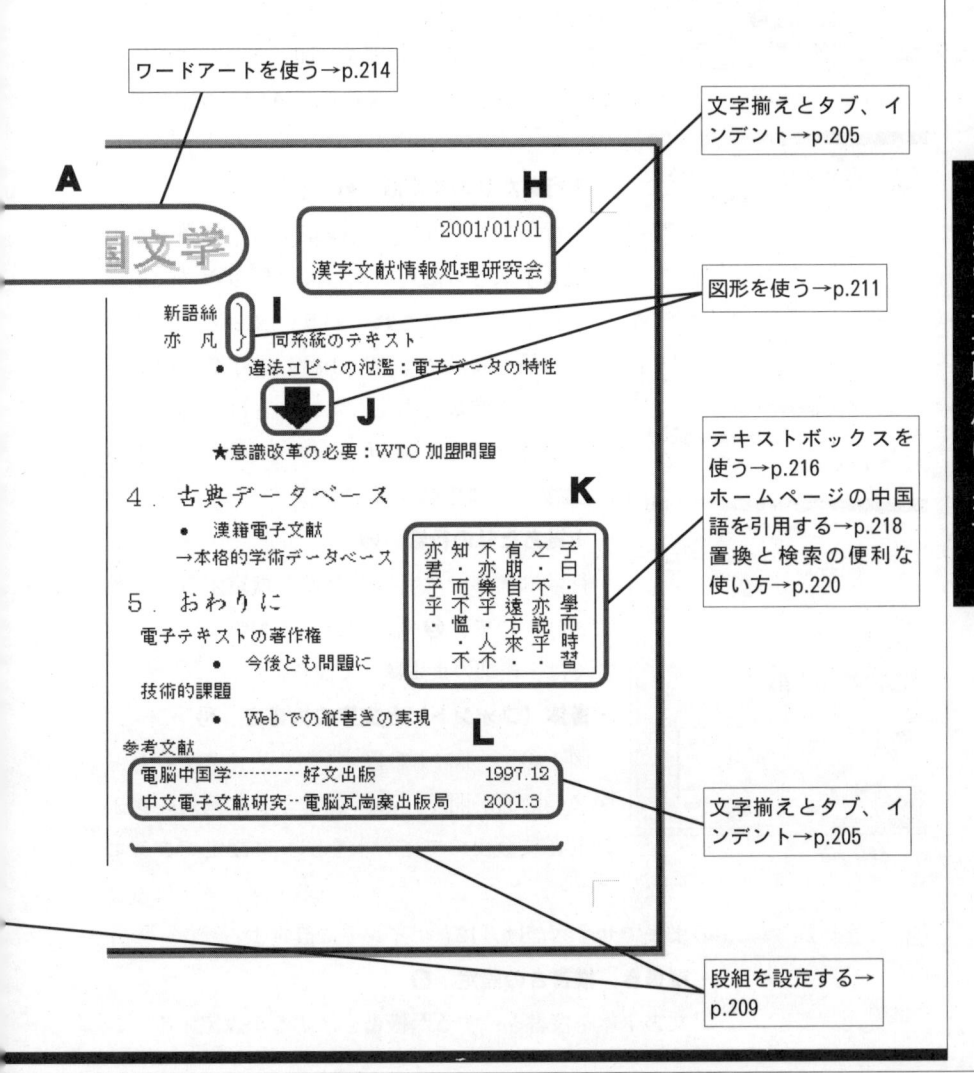

A ワードアートを使う→p.214

文字揃えとタブ、インデント→p.205

H 2001/01/01
漢字文献情報処理研究会

図形を使う→p.211

新語絲
亦凡｝同系統のテキスト
I
・違法コピーの氾濫：電子データの特性
J
★意識改革の必要：WTO加盟問題

4．古典データベース
・漢籍電子文献
→本格的学術データベース

K 子曰．學而時習
之．不亦説乎．
有朋自遠方來．
不亦樂乎．人不
知．而不慍．不
亦君子乎．

テキストボックスを使う→p.216
ホームページの中国語を引用する→p.218
置換と検索の便利な使い方→p.220

5．おわりに
電子テキストの著作権
・今後とも問題に
技術的課題
・Webでの縦書きの実現

参考文献
電脳中国学………好文出版　　　　　1997.12
中文電子文献研究‥電脳瓦崗寨出版局　2001.3

L

文字揃えとタブ、インデント→p.205

段組を設定する→p.209

Word・一太郎を使いこなす

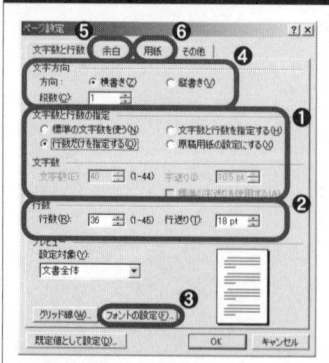

図1 文字数と行数の設定

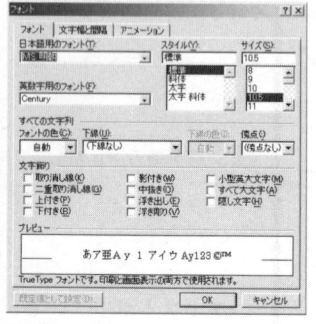

図2 フォントの設定

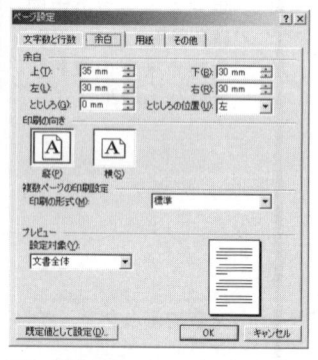

図3 余白の設定

●●●●●●●●●●●●●●●●●●●●●●●●●●●●●

■ レイアウトを考える

■ Wordの場合
● ページの設定

　レジュメを作る前に、まず基本的なページ設定を考えよう。[ファイル]メニュー→[ページ設定]を開くと、図1の画面が開く。ここで以下の各項目を設定できる。Word 2000 でも設定項目は同じだ。

・1行あたりの文字数　❶

　1行あたりの文字数を設定する。標準では上の[文字数と行数の設定]で[行数だけを指定する]がチェックされており、文字の大きさと文字間隔の設定によって1行の文字数が決まってくる。文字数を指定したいときは[文字数と行数を指定する]をチェックして、すぐ下の[文字数]で文字数を設定する。

・1頁あたりの行数　❷

　行数は標準では[行数だけを指定する]に設定されていて、❷の[行数]で調整できる。ここでは、標準のままにしておく。

・書体（フォント）と文字の大きさ　❸

　図1❸[フォントの設定]をクリックすると、図2の画面が開く。Wordでは、日本語用のフォントと英数用のフォントを別々に設定できるようになっている。ここでは、フォント名・スタイルはもとのままでサイズだけ「12」ポイントに設定する。

・縦書き、横書きの設定　❹

　文書全体を縦書きにするか横書きにするか設定する。こ

こでは横書きのままにしておく。

・余白の広さ ❺

余白に広さは、図1❺[余白]タブをクリックして図3の画面で設定する。標準は30mmと広めなので、ボックスの中をクリックして数字を直接書き換えるか、ボックス脇の ▼ ▲ をクリックして調整する。ここでは、上：15mm、下・左右：20mmに設定する。

また、その下[印刷の向き]で用紙を横に使うか縦に使うかを設定する。ナビゲーターの例では、[横]をクリックする。Word2000では、[用紙サイズ]タブ以下で設定。

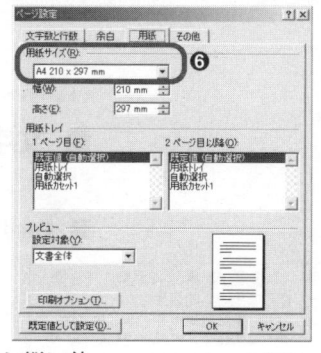

図4 用紙サイズの設定

・用紙のサイズを設定する ❻

用紙サイズは、[用紙]タブ（Word2000では、[用紙サイズ]）をクリックして、図4❻のサイズが表示されているボックス右の ▼ をクリックして選択する。選択できるサイズは、プリンタが対応している用紙サイズだけとなる。ここでは標準の「A4」のままでよい。

■ 一太郎の場合

一太郎でのページ設定は、メニューから[ファイル]→[文書スタイル]→[スタイル]を選択して設定画面を開く（図5）。

設定項目はWordと共通点が多いが、一太郎では初めから文字数と行数の設定を行う必要があるのが異なる。また、ページ番号のようにWordが別メニューやオプションで設定する項目も、一太郎ではここで設定する。

[登録]を押せば作成したページ設定を登録できるので、次回以降同じ設定

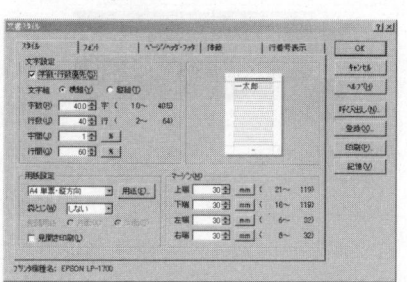

図5 文書スタイル

を再利用できる。

■ 文字・行・段落を選択する

■ Word・一太郎共通

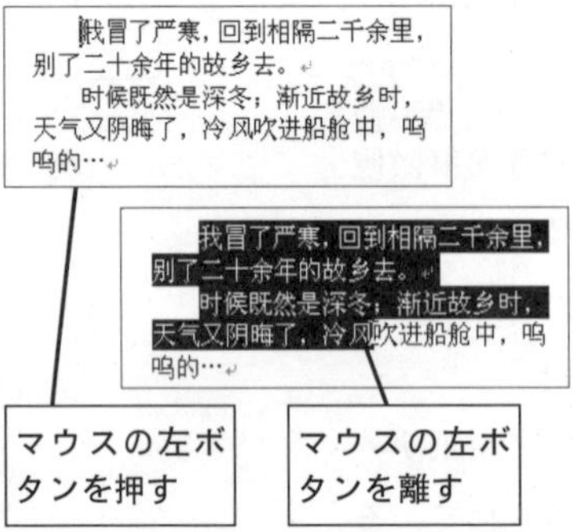

Wordや一太郎で文字飾り行間や左右揃えなどの書式を設定する手順は、原則として

1. 設定したい範囲を選択
2. 設定画面を開いて設定項目を選択

となる。つまり、範囲の選択がうまくできなければ、書式の設定もままならないのだ。

範囲選択のもっとも簡単な方法は、選択開始場所にマウスカーソルを移動し、マウスの左ボタンを押したまま選択終了箇所までポインタを移動させて（ドラッグして）左ボタンを離す方法だ。左ボタンを押した位置と離した位置の間が反転表示されるのは、その範囲が選択されたことを表す。（図6）。

行単位、段落単位で範囲を選択したければ、マウスカーソルをその行の左余白部分（縦書きなら上余白部分）に移動させる。マウスカーソルの形が「♪」になったら、クリックで行を（図7）、ダブルクリックで改行と改行とにはさまれた段落を（図8）、トリプルクリックで全文を選択することができる（図9）。

選択範囲を解除したければ、画面上でマウスをクリック

図6 ドラッグして範囲を選択

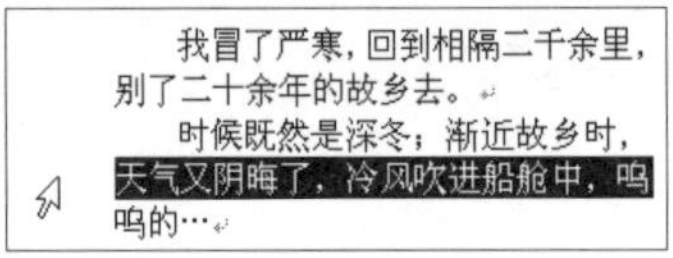

図7 クリック

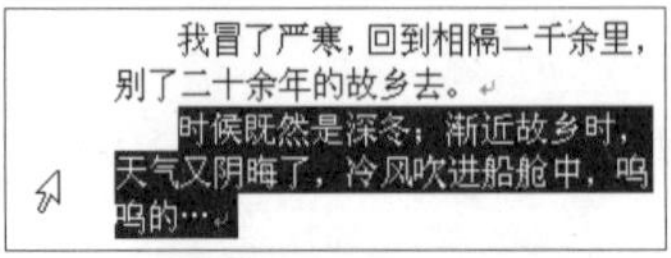

図8 ダブルクリック

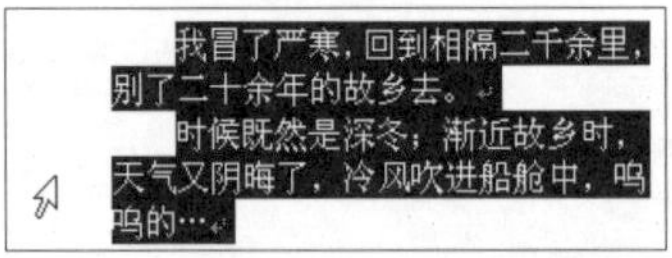

図9 トリプルクリック

すればよい。

　パソコンにある程度使い慣れてくると、入力中にキーボードから手を離してマウスを使うのが煩わしくなってくる。そんな場合は、Shift を押したまま ← → ↑ ↓ Page Up Page Down などでカーソルを移動させて選択することもできる。また、Ctrl + A ＝全文選択、なども便利だ。

■ フォントと行間隔の設定—設定の基本

■ Wordの場合

　文章中のタイトルや見出し、強調部分などを、ページ設定で指定したフォントと異なるゴシック体や楷書体などで表現したいことがある。Wordではフォント（書体）や文字サイズ、文字飾りなどを一文字単位で設定することができる。ナビゲーターの例文の見出し1〜5のフォントは、次のように変更する。

1. 文字を入力する（図10）。
2. 変更したい範囲を選択する。ここでは、行全体。（図11）
3. ツールバーの［フォント］右の▼をクリックして［HG正楷書体-PRO］をクリックして選択（図12）。
4. ツールバーの［フォントサイズ］右の▼をクリックして［18］（18ポイント）を選択（図13、14）。

　一方、文章中で一時的に行間隔や、後述する字下げ・左右揃えなどの設定を変更するときは、段落、つまり改行から改行までが設定の単位となる。

　では、見出し1〜5の前の行間が広くなるように変更し

てみよう。

1. 行間を変更したい段落にカーソルをあわせる（図15）。
2. ［書式］メニュー→［段落］をクリック。
3. ［段落前］の右の ▲ ▼ をクリックして［0.5行］に設定。（図16）
4. ［OK］をクリック（図17）。

図15

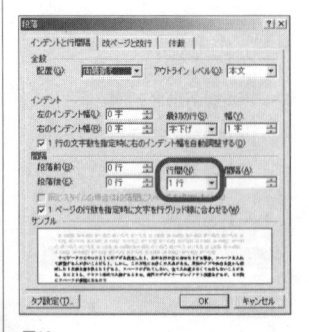

図16

図17

段落内の行の間隔を変えたいときには、［行間］の設定を変更する。うまくいかないときは、［1ページの行数を指定時に文字を行グリッド線に合わせる］のチェックを外して試してみよう。

フォントや行間隔を設定すると、続けて入力する文字や段落にもその設定が継承されるため、一々書式を元に戻す作業が必要になる。サンプル文書のようなレジュメを作る場合は、まず文字を入力しておいて後から書式を一気に変更した方が効率的だろう。

■ 一太郎の場合

図18 フォントの変更

一太郎で文字サイズやフォントを設定する場合も、Wordと同じ方法でよい。［標準］を選ぶと［スタイル設定］で定義した初期値に変更されるのがWordにない機能だ（図18）。また、メニューの［書式］→［フォント・飾り］→［設定］で、文字の回転等、様々な文字装飾が実行可能だ。

ただし、Windows 2000上で一太郎を利用する場合、フォントの使用には制限があり、それは一太郎が、日本語以外のTrueTypeフォントのうち、「Sim Sun」「MingLiu」のような拡張子が「ttc」の中国語フォントを英語フォントとして認識するという不具合のため、フォント選択や文字の

割がうまく行えなくなる。

　従って、Windows 2000で一太郎を多漢字ワープロとして利用する場合、「Arial Unicode MS」等の拡張子が「ttf」のフォントのインストールが必須となる[1]。

　一太郎で行間設定を行うには、[改行幅]を使う。まず、改行幅を調整したい段落（幅は段落単位で設定）にカーソルを移動し、メニューの[書式]→[改行幅]で実行する。[広く][狭く]で、それぞれ10%ずつ増減する。また、[任意][改行]で任意の改行幅に、[ページ内均等割付]で、自動的に改行幅を調整して1ページに収めることができる（図19）。

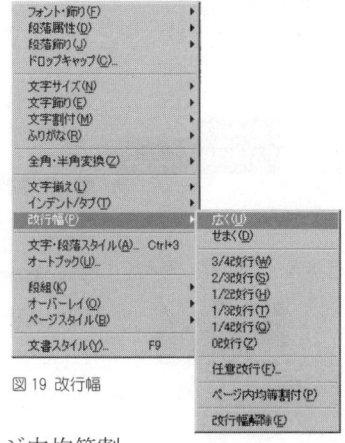

図19　改行幅

1）問題が起こるフォントは「ttc」拡張子のフォントである。普通の「ttf」拡張子をもつフォントは問題ない。

■ 文字揃えとタブ、インデント

■ Wordの場合

　ナビゲーターのGのように字下げを設定したり、文字を行の右に寄せたりする場合、スペースを入れて調整する人が多いことだろう。しかし、この方法には多くの欠点がある。例えば用紙サイズや余白を後から変更したり文章を書き換えたりすると、スペースがずれてしまい、全て入れ直さなくてはならない。なによりも、テキスト形式で入稿するときは、専門のデザイナーがレイアウト作業をするが、その際にスペースが邪魔になるので削除しなくてはいけない。よかれと思ってスペースで見栄えを整えても、相手に迷惑をかけてしまうこともあるのだ。

　Wordをはじめとするワープロソフトには、文字の位置を揃えるための機能が用意されている。それが「文字揃え」

2) 日付は、[挿入] メニュー → [日付と時刻] で自動的に入力することができる。

図20 文字を入力して選択

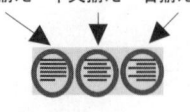

図21 文字揃えボタン

3) ⇒ p.202「文字・行・段落を選択する」

4) ツールバーにボタンが見えないときは、[表示]→[ツールバー]で表示項目を設定する。

図22

図23

図24

と「タブ」「インデント」で、使いこなせばとても便利な機能であるし、テキストデータにした場合に余計な情報が付加されないので、テキスト入稿向きでもある。

● **文字揃え**

文字揃えは、行のどちら側に文字を詰めるかを設定する機能だ。ナビゲーターの例文では、標題部分の日付と名称が右寄せに設定してある。その設定方法は、

1. 文字を入力する。ここでは、日付[2]と名称を入力。
2. 文字を入力した行を選択（図20）。[3]
3. ツールバーの右揃えボタンをクリック（図21）。[4]

図23のように、文字が行の右端に移動するはずだ。

同様にして、中央揃えボタンでは行の中央に、左揃えボタンでは行の左に文字を詰めることができる。

● **タブ**

タブというのは、文字と文字との間に一定間隔の空白が入るように設定する、印刷されない一種の記号である。キーボードの Tab を押して入力することができ、ナビゲーターのLのように、1行内にいくつかある項目の位置を揃えたり、リーダーを付けたりできる。記号であるため、Delete や Back Space で削除することもできる。

ナビゲーターのLのリストは、以下の手順で作る。

1. 項目の間で Tab を押し、文字を入力（図23）。
2. 入力した2行を選択。
3. [書式]メニュー→[段落]で[タブ設定]をクリック。（図24）

- **リーダー付きのタブ（項目間に線を引く）**（図25）
    4. ［タブ位置］（❶）に「10字」と入力。
    5. ［タブの種類］（❷）は左揃え。
    6. ［リーダー］（❸）は［(3)］をチェック。
    7. ［設定］を押す。
- **リーダーなしのタブ**（図26）
    8. ［タブ位置］（❶）に［20字］と入力。
    9. ［タブの種類］（❷）は左揃え。
    10. ［リーダー］（❸）は［なし(1)］をチェック。
    11. ［設定］を押す。
    12. ［OK］を押してタブとリーダー設定画面を閉じる。

標準では4字間隔にタブが設定されている。

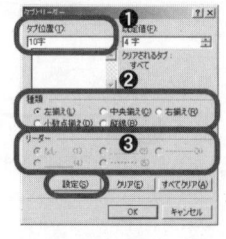

図25

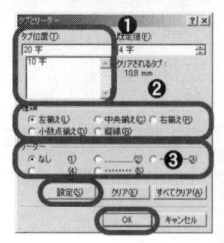

図26

タブには幾つかの種類がある。水平・垂直ルーラーの交わるところをクリックすると、表示されるタブアイコンが変化する（図28）。そのうち、

┗左揃えタブ　┻中央揃えタブ　┛右揃えタブ

この三つを利用すると、図29のように、1行の左・右・中央に文字を揃えることができる。

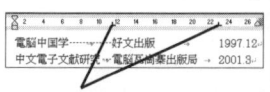

図27 タブマーカー（タブが設定された場所を標示する）

これらのタブを設定するときは、タブアイコンを切り替えてから、水平ルーラー上をクリックすると簡単だ。位置を変更するときは、水平ルーラー上のタブ記号をドラッグすればよい。なお、水平ルーラーによるタブの設定は横書き時にしかできないので、縦書き時は［書式］メニュー→［段落］→［タブの設定］を使う。

タブアイコン

図28

図29

● **インデント**

段落のはじめを1字下げたり、また引用部分を3字下げたりしたい場合には、インデント機能を使う。インデントは、［書式］→［段落］や水平ルーラーで設定することができ

Word・一太郎を使いこなす

207

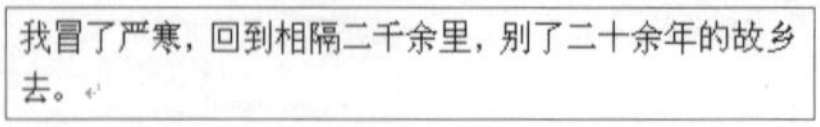

我冒了严寒，回到相隔二千余里，别了二十余年的故乡去。

図30

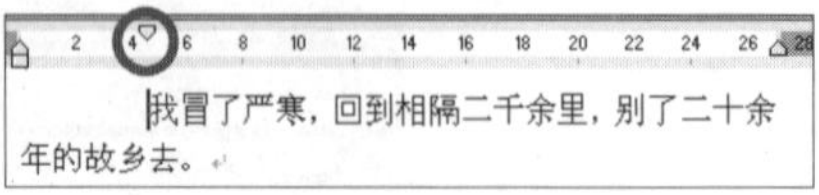

我冒了严寒，回到相隔二千余里，别了二十余年的故乡去。

図31　1行目のインデントマーカー

我冒了严寒，回到相隔二千余里，别了二十余年的故乡去。

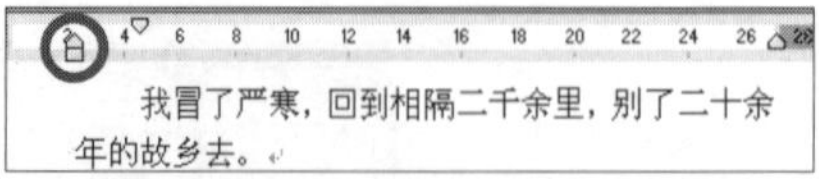

図32　左インデント・ぶら下げインデントマーカー

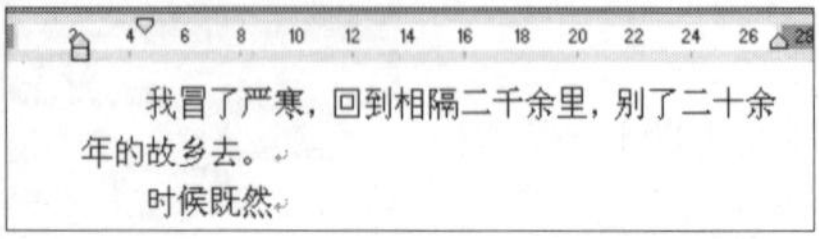

我冒了严寒，回到相隔二千余里，别了二十余年的故乡去。
时候既然

図33

5）Word2000では、[ツール]メニュー→[オプション]→[編集と日本語入力]タブ以下で設定。

6）ここに説明した方法では、一段落分の書式しか設定できない。次の段落も同じ書式に設定するには、
　1. 書式を設定した段落末尾の改行を削除。
　2. 再度改行を入力。
という方法が便利だ。全文にわたって設定する場合は、p.264「スタイル機能を使いこなす」を参照。

るが、ここではもっと簡単にナビゲーターの例文Gのように設定する方法を解説する。

まず、[ツール]メニュー→[オートコレクトのオプション]をクリック、[入力オートフォーマット]タブを開き[5]、[Tab、Space、Back Spaceでインデントとタブの設定を変更する]がチェックされていることを確認する。そして、

1. 文字を入力する（図30）。
2. 行頭にカーソルを移動する。
3. 1行目は全体の字下げ2字と、段落はじめの字下げ2字で合計4字下げになるので、全角スペースを4つ入力する。水平ルーラーの1行目のインデントマーカーが移動し、字下げが設定される（図31）。
4. 2行目の行頭にカーソルを移動する。
5. 全角スペースを二つ入力すると左インデントが設定される（図32）。
6. 改行して続きを入力すると、次の段落にもインデントが継承される（図33）。

インデントを削除したい場合は、インデントが設定された段落のはじめにカーソルを移動させて Back Space を何度か押せばよい[6]。

■ 一太郎の場合

基本的な文字揃えやインデントを行うには、ツールバーを利用すればよい（図34）。インデント幅は初期値では8（全角4）文字だが、[書式]メニュー→[インデント／タブ]

→［インデント位置設定］を選択して設定画面を開き、［変更］をクリックして基本幅を変更できる（偶数で指定した方がよい）。タブ位置も同様に、［書式］→［インデント／タブ］→［タブ位置設定］で変更できる。

　特定段落だけインデントする場合は、目的の段落にカーソルを移動し、メニューの［書式］→［インデント／タブ］→［インデント設定］を選択し、設定画面を開いて設定する（図35）。水平ルーラー上でのインデント・タブ設定も可能だ。インデントの設定方法はWordと同じ。タブはWordと同位置にあるタブアイコンをクリックし、表示されるタブ揃えリストから目的のタブ揃えを選択後、実際のタブ位置を水平ルーラー上で指定すればよい。

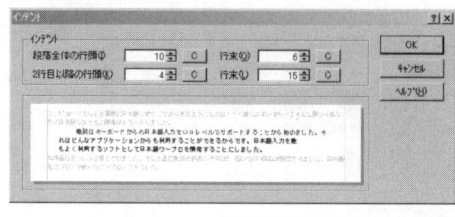

図34

図35 特定段落のインデント設定

■ 段組を設定する

■ Wordの場合

　ナビゲーターのサンプル文書では、上のタイトル部分は1段、本文は左右2段にデザインしている（図36）。このように左右、または上下に段を分けるときは段組機能を使う。その手順は、

1. 段組にする段落を選択する。ここでは、まずタイトル部分を入力したあとに改行を入れ、最後の改行だけの行を選択する。[7]
2. ［書式］メニュー→［段組］（図37）をクリック。

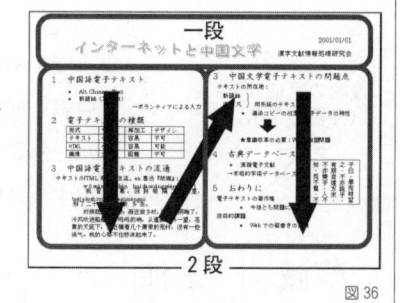

図36

7) ⇨ p. 202「文字・行・段落を選択する」

209

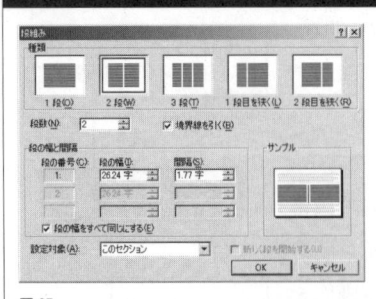

図37

3. ここでは2段組みにするので［2段］を選択、また［境界線を引く］をチェックする。
4. ［OK］を押して完了。

これで設定完了。設定した部分にカーソルを移動させると、水平ルーラーが半分ずつに区切れているはずだ。同様の手順で、途中から1段に戻すことができる。

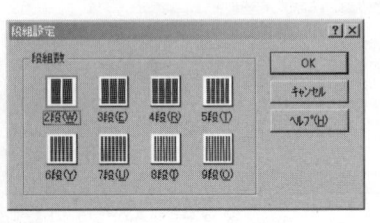

図38

■ 一太郎の場合

一太郎での段組機能は、段組を開始したい行にカーソルを移動し、メニューの［書式］→［段組］→［設定］を選択して設定画面を開き（図38）、目的の段組を選択して［OK］を押せばよい。途中で段組を変更することも可能だ。

段組の途中で強制的に改段するには、改段場所にカーソルを移動し、メニューの［書式］→［段組］→［改段］を選択すればよい。改段を削除するには、挿入された改段マークを Delete 等で削除すればよい。

段間に線を引きたければ、メニューの［書式］→［段組］→［オプション］を選択し、［段間の罫線］から線種を選択し、［OK］を押せばよい。ここでは段間や各段個々の設定も変更可能である。

段組を削除するには、段組開始の区切り線直後にカーソルを移動し、メニューの［書式］→［段組］→［解除］を選択すればよい（図39）。

段組の区切り線（赤色で表示）

図39

210

■ 図形を使う

■ Wordの場合

　Wordでは、さまざまな図形や画像を文章中に挿入することができる。画像の挿入方法は後述するとして、ここでは、ナビゲーターの例I・Jのような複数行に跨る括弧、矢印などの図形の挿入手順を解説する。

1. ［挿入］メニュー→［図］→［オートシェイプ］をクリック。
2. オートシェイプツールバーが表示される（図40）。

図40

図41 これをクリック

・ 大括弧の挿入

3. オートシェイプツールバーの左から2番目のボタンをクリックし、右大括弧をクリック（図41）。
4. 描画キャンバスが表示され［描画をここに作成します］と表示される（図42）。
5. 描画キャンバスの上でドラッグして大括弧を描く（図43）。
6. 括弧と文字が重なるように調整する。描画キャンバスの上でダブルクリックして［描画キャンバスの書式設定］が開いたら、［レイアウト］タブをクリックし、［前面］をクリックして［OK］を押す（図44）。
7. 図形が文字の間に表示されるように描画キャンバスの位置と括弧の位置を調整する。描画キャンバスは境界線上にマウスカーソルをあわせ「□」に変化したらドラッグ、括弧はマウスカーソルをあわせて「□」に変化したらドラッグして移動

図42

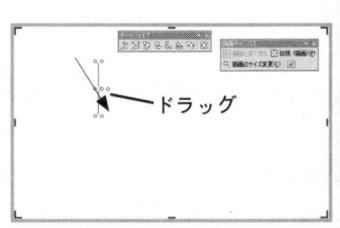

図43

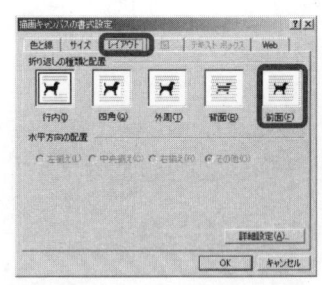

図44

Word・一太郎を使いこなす

211

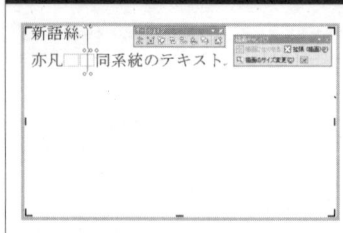

(図45)。

8. 括弧の出っ張りは「◇」をドラッグして調整。

・**矢印の挿入**

9. 矢印を挿入する位置にカーソルを移動させ、オートシェイプツールバーの左から3番目をクリックし、下向きの矢印をクリック(図46)。
10. 描画キャンパス上でドラッグして矢印を描画（図47）。
11. 描画キャンパス上でダブルクリックし、[描画キャンパスの書式設定]の[レイアウト]タブをクリック、[外周]をクリックして[OK]。
12. 描画キャンパスの境界にマウスカーソルをあわせ「□」に変化したらドラッグして移動、次に矢印をドラッグして移動させる（図48）。
13. 矢印が白抜きになっているので、図形の上でダブルクリックし、[色と線]タブをクリック、図49の画面で[塗りつぶし][色]の右の▼をクリックし、黒のマスをクリックして選択、[OK]を押す。
14. 矢印の傘の大きさを、「◇」をドラッグして調整する（図50）。
15. 矢印の位置を調整する。マウスカーソルを図形に合わせて形が「□」に変わったところでドラッグする。少しずつ移動させたい場合は、図形をクリックして、Ctrlを押

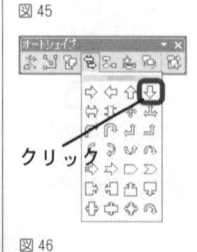

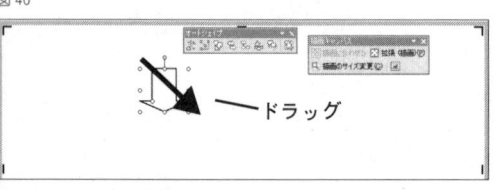

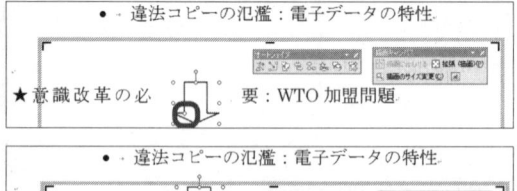

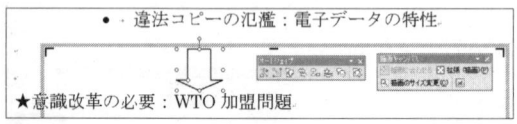

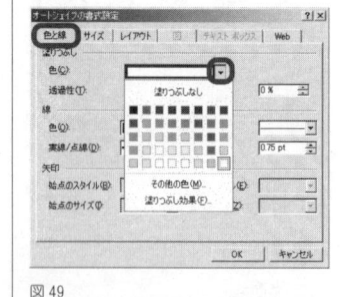

212

したままカーソルキーを押して移動させる（図51）。

使い終わったオートシェイプツールバーは、右肩の×をクリックして消す。

描画キャンパスはWord 2002の新機能で、一つのキャンパスに複数の図像を描画すると自動でグループ化され、サイズや位置をまとめて変更できるようになる。Word 2000の場合は、画面上に直接図像を描画して、一つ一つの図像の上でダブルクリックしてプロパティ設定画面を開き、レイアウトを設定する。

以上の図形の色、文字との重ね方、移動などの設定方法は、ワードアート、テキストボックス、図像の貼り付けなどでも同じだ。

レイアウトの設定は、［行内］は文書の文字と文字の間に図像が組み込まれるように、［四角］［外周］は文字が図像を避けて回り込むように、［背面］［前面］は文字と図像が重なるように設定する（図52）。

オートシェイプには他にもさまざまな図形が登録されているので、試してみてもらいたい。

■ 一太郎の場合

一太郎でWordのオートシェイプと同様の機能は、［簡易作図］と［レイアウト枠］の両方に割り当てられるが、作成された図形に対し、文字の回り込みができないのが［簡易作図］、できるのが［レイアウト枠］と捉えればよい。ここでは簡易作図機能について説明する（レイアウト枠は

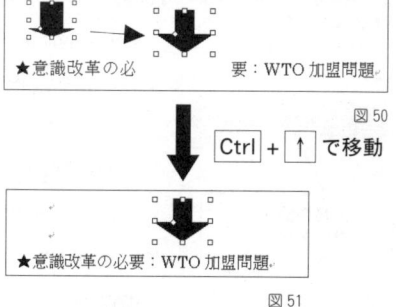

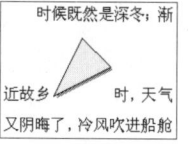

213

8）吹き出し等、内部に文書を流し込む図形は、レイアウト枠で作成する（→p. 217参照）。

図 53

簡易作図開始／終了ボタン

拡大ハンドル

回転ハンドル

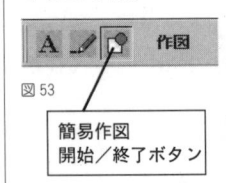

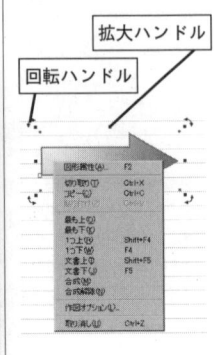

図 54

簡易作図はメニューの[挿入]→[作図]→[簡易作図開始]（図 53）を選択するか、ツールバーの[簡易作図開始／終了]ボタンをクリックして実行する。画面が簡易作図モードに切り替わり、ツールバーに作図用のツールボタンが表示される。簡易作図を終了するには、このボタンをもう一度押せばよい。

操作は、ツールバーから必要な部品を選択してマウスでドラッグして書けばよい。丸や矢印等、あらかじめ幾つかの図形も用意されている。

個々の図形の設定を変えるには、作図モードを一端終了して目的の図形をクリックして選択し、次に右クリックでメニューを開き、図形の属性（線や塗りつぶし設定等）や図形の上下位置設定等、必要な操作を行えばよい。図形の大きさや向きは、クリック後表示される拡大ハンドル及び回転ハンドルをボタンを押したままドラッグすれば変更できる（図 54）。

複数の図形を一つにして扱うには、ツールバーの をクリックして複数の図形を選択し、次に をクリックすると表示されるメニューから[図形合成（合成）]を選択すればよい。同様に[図形合成（解除）]を選択すれば解除される。

■ ワードアートを使う

■ Wordの場合

ナビゲーターのサンプル文書の見出しAは、文字にグラデーションと影が付き、波打つように変形している。このようなデザイン化された文字は、ワードアートで作る。

ワードアートを挿入するには、

1. ［挿入］メニュー→［図］→［ワードアート］をクリック。
2. ワードアートギャラリーが開いたら、どのデザインにするかを選択する（図55）。
3. デザインする字句を入力し、フォントとフォントサイズを選ぶ（図56）。
4. ［OK］をクリック、ワードアートが挿入される（図57）。

図55

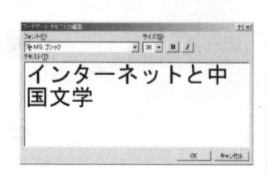

図56

ワードアートは図形として扱われるので、移動やサイズの変更方法は前に解説した図形の場合と同じだ。

ワードアートは多言語処理に対応しているので、中国語を直接入力することもできるし、中国語フォントを指定することもできる[9]。

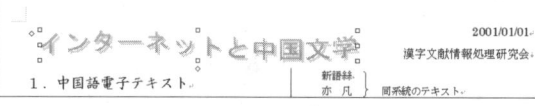

図57

9) ⇒ p. 211「図形を使う」

■ 一太郎の場合

一太郎でデザイン化された文字を作るには、［JSフォントエフェクトツール］を使う。スタートメニューから選択するか、ツールバーの をクリックして起動し、始めにテキスト入力画面で文字列とフォントを設定する。ツール本体に切り替わったら、必要な装飾を行う（図58）。Wordと同様のテンプレート選択もできるが、自分で装飾方法を選択することも可能。

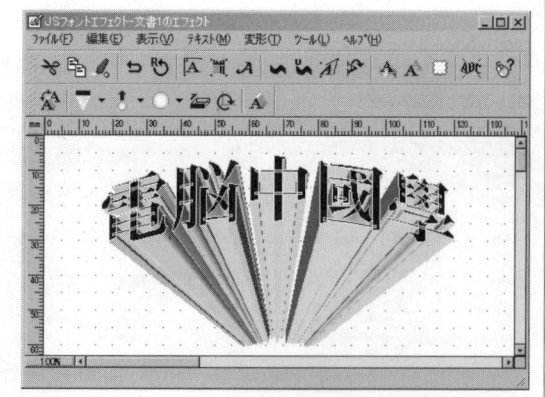

装飾が決まったら、装飾文字をクリックして選択し

図58 JSフォントエフェクトツール

Word・一太郎を使いこなす

215

てコピーし、目的のアプリケーション上に貼り付ければよい。装飾文字はレイアウト枠として扱われるので、サイズの変更や文字の避け方の設定等はそちらを参照のこと。Wordと同様、多言語にも対応している。

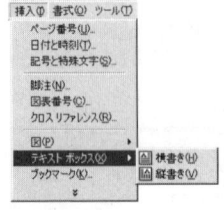

●●

■ テキストボックスを使う

図59

■ Wordの場合

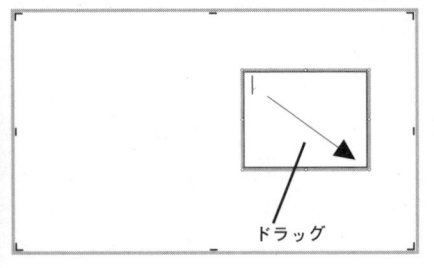

図60

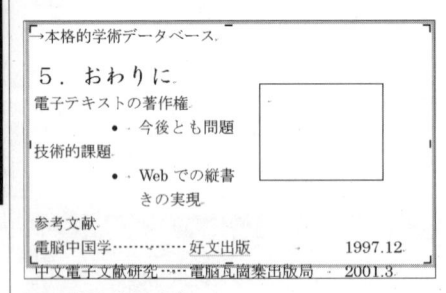

図61 配置と位置の調整

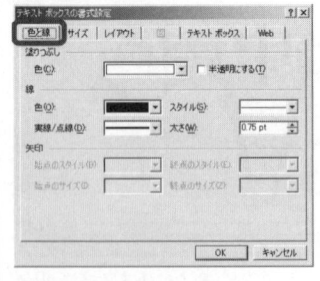

図62

ナビゲーターKのように横書き文書の中に縦書き文書を一部分だけ挿入する場合、あるいは文章の本筋と違う囲み記事を入れたい場合などには、テキストボックスを使う。

テキストボックスの挿入は、図形の挿入と同じ要領だ。

1. [挿入]メニュー→[テキストボックスの挿入]をクリックすると、[横書き]と[縦書き]が出てくる。ここでは縦書きを選択する（図59）。
2. 描画キャンバスが表示されるので、テキストボックスを挿入したい位置で、マウスをドラッグする（図60）。
3. 描画キャンバスをダブルクリックし、「描画キャンバスの書式設定」の「折り返しの種類と配置」で[四角]をクリックし、[OK]（図61）。

Word 2000の場合は描画キャンバスは表示されないので、直接編集画面上でドラッグしてテ

キストボックスを挿入する。

　文字は、テキストボックス内をクリックしてカーソルを移動させて入力する。テキストボックスの外に出るときは、本文のどこかをクリックする。

　枠線やテキストボックス内の余白を調整したい場合は、テキストボックスの罫線にカーソルを合わせて、形が⊕に変わったところでダブルクリックし、[テキストボックスの書式設定]を開く。

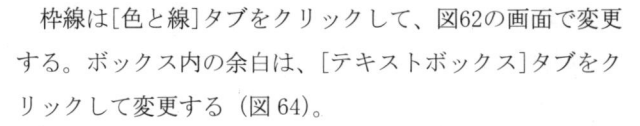

　枠線は[色と線]タブをクリックして、図62の画面で変更する。ボックス内の余白は、[テキストボックス]タブをクリックして変更する（図64）。

　移動やサイズ変更の方法は図形と同じだが、テキストボックスは枠線をクリックして選択、もしくはドラッグする[10]。

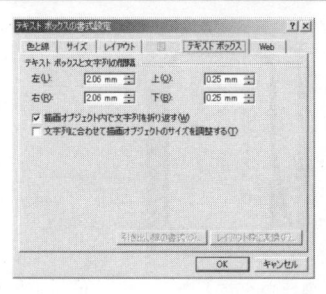

図63

10) ⇨ p.211「図形を使う」

■ 一太郎の場合

　一太郎で縦横混在を行うには、[レイアウト枠]を利用する。[メニューの挿入]→[レイアウト枠]→[作成]を選択するか、ツールバーの▦をクリックすると、レイアウト枠の作成画面が表示されるので、[文字組]・[枠の基準位置]・[枠まわりの余白]を設定して[OK]を押す。次にマウスで枠の始点と終点をドラッグして指定する。枠内独自にページレイアウト設定もできる（図64）。

　移動は枠を選択してそのままドラッグし、サイズ変更はクリック後に表示される■をドラッグすればよい。

　[枠線の変更]や[文字のよけ方]の設定は枠クリック時に表示される[枠操作ボタン]の[枠飾り

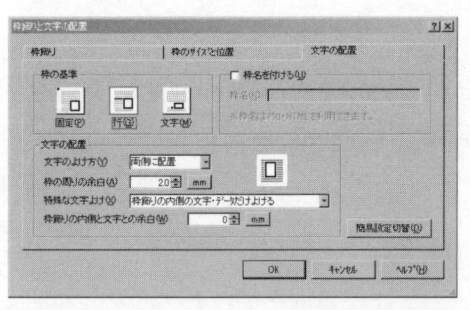

図64 枠飾りと文字の配置

Word・一太郎を使いこなす

217

と文字の配置]をクリックして行う（図65）。[枠飾り]で枠の種類を選択し（テンプレートからの選択以外に自作も可能）、[文字の配置]で枠と文字の関係を規定する。枠の基準は[固定]（位置が固定）・[行]（特定行にリンク）・[文字]（文字として扱う。）の3種類ある。[文字の配列]で枠外の文字のよけ方を設定する。通常は[文字のよけ方]から選択すればよいが、枠の形に沿って文字を配置するには、[特殊な文字よけ]で設定する必要がある。

枠操作の手順は、[画像枠]や[JSフォントエフェクトツール]等と共通なので、是非覚えておこう。

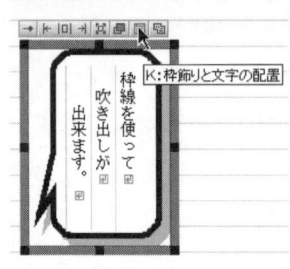

図65 レイアウト枠

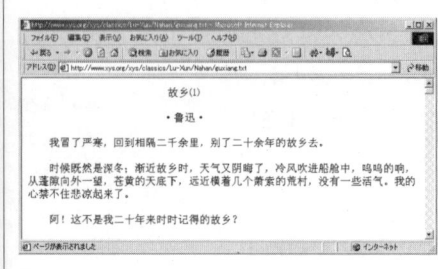

図66

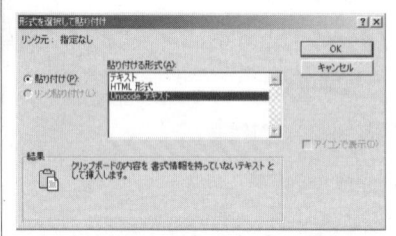

図67

図68

■ ホームページの中国語を引用する

■ Wordの場合

インターネット上には、古典から現代までさまざまな中国語文献のデータが大量に公開されている。発表資料や論文・レポートを書くときにそれらを引用することで、入力の手間を省くことができる。

ナビゲーターGの魯迅《故郷》は、新語絲電子文庫[11]からの引用だ（図66）。ホームページのデータを引用する手順は、

1. ホームページの必要なデータをドラッグして選択する。
2. ブラウザの[編集]メニュー→[コピー]を選択。

3. Wordに切り替えて、引用を挿入したい箇所にカーソルを移動させる[12]。
4. メニューバーの［編集］→［形式を選択して貼り付け］→［Unicodeテキスト］をクリックして選択、［OK］を押す（図67）。
5. 貼り付けた部分が日本語フォントになっていて「・」化けが見えるので（図68）、選択してフォントを「SimSun」に変更する（図69）[13]。

あとは、余計なスペースや改行を削除して整形すればよい。

ここで、［形式を選択して貼り付け］を使うのは、単なる［貼り付け］を使うと、ハイパーリンクや文字の色・サイズ・表組みなどの書式付きのデータとして貼り付けられてしまい不便なためだ。

ときおり、ホームページのデータを貼り付けると文字化けしてしまうことがある。そんな場合は、コピーしたいページや段落のはじめの1文字をはずして、2文字目からコピーしてみると上手くいくことが多い。

■ 一太郎の場合

一太郎でのホームページのデータ引用も、Wordと同様に必要な部分をコピーした後、一太郎上でメニューから［編集］→［貼り付け］すればよい。一太郎では単純にテキスト形式での貼り付けになる。［形式を選択して貼り付け］でShift JISとUnicodeテキスト形式を選択可能。

11) http://www.xys.org/

12) ⇒ p.184「Word画面の名称」

13) ⇒ p.203「フォントと行間隔の設定」

図69

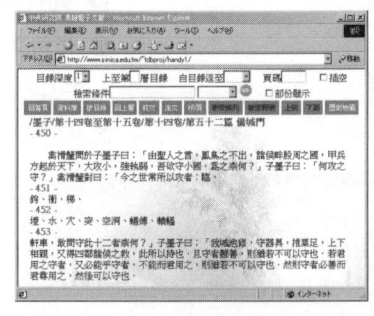

図70 漢籍電子文献の墨子

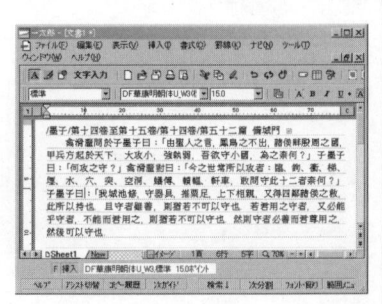

図71 一太郎に貼り付け

14) フォント変更は、メニューの[書式]→[フォント・飾り]→[設定]で行う。p.203「フォントと行間の設定」を参照のこと。(一太郎のWindows 2000での中国語フォントに関する注意点も書いてあるので必読のこと)。

15) ⇒ p.126「台湾中央研究院」

16) ⇒ p.202「文字・段落・行を選択する」

書式付きでデータを貼り付けすることはできないが、引用文として利用する場合にはむしろこの方が便利だろう。また、Wordのような文字化け現象は一太郎では起きないものの、簡体字などJISにない文字は「・」と表示されるので、該当範囲をマウスで選択して中国語対応フォントに切り替えればよいが[14]、できれば、ページ全体のフォントを変更した方が見ためが整うだろう。最後にレイアウトを調整すれば完成だ。

●●

■ 置換と検索の便利な使い方

■ Wordの場合
● 半角スペースを削除する

中国語のホームページでは、文字が詰まっていると読みにくいとの理由から、全ての文字の間に半角スペースを入れていることが多い。台湾中央研究院漢籍電子文献[15]もそうだ。そのようなデータを整形する際に重宝するのが置換機能だ。

ナビゲーターGの《論語》は、漢籍電子文献からコピーしたものだが、貼り付けたばかりの状態では図72のように、文字の間に半角スペースが入っている。これを一括削除しよう。

1. 置換する範囲を選択する。ここでは、テキストボックス内の文字を全て[16]。
2. [編集]メニュー→[置換]をクリック。
3. 図73の画面があらわれたら、[オプション]をクリック。

図72

図73

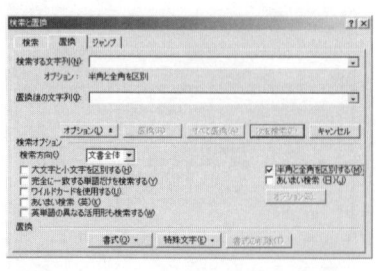

図74

図75

4. 図74の画面で、[ワイルドカードを使用する]を一度チェックし、またチェックを外す。
5. [半角と全角を区別する]をチェックできるようになるので、チェックする。
6. [検索する文字列]に半角スペースを入力。
7. [置換後の文字列]には何も入力しない。
8. [すべて置換]をクリック。
9. 図75が出るので、[いいえ]をクリックする。[はい]をクリックすると、選択範囲以外の全文に対して置換を継続する。

子曰：「學而時習之，不亦說乎？有朋自遠方來 不亦樂乎？人不知而不慍，不亦君子乎？」。

図76

　置換では、「ˆp」で改行を「ˆt」でタブを指定できるので、改行を一括削除することもできるし、「。」を「。ˆp」に置換すれば、一文一行に整形することもできる。また図74右下の［特殊文字］をクリックすると、［段落記号］や［タブ］など文字以外の要素も置換の対象に選択できる。また、IMEを切り替えて入力すれば、中国語も置換することができる。[17]

17）［段落記号］を選択すると文字列のボックスに［ˆp］と入力される。これが［段落記号］を示すワイルドカード（代替記号）である。

● 中国語のフォントだけを変更する

　文章を作っていると、後から全体のフォントやデザインを変更したくなることがある。しかし、全文を選択してフォントを変更すると、見出しのフォントや中国語用のフォントもまとめて変更されてしまい、使い物にならなくなってしまう。また、複数箇所に中国語の引用がある場合、中国語のフォントだけを変更するのは一苦労だ。
　このようなときには、置換を使って一定

目前正在东视一套热连续剧《少年包青天》
现在、東方テレビ局1チャンネルで好評放送中の40回の連続ドラマ『少年包青天』は、

被指多処抄袭一部日本流行推理漫画。
多くの箇所である日本の流行推理漫画を盗作していると指摘されている。

図77

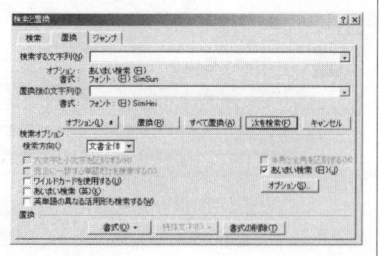

図78

Word・一太郎を使いこなす

221

条件を満たした書式を書き換えればよい。図77の例文で、SimSunフォントに設定された中国語部分だけを、ゴシック体のSimHeiフォントに置き換えてみよう。

1. ［編集］メニュー→［置換］をクリック、「検索と置換」が開いたら［オプション］をクリック（図78）。
2. ［検索する文字列］ボックスの中をクリック。
3. ［書式］→［フォント］をクリック。
4. ［日本語用のフォント］で▼をクリックしてフォントの一覧を表示させ、［SimSun］をクリックして選択、［OK］をクリック。［日本語用］と書いてあるが、中国語・ハングル用フォントもこちらで指定する（図79）。
5. ［置換する文字列］ボックスの中をクリック。
6. ［書式］→［フォント］をクリック、［日本語用のフォント］で［SimHei］を選択して［OK］をクリック。
7. ［すべて置換］をクリック（図80）。

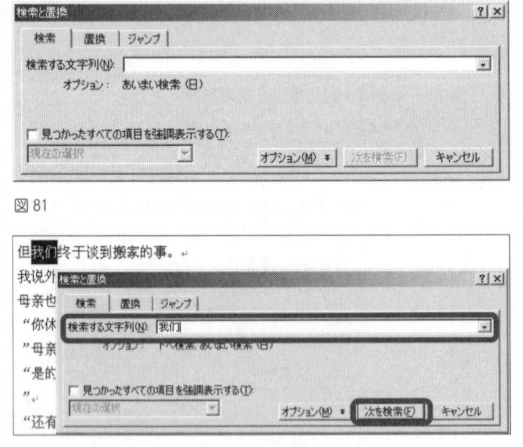

前に検索・置換した書式が残っている場合は、検索・置換文字列ボックスをクリックして、［書式を削除］をクリックする。

この機能を活用すると、フォントの種類だけでなく、サイズ、文字飾り、文字列の言語設定なども一括置換することができる。使い慣れるとたいへん便利な機能だ。

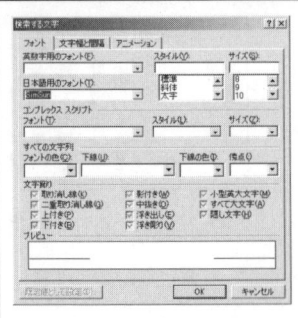

図79

図80

図81

図82

● Wordで文書を検索する

　情報ツールとしてのパソコンの使いこなしは、情報検索のテクニックにかかっていると言っても過言ではない。Wordの検索機能を使うと、開いている文書の中から任意の字句を捜すことができる。余り複雑な条件設定はできないが、JISコードにない漢字や中国語も検索できるので、ちょっとした検索には重宝する。

　図83

　では、魯迅《故郷》の中から「我们」という言葉を検索する手順を説明しよう。《故郷》のファイルはインターネット上のデータをWordにコピーした上で、いったん改行を置換機能で全て消去し、さらに句点「。」で改行されるように整形する[18]。

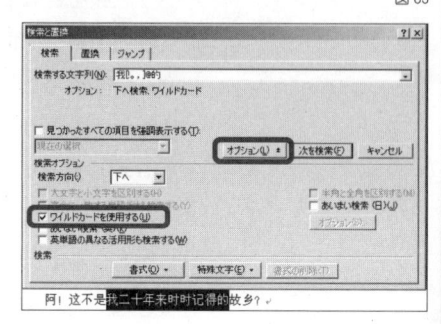

　図84

1. ［編集］メニュー→［検索］をクリック（図81）。
2. 中国語IMEに切り替えて「検索する文字列」に「我们」と入力（図82）。
3. ［次を検索］をクリック。全文を検索し終えるまで［次を検索］をクリックする（図83）。

　ここで［オプション］をクリックして［ワイルドカードを使用する］をチェックすると、いろいろな条件設定ができる。例えば、「我?的」で検索すると、「我们的」「我家的」など、「我」＋1文字＋「的」を検索することができる。「我[!们]的」とすると、「我家的」にはヒットするが「我们的」にはヒットしなくなる。「[!A]」というのは「Aを含まない」ことを意味するのだ。逆に「我[们家]」ならば、「我们」「我家」だけにヒットし「我也」「我实在」などに

18) 改行を消去するには検索する文字列に［段落記号］(^p)を置換後の文字列には何も入力しない状態で置換を実行する。句点で改行するには検索する文字列に「。」を置換後の文字列に句点「。」＋「^p」を入力して置換を実行する。

Word・一太郎を使いこなす

223

はヒットしなくなる。「[ＡＢ]」というのは、「ＡまたはＢ」を意味する。このような条件式を組み合わせて、

　　我[!。，]@的

で、

　　我 ＋「。，」以外の文字を一つ以上＋的

という意味をあらわし、

　　我二十年来時時記得的、我們的、我所記得的…

などを検索することができる（図84）。

特殊文字をクリックすると、このような特殊な条件式をいろいろと入力することができるので、ヘルプを参考にしていろいろと試してもらいたい。

しかし、Wordの検索機能では検索結果を抽出することができないし、複数ファイルの一括検索も難しい。また「ＡＡＢＢ」型の単語を抽出することもできない。このため、学術研究のために大量のデータの一括検索・抽出や、複雑な条件設定による処理をする必要がある場合は、Perl[19]などの高度な処理が可能なソフトを使った方がよい。

19）Perl
データ処理の手続などを記述・実行させるためのスクリプト言語の一種。

```
50 1      【五十年】，攻邯單（鄲）。
51 1      五十一年，攻陽城。
52 1      【五十二】年，王稽、張祿死。
53 1      【五十】三年，吏誰從軍。
```

図85 雲夢秦簡《編年紀》より
ちなみに「張祿」は「范雎」の変名。《史記》の記述とは異なり、処刑されたことが伺える。

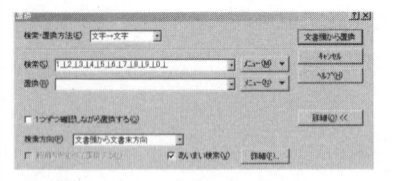

図86 置換のダイヤログ画面

■ 一太郎の場合

一太郎での検索は、メニューの[編集]→[検索]を選択後、表示された画面の[検索文字]にキーワードを入力し、検索方向（[文書頭から文書末方向]を選択）を指定して、[文書頭からの検索]をクリックすればよい。その際、F5 で次候補を、Shift ＋ F5 で前候補を検索する。[開始位置からの検索文字列を全て選択する]にチェックを入れると、キーワードにマッチした文字列全てが反転表示される。[検索方法]を[飾り]に変更すると、文字以外の様々

な装飾情報を検索可能だ。

　置換は、メニューの[編集]→[置換]を選択し、[検索文字][置換]にキーワードを入力し、検索方向を指定する（図86）。ここでは、図85の文章に対して「行頭の数字＋半角空白」を削除する検索式を実行してみた（図87）。

　一太郎ではWordのような詳細なワイルドカードを利用できないが、任意の一文字・タブ・OR程度の簡単なものは指定可能だ。それぞれ［メニュー］から指定すればよい。

　Wordにない一太郎独自の機能が[絞込]である。メニューの[編集]→[絞込]→[実行]を選択し、キーワードを入力して[OK]を押せばよい。キーワードにマッチした段落のみが表示される。表示を解除するには、[編集]→[絞込]→[解除]を選択する。

```
【五十二】年，王稽、張祿死。
【五十】三年，吏雠從軍。
五十四年
五十五年
五十六年，後九月，昭間。正月，
孝文王元年，立即死。
```
図87 置換後の文章

```
昭王元年
五年，攻大（野）王。十二月
【五十二】年，王稽、張祿死。
孝文王元年，立即死。
莊王元年
莊王二年
```
図88 「王」をキーワードに絞込検索

■ ピンインを入力する

■ Wordの場合

　声調符号付きピンインを入力するには、専用のツールを用意する必要がある。

　そのようなツールとしてまず挙げられるのが、cWnnやChinese Writerなどの中国語入力ソフトだ。IMEの設定をピンイン直接入力モードに切り替えるだけで、ピンインを簡単に入力することができる。しかし、Shift JISコードの半角カタカナの部分に声調符号を並べた専用フォントを使うため、同じソフトを持っている人としかファイルのやりとりができず、ホームページやメールに使えないという欠点があるので、印刷するだけの文書作成にしか使えない。

Word・一太郎を使いこなす

225

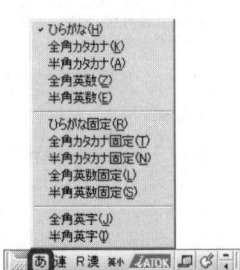

20) 入手先は http://waga
ng.econ.hc.keio.ac.jp/
付録 CD-ROM に収録済み。

図 89

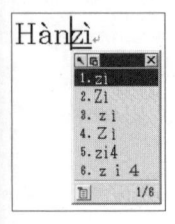

図 90

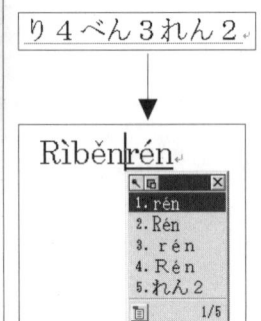

図 91

無料ですませたければ、筆者が作成・改造・配布しているピンイン辞書・ツールを使うのが便利だ[20]。Unicode に対応しているので、ファイルのやりとりやホームページの作成に使うことができる。

ただし、Windows 95/98/Me で Word 97/98 を使うと一部の文字が上手く印刷できないので注意されたい。Word 2000 や一太郎 9 以上なら大丈夫だ。

さて、筆者が配布しているツールは、以下の 5 種類。

・PinyinAC
・Pin 太郎
・Pin 太郎スーパー
・Pin 太郎かな
・ピンイン置換マクロ

PinyinAC は、Word のオートコレクト辞書登録データとオートコレクト辞書登録マクロをセットにしたもので、「Ni3##」のように入力すれば「Nǐ」に自動変換されるようにする。Excel でも使用できる。ただし、「##」を一々入力する手間がかかるので、Word で使うのであれば、次節で紹介するピンイン置換マクロを利用した方が便利だ。

Pin 太郎 は、ATOK13・14 用の声調符号付きピンイン辞書データだ。ATOK の「辞書ユーティリティ」で Pin 太郎データを一括登録して使う[1]。ATOK を IME バーの「あ」をクリックし更に「全角英字」をクリックしてモードを切り替え（図 89）、ローマ字＋数字で入力し変換する。例えば「han4zi4」と入力すると「hànzì」と変換できる（図 90）。Excel や Access さらには Outlook など Unicode に対応したソフトであれば問題なく入力できる。欠点は、辞書の切替えが煩わしい点と、MS IME で使えない点だ。

Pin太郎スーパー は、Pin太郎の欠点を力業で解決した声調符号付きピンイン変換用辞書データで、ATOK・MS IME 2000/2002 のいずれでも使用できる[21]。入力時には IME のモードを切り替えずに、ローマ字モードのままピンイン＋声調を打ち込んで変換すればよい。例えば、「ri4ben3ren3」と入力すると、ローマ字変換されて「り4べん3れん2」となるが、気にせずそのままスペースバーを押せば「Rìběnrén」に変換できる（図91）。

　「Zhōngguó」なら「zほんg1ぐお2」だ。IME のモードを切り替える必要がないので、効率的に入力することができる。ただし、「shì」「sì」はいずれもローマ字で「し4」となるため、変換候補を捜さなくてはならない。このような例が幾つかあるので、注意してほしい。

　「Pin太郎かな」は、かな入力ユーザー用の辞書データで ATOK・MS IME のいずれでも利用可能。かな入力モードのままで、アルファベットのキーを押して変換する。例えば「もいにふんらなあ」で「méiyǒu」に変換される。

　ピンイン置換マクロについては、次節で紹介する[22]。

　なお、Word で声調符号付きピンインを入力したときに、声調符号付き文字のフォントを切り替えられないことがある。ピンイン部分は日本語に設定しないとうまく表示されないのだが、Word はそれを英語や中国語に自動設定してしまうためだ[23]。以下の手順で切り替えよう。

1. フォントが切り替えられない文字を選択する。ピンイン部分を全て選択してもよい[24]。
2. [ツール]メニュー

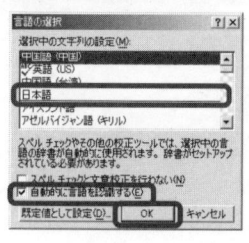

図92

21) ⇨ p.48「日本語 IME を使いこなす」

22) ⇨ p.232「ピンインマクロで声調符号付きピンイン変換」

23) カーソル位置の文字の言語が何に設定されているかは、ステータスバーに表示される。

24) ⇨ p.202「文字・行・段落を選択する」

SimSun	☐urán jiàndào Liú nǚshì
Arial	Ŏurán jiàndào Liú nǚshì
Lucida Sans Unicode	**Ŏurán jiàndào Liú nǚshì**
Times New Roman	Ŏurán jiàndào Liú nǚshì
ＭＳ明朝	Ŏurán jiàndào Liú nǚshì
DF 華康明朝体 U_W3	Ŏurán jiàndào Liú nǚshì

図93 囲んだ部分がうまく表示されない

→[その他の校正ツール]→[言語の選択]をクリック。
3. 図92の画面が開いたら、[選択中の文字列の設定]で[日本語]をクリックして選択する。
4. [自動的に言語を認識する]のチェックをはずす。
5. [OK]を押す。
6. フォントを切り替える。

● ピンインの表示に使えるフォント

ピンインを表示するのだから、SimSunなどの中国語フォントを使えばよいのではないか、と考える人が多いと思うが、しかし、中国語GBKコードには大文字＋声調符号が含まれていないため、「Ă」「Ŏ」などが表示・印刷できない。また、フォントによって声調符号付きピンインの文字間隔がおかしくなるという不具合も発生する。

Windows 2000には、幾つかのUnicodeに対応した欧文フォントが搭載されており、それらを使えば声調符号付きピンインを全て表現できる。

ピンインをほぼ全て表現できるWindows 2000標準フォントには以下の3種がある。

・Arial
・Lucida Sans Unicode
・Times New Roman

これらのフォントを使うと、声調符号付きピンインを美しく表現することができる。

ただし、同じ名称のフォントであっても古いバージョンのWindowsに付属しているものはUnicodeに対応していないことがあるので、注意が必要だ。

標準以外のフォントでは、Office 2000/XP付属の「Arial Unicode MS」[25]、ダイナラブ社[26]のフォント集「Type Museum」に収録されるUnicode対応フォント「DF 華康明朝体 U_W3」

25) ⇨ p.182「多言語機能を追加する」

26) ダイナラブ (http://www.dynalab.co.jp) 参照。

「DF 華康ゴシック U_W5」なども使える。

■ 一太郎の場合

　一太郎の場合も、Pin太郎・Pin太郎スーパーを使ったピンイン入力が可能なのだが、いろいろと問題が発生する。Windows 2000で一太郎11を使う場合、Unicode対応の欧文フォントを使っても声調符号の付いた文字の字間が乱れる問題が発生する。このため声調符号付きピンインの表示に使えるフォントは、Office 2000/XP付属の「Arial Unicode MS」、もしくはダイナラブ社の「DF 華康明朝体 U_W3」「DF 華康ゴシック U_W5」などの、Unicodeの漢字とアクセント記号付きアルファベットを一度に収録したフォントに限られる。また、Windows 95/98/Meでは大文字＋声調符号の一部がどのフォントを使っても表示できない。

　多言語への対応は、一太郎はまだまだ不十分であると言える。

■ ルビを振る

■ Wordの場合
● ルビを振る前に～言語とフォントと文字の関係

　Wordには、日本語・中国語（ピンイン・注音）のルビを一々読みを入力することなく自動で振る機能がある。つまり、「日本」という漢字には、「にほん」「ri4ben3」「ㄖㄧˋㄅㄣˇ」、3種類のルビがあり得ることになる。どのルビを振るのかは、実はWordがそれぞれの文字の言語設定を見て決定しているのだ。

　世界標準ワープロであるWordは、各言語に特化した文書校正機能、ハイフネーション、同義語辞書などの補助機

能をいくつも備えている。ルビ機能もその一つだ。それらを間違いなく使えるように、Wordでは一文字一文字に言語属性を持たせておき、どの言語特有の機能を適用するのかを判断している。このため、言語がキチンと設定できていないと、ルビを正確に振ることができなくなる。

このように書くと難しそうだが、そうでもない。Wordでは IME を切り替えて入力すれば、入力した文字は IME の言語に自動で設定されるからだ。ただ少々厄介なのがホームページなどからコピーした文で、Unicode テキスト形式で貼り付けると、言語が標準に設定されている日本語になってしまう。中国語のルビを振るためには、言語を手動で設定しなおさなくてはならない。

ナビゲーターの例文 G の場合は、

1. 言語の設定を変更したい箇所を選択する[27]。
2. [ツール]メニュー→[その他の校正ツール]→[言語の選択]をクリック。
3. ピンインのルビを振るので、[選択中の文字列の設定]で[中国語（中国）]をクリック反転させる（図94）。
4. [OK]をクリックする。

これで選択部分が中国語に設定された。注音のルビを振る場合は[中国語（台湾）]を、日本語なら[日本語]を選択する。

● 日本語のルビ

言語設定ができたところで、ルビを振ってみよう。

まず、ナビゲーターFのように、「魯迅」に日本語で「ろじん」というルビを振ってみる。

1. 「魯迅」を選択。

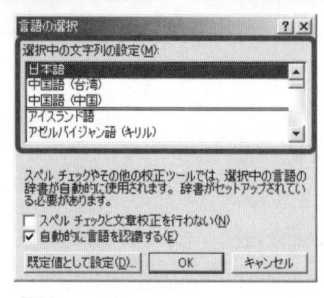

図94

図95

27) ⇒ p. 202「文字・行・段落を選択する」

MS Officeと一太郎

230

2. ［書式］メニュー→［拡張書式］→［ルビ］をクリック。
3. 図95が開く。自動で「ろじん」というルビが入力されている。
4. フォント、サイズ、文字の配置などを調整する。
5. ［OK］をクリック。

Wordのルビ機能は、IMEの辞書ファイルを参照して自動でふりがなを振ってくれる。このため「魯迅」のようなIMEに登録されている言葉であれば自動でルビを振ることができる。しかし、IMEに未登録の語句の場合はおかしな読みになってしまう。そのような場合には、上の手順3（図95）で、ルビのボックスをクリックしてふりがなを修正する。

● 中国語のルビ

つぎに、先ほど言語を中国語に設定した魯迅《故郷》の引用部分にピンインのルビを振ってみよう[28]。

ルビを振る場合、文字の選択範囲はできるだけ小さくする。ルビを振れるのは一度に30語までだが、10文字前後を選択した方が確実だ（図96）。文字を選択したら、あとは日本語の場合と同様に［書式］メニュー→［拡張書式］→［ルビ］をクリックする（図97）。自動で一文字ずつにピンインのルビ候補が表示されるので、必要ならば修正して［OK］をクリックする。

ただし、単語が認識されないため、複数の読みがある漢字の場合うまくいかないことが多い。これは、後で解説するMS Office Proofing Tools[29]を導入し、単語の自動認識機能を追加することで解決できる。

Word 2000の場合は、Proofing Toolsなしでは中国語ルビは上手く振れない。ただ、半角スペースであらかじめ中

28）Word 2000の場合Windows 98/Meでは中国語に自動でルビを振ることができない。また、微軟ピンイン・新注音以外のIMEを使っている場合、ルビが振れないことがある。

図96

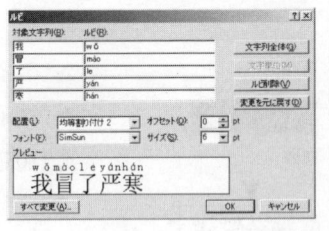

図97

29）⇨ p.270「Proofing Toolsの導入と使いこなし」

国語の文を単語に区切っておくと、比較的うまくいく。また、ピンインのルビは、アルファベット＋数字の形式になるし、「ü」は「v」、軽声は「5」になる。

文字列の言語が台湾に設定されていると、注音符号のルビを振ることができる。Word 2002 では、縦書き横書きにかかわらず注音ルビが漢字の右に縦に表示され、声調符号が韻母の横に付くようになったが、声調符号が横になってしまうという不具合がある。

● ピンインマクロで声調符号付きピンイン変換

自動で振ったピンインルビを声調符号付きピンインに変換できたら、と思う人も多いことだろう。そんな人には、筆者が配布しているピンイン置換マクロがお勧めだ（付録 CD-ROM に収録済み）。このマクロは Erik Peterson 氏作のローマ字＋数字を声調符号付きピンインに変換する、つまり「ni3hao3」を「nǐhǎo」に変換するマクロ[30]を改造して、さまざまな機能を追加したものだ。セットアップ方法と詳細な使い方については、CD-ROM に詳細な解説が収録してあるのでそちらを参照してほしい。

Word 2000 の場合、自動で振られたピンインルビを置換することもできる。マクロを使う手順をナビゲーターの G を例に説明しよう。

1. 置換したい範囲を選択する[31]
2. アイコンをクリックしてマクロを起動（図98）。
3. フォントとルビ操作を選択する。
4. [OK] をクリックする。

これでしばらく待つと、図100のように声調符号付きピンインに変換される。

このほか、ルビを新規文書に抜き出す機能や、漢字の下にルビを移動させる機能もあるので、教材・レポートの作

30)「線上中文工具」で配布されている。http://www.mandarintools.com/

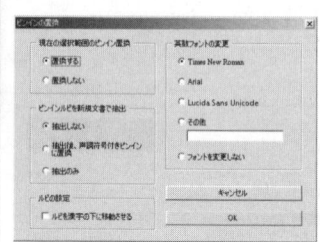

図98

図99

図100

31) ⇨p. 202「文字・行・段落を選択する」

成などにご活用いただければ幸いである。なお、ルビを漢字の下に移動させるのはメーカーサポート外の裏技であるため、思いがけない障害が発生する可能性がある。自己責任においてご利用いただきたい。

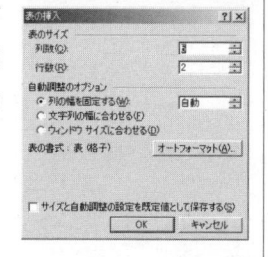

図101

■ 表を挿入する

■ Wordの場合

Wordでは半自動的に簡単に表を作ることができる。ナビゲーターEの表を例に手順を解説しよう。

1. 表を挿入したい位置にカーソルを移動させる。
2. [罫線]メニュー→[挿入]→[表]をクリックする。
3. 図101があらわれたら、「列数」と「行数」を設定する。▲ ▼ をクリックして、ここでは4列×4行に設定する。
4. [文字列の幅に合わせる]をチェック。これで、マスに入力した字句に合わせて、表の列の幅が自動で調整されるようになる。
5. [OK]を押す。
6. 表が挿入されたら、各マスをクリックしてデータを入力する。列の幅が自動で調整される（図102）。

次に、表の微調整だ。まず、表を右側に動かそう。

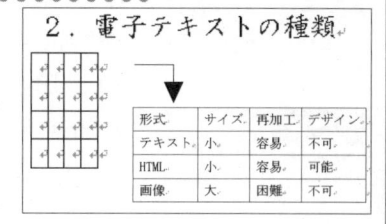

図102

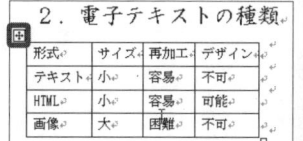

図103

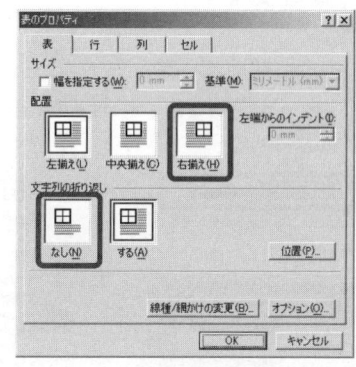

図104

図105

2．電子テキストの種類

形式	サイズ	再加工	デザイン
テキスト	小	容易	不可
HTML	小	容易	可能
画像	大	困難	不可

我हिो了严寒，回
到相隔二千余里，别
了二十余年的故乡去。
时候既然是深
冬；渐近故乡时，天
气又阴晦了，冷风吹进船舱中，呜呜的响，从蓬隙向外一望，

図106

毎天	měitiān	毎日
看	kàn	見る
電視	diànshì	テレビ
報	bào	新聞
都	dōu	みな、いずれも
有時候	yǒu shíhòu	時には
学	xué	勉強する

図107

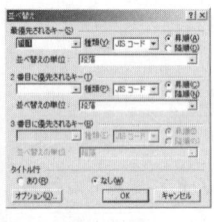

図108

報	bào	新聞
毎天	měitiān	毎日
電視	diànshì	テレビ
学	xué	勉強する
看	kàn	見る
都	dōu	みな、いずれも
有時候	yǒu shíhòu	時には

図109

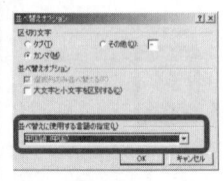

図110

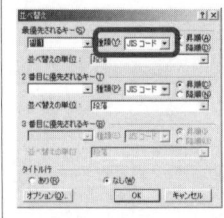

図111

1. 表の上にカーソルを合わせると、表の左肩に ⊞ が表示される（図103）。この ⊞ をダブルクリックする。
2. 図104の画面で、配置［右揃え］、文字列の折り返し［なし］をクリックし、［OK］を押す。

これで図105のように表が右による。ちなみに、文字列の折り返しを［する］に設定すると、文字が図106のように表の周囲に回り込む。また、表を文書の任意の位置に動かすには、⊞ にカーソルを合わせてドラッグする。

列や行の幅や高さを変えたい場合は、マウスを変更したい横線・縦線の上に合わせ、カーソルが ⇔ ⇕ に変化したところでドラッグする。

● 表の内容をピンイン順に並べ替える

図107のような中国語の語句の一覧を作ってみた。これを、並べ替えてみよう。［罫線］メニュー→［並べ替え］を選択すると、図108の画面が開く。このまま［OK］すると図109のように行の順序が入れ替わる。

このとき、次のような手順で、ピンイン順や画数順で並べ替えることができる。

1. 中国語の列の上あたりにマウスカーソルを合わせて形が ⊞ に変わったところでクリックし、列を選択する。
2. ［ツール］メニュー→［その他の校正ツール］→［言語の選択］で［中国語（中国）］を選択。
3. 前の手順で図108の画面を開く。
4. ［オプション］をクリック。
5. 図110の画面で［並べ替えに使用する言語の指定］を「中国語（中国）」に設定。［OK］を押す。
6. 図111の画面で、「種類」を「五十音順」に設定。［OK］

MS Officeと一太郎

234

をクリック。

これで図112のように、ピンイン順に行が並べ替えられる。

Wordの表にはさまざまな機能がある。もっと使いこなしたい人は、市販の解説書などを参照してもらいたい。

报	bào	新聞
电视	diànshì	テレビ
都	dōu	みな、いずれも
看	kàn	見る
每天	měitiān	毎日
学	xué	勉強する
有时候	yǒu shíhou	時には

図112

■ 一太郎の場合

一太郎で表を作成するには、「罫線機能」を使うか、「表枠」を使うかの二通りの方法がある。

罫線機能で表を書く場合は、メニューの［罫線］→［表作成］→［定型］が最も簡単だろう（図113）。［定型］を選択すると、定型表設定の画面が表示されるので、基本的な表デザインや行列数を設定して、［OK］をクリックすればよい。行位置の［通常］と［行間］との違いは図114を参照。

また、あらかじめタブ、カンマ、スペースで区切られた文字列を選択して、メニューの［罫線］→［文字列を罫線表に変換］を選択すれば、自動的に作表してくれる。

行列幅の変更方法はWordと同じ。各セルの表示方法は、セルを選択して［右クリック］→［セル情報設定］で表示される設定画面で設定すればよい。データのソートは、列を選択してメニューの［編集］→［補助］→［行のソート］を選択し、ソート方法を指定して［OK］をクリックすると実行される。

「表枠」は、メニューの［挿入］→［表枠］を選択して起動する。始めに画面の指示に従って行列を指定して基本的な表を作成する。続いて表に関する各種設定を行い、メニューの［ファイル］→［終了］を

図113 定型表の設定

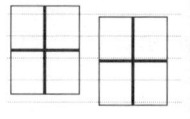

図114 左：通常　右：行間

図115 上：罫線機能で作成　下：表枠で作成

Word・一太郎を使いこなす

235

選択して表枠を終了すれば、一太郎上に挿入される。枠の扱いはレイアウト枠と同じ。

　一太郎の表作成機能を利用すれば、かなり凝った表も作成可能である。

●●

■ 箇条書きを使う

■ Wordの場合

ナビゲーターBのような、行頭に印の付いた箇条書きは、次のように作る。

1. ［ツール］メニューのツール→［オートコレクトのオプション］をクリックする。Word 2000 では［ツール］→［オートコレクト］。
2. ［入力オートフォーマット］タブをクリックし、「箇条書き（行頭文字）」がチェックされていることを確認したら、［OK］を押して画面を閉じる[32]
3. 箇条書きにしたい箇所の行頭に「・」を入力する。
4. 続けて文字を入力する。
5. 改行すると、次の行の頭にも自動で「・」が入り、文字との間隔が自動調整される（図116）。

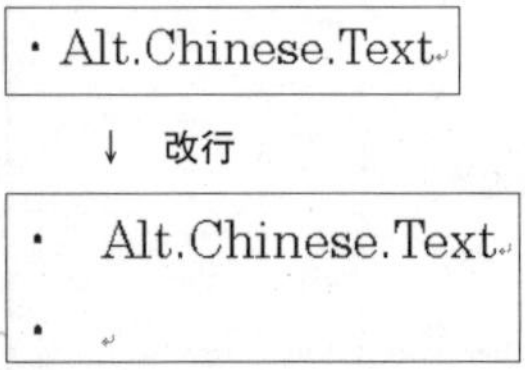

　行頭の記号は「●」「◇」などでもよい。また行頭の「1.」などの数字は、自動で番号付きリストに変換される。範囲を指定して、ツールバーの ≡≡ をクリックして設定する方法もある。箇条書きを消す場合は、「・」の後にカーソルを移動させて Back Space を押す。

　箇条書きの書式を詳細に設定したい場合は、箇条書きに設定されている箇所を選択して、［書式］メニュー→［箇条書きと段落番号を］クリックすると、設定画面があらわれる。

・Alt.Chinese.Text
　　↓ 改行
・Alt.Chinese.Text

図116

32) ⇨ p.188「Wordのお節介機能をOFFにする」

■ 一太郎の場合

　一太郎で箇条書き機能を使うには、あらかじめ幾つかの作業を行っておく必要がある。

　始めに箇条書きにしたい段落を選択し、メニューの［書式］→［文字・段落スタイル］を選択する。設定画面の［追加・削除］をクリックして［新規］を選択する。行頭に印を付けるには、［段落記号］のタブに切り替えて、［設定する］にチェックを入れる。次に［記号の種類］（和文・欧文・画像の3種類）を選択し、［文字サイズ］等の細かい設定を行ったら、最後に［段落スタイル名］（「赤ボタン」と名付けた）を変更して、［OK］をクリックし、前画面に戻ったら再び［OK］をクリックする。次からは、この箇条書きスタイルにしたい段落にカーソルを移動し、ツールバーの［文字・段落スタイルの切り替え］から［赤ボタン］を選択すればよい。

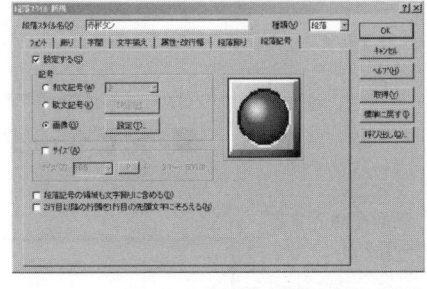

図117 段落スタイルの設定

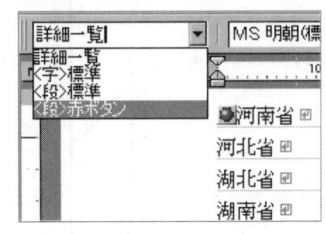

図118 文字・段落スタイルを「赤ボタン」に切り替え

　箇条書きの行頭には、画像以外に「●」「◇」なども指定できる。

　箇条書きを元に戻すには、ツールバーの［文字・段落スタイルの切り替え］から［〈段〉標準］を選択すればよい。

　一太郎では、設定次第で行頭の数値を連番化することも可能だが、それよりもむしろ連番機能を利用した方がよい。

　［文字・段落スタイル］は、箇条書き以外にも様々なタイプの文字・段落スタイルを設定できる。色々試してみて、クールなスタイルを作り出してみよう。

レポート・論文を効率的に書く

千田大介　Daisuke Chida　山田崇仁　Takahito Yamada

■ ナビゲーター

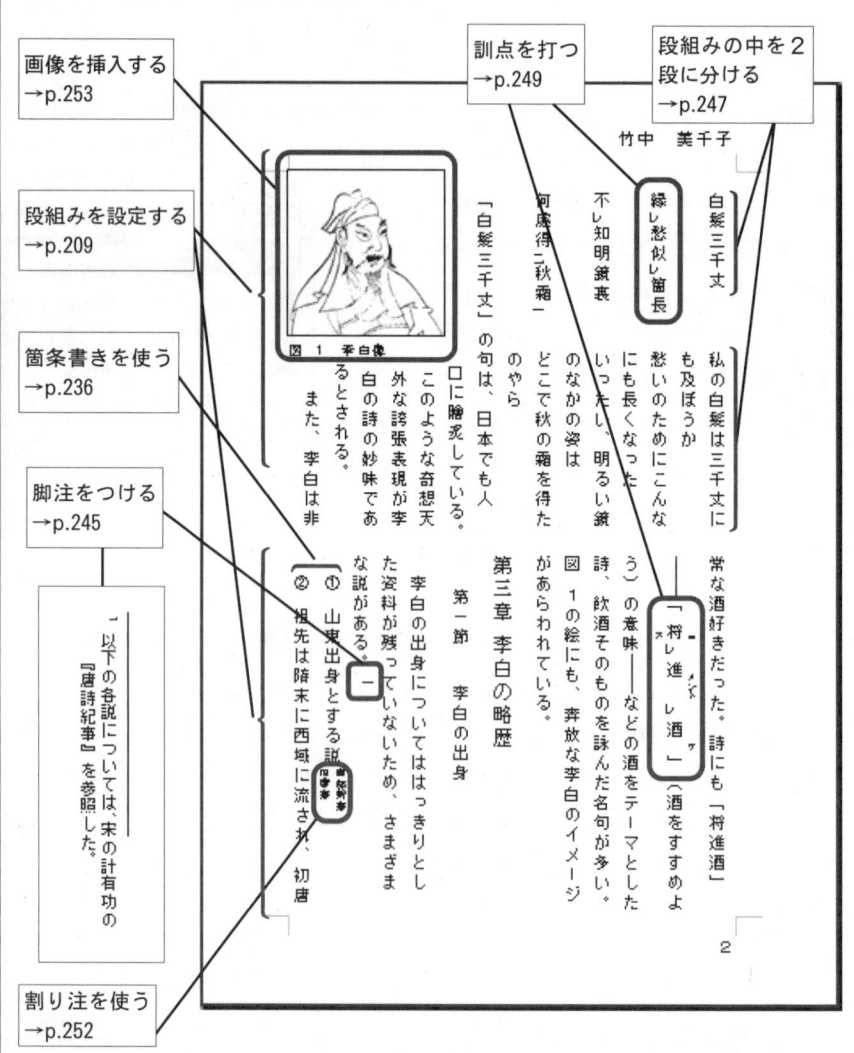

- 画像を挿入する →p.253
- 段組みの中を2段に分ける →p.247
- 訓点を打つ →p.249
- 段組みを設定する →p.209
- 箇条書きを使う →p.236
- 脚注をつける →p.245
- 割り注を使う →p.252

竹中　美千子

白髪三千丈

私の白髪は三千丈にも及ぼうか　愁いのためにこんなにも長くなった　いったい、明るい鏡のなかの姿はどこで秋の霜を得たのやら

「白髪三千丈」の句は、日本でも人口に膾炙している。このような奇想天外な誇張表現が李白の詩の妙味であるとされる。
また、李白は非

図1　李白像

縁愁似箇長
不知明鏡裏

阿誰得秋霜

う）の意味にも、「将進酒」（酒をすすめよう）などの酒をテーマとした詩、飲酒そのものを詠んだ名句が多い。図1の絵にも、奔放な李白のイメージがあらわれている。

常に酒好きだった。詩にも「将進酒」

第三章　李白の略歴

第一節　李白の出身

李白の出身についてははっきりとした資料が残っていないため、さまざまな説がある[注1]。

① 山東出身とする説[宋祁新書]
② 祖先は隋末に西域に流され、初唐

一　以下の各説については、宋の計有功の『唐詩紀事』を参照した。

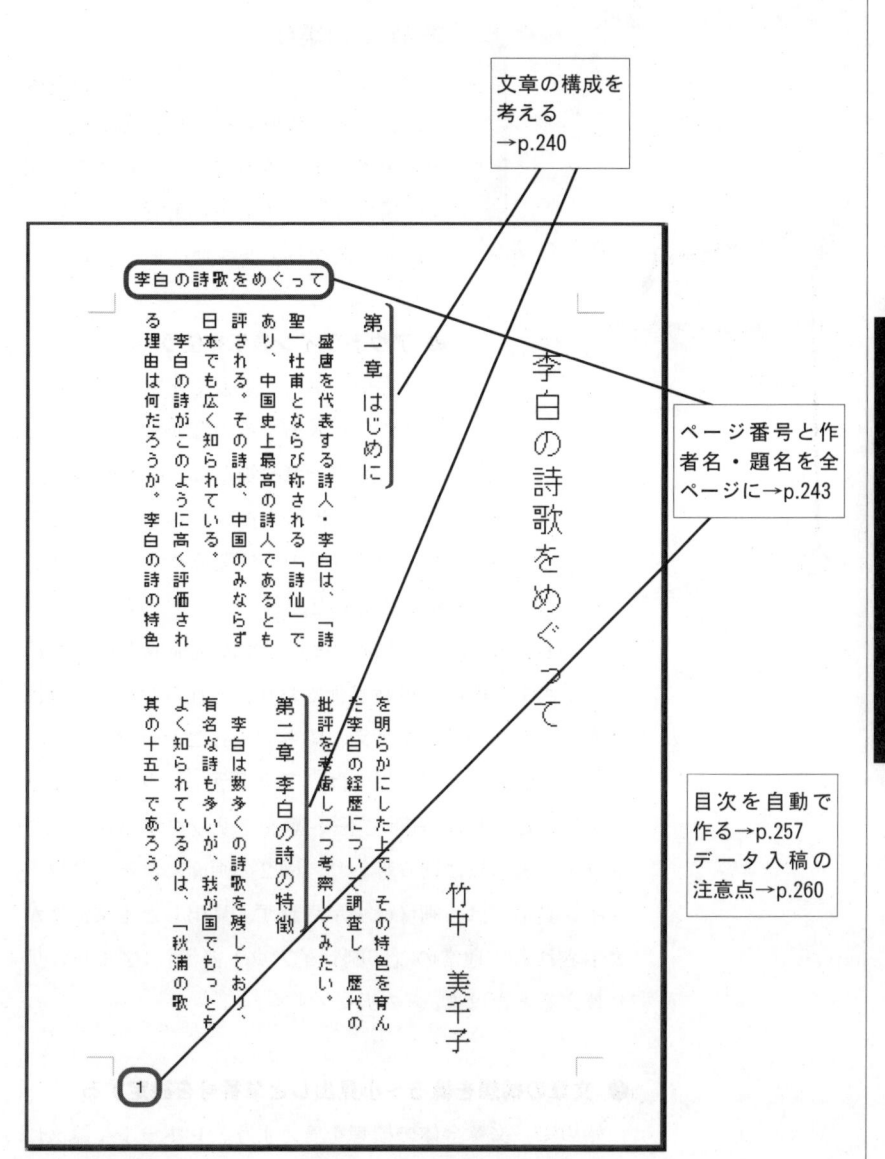

文章の構成を考える
→p.240

ページ番号と作者名・題名を全ページに→p.243

目次を自動で作る→p.257
データ入稿の注意点→p.260

Word・一太郎を使いこなす

李白の詩歌をめぐって

竹中　美千子

第一章　はじめに

　盛唐を代表する詩人・李白は、「詩聖」杜甫とならび称される「詩仙」であり、中国史上最高の詩人であるとも評される。その詩は、中国のみならず日本でも広く知られている。李白の詩がこのように高く評価される理由は何だろうか。李白の詩の特色を明らかにした上で、その特色を育んだ李白の経歴について、調査し、歴代の批評を考慮しつつ考察してみたい。

第二章　李白の詩の特徴

　李白は数多くの詩歌を残しており、有名な詩も多いが、我が国でもっともよく知られているのは、「秋浦の歌 其の十五」であろう。

①

239

■ 文章の構成を考える

図1 印刷レイアウト表示

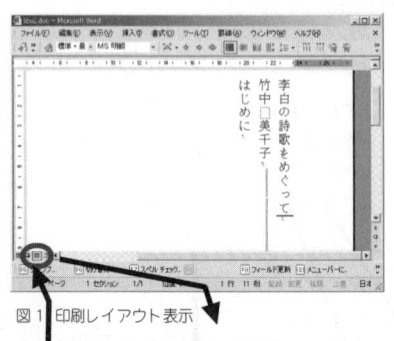

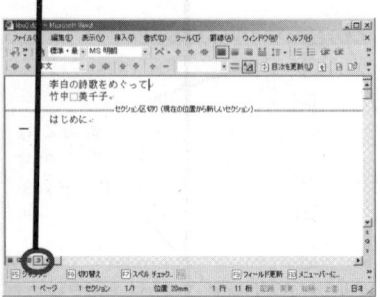

図2 アウトライン表示

1) ⇒ p.209「段組を設定する」

■ Word の場合

論文やレポートなど長い文章を書く場合は、まず全体のレイアウトを設定し、その上でまず文章の構成から考える。例文の場合は、タイトルと著者名を除いて2段組みになるように設定している[1]。

● アウトライン表示を使う

論文やレポートを書くとき、章の通し番号を一々入力するのは非常に手間がかかる。途中で章や節を挿入したり合併したりすると番号を振り直さなくてはならないし、番号のつけ間違えなどのミスも発生しがちだ。

しかし、Wordには文章の章立てや段落構成を組むためのさまざまな機能が搭載されており、それらを利用すれば効率的に文章の構成を考え、組み立てることができる。

文章の構成を考える場合は［アウトライン表示］を使うのが便利だ。Word画面左下の ▣ をクリックすると［アウトライン表示］に切り替わり、図2の画面になる。アウトライン表示では、画像は表示されず、見出しと本文だけが表示される。通常の［印刷レイアウト表示］（図1）に切り替えるときは ▣ をクリックする。

● 文章の構想を練る～小見出しと章番号を設定する

始めに、文章全体の構想を考えよう。レポートや論文は複数の章や節で構成されるが、アウトラインモードを使う

MS Office と一太郎

240

と、章や節の構成が一目瞭然に把握できる。

まず、章や節にどのように番号を振るのか、つまり「第一章」「第一節」「第一項」とするか、それとも「1」「1-1」「1-1-1」のようにするかを決める。

1. 文章のタイトル、著者名を1行ずつ入力する。
2. 次の行に初めの章のタイトルを入力する。ここでは、「はじめに」(図3)。
3. 入力したタイトルの行にカーソルを移動。
4. [書式]メニュー→[箇条書きと段落番号]をクリック。
5. [アウトライン]タブをクリック。
6. サンプルの中から、章番号体系を選択する。ここでは、「第一章、第一節、第一項」をクリックして選択する(図4)。
7. [OK]をクリックすると、選択した部分が「章」タイトルに設定される。
8. 改行すると次の行も「章」に設定されるので、第二章以下のタイトルを入力する。

「はじめに」に章番号を付けない場合は、「はじめに」の前にカーソルを移動して Back Space を押せばよい。

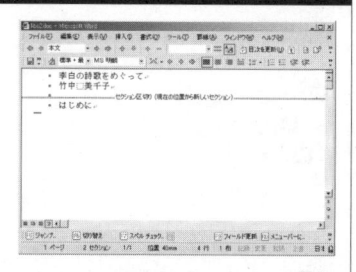

図3

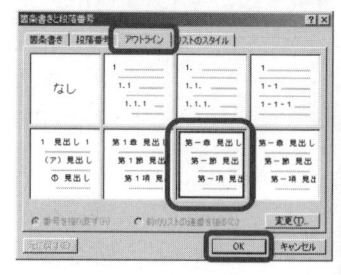

図4

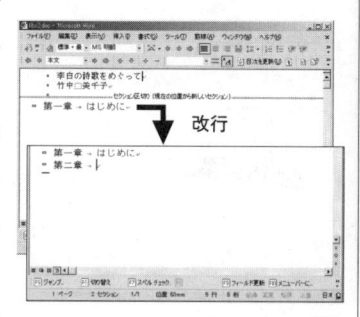

図5

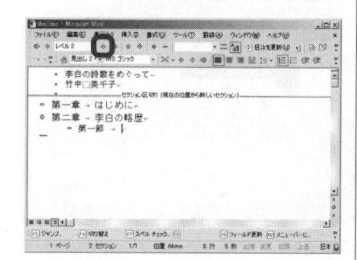

図6

● 節・項の入力と見出しレベルの変更

次に、第二章の下に「節」「項」レベルの小見出しを入力しよう。

1. 第二章の行末にカーソルを合わせて改行する。
2. 「第三章」に設定された、見出しの入力

Word・一太郎を使いこなす

241

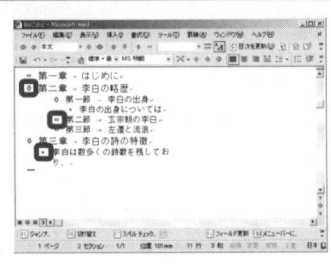

図7 □は本文、▭は見出し、✚は下位に見出しや本文などを持つ中身のある見出しをあらわす。

されていない行にカーソルが移動していることを確認し、ツールバーの ➡ ボタンをクリックする。

3. 見出しのレベルが一つ下がって「第一節」に設定されるので、見出し語を入力する。

見出し語を入力してから ➡ をクリックしてもよい。逆に「節」レベルの小見出しを「章」レベルに上げる場合には ⬅ をクリックする。また本文に設定する場合は ➡ をクリックする。図7のように行頭のマークが変わり、本文が入力できるようになる。

このとき、ツールバーの $\boxed{1}$ ～ $\boxed{7}$ をクリックすると、本文を表示せずにその数字のレベル以上の見出しだけを表示させて、文章の構成を考えることができる。

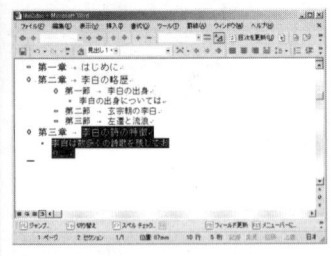

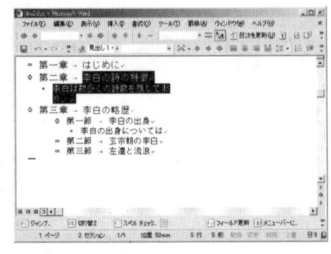

● 章を入れ替える

いざ文章を書き出してみると、当初の構想とちがってきて、章や節を入れ替えたり、段落の順番を変えたりしたくなることがしばしばだ。アウトライン機能では、見出しや段落の順序を簡単に入れ替えられる。

1. 動かしたい見出しや段落にカーソルを移動させる。複数の見出し・段落を動かしたいときは、範囲を選択する。図8では、第三章と第二章を入れ替える。

図8

2. ツールバーの ⬆ ⬇ を何度かクリックして、選択範囲を第二章の前に移動させる（図9）。

図9

Wordのアウトライン機能は今一つ安定性に欠ける。番号が狂ってしまったら、アウトラインモードで修正しよう。

■ 一太郎の場合

一太郎で Word と同等の機能を実現するには、[連番]と[ランク]との2機能を使う（図10）。

始めに、連番を付けたい部分にカーソルを移動して、メニューの[挿入]→[連番]を選択する。ダイアログボックスが表示されたら、書式から適当なものを選択して[OK]を押す。用意されている書式以外にも、独自のスタイルを作成することも可能。

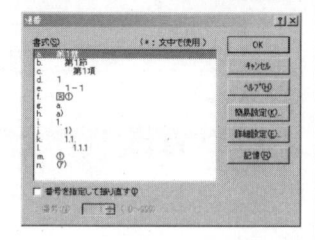

図10 連番のダイアログボックス

連番部分はまとめて一文字相当として扱われるので、削除や移動に関して特別な操作は必要ない。番号の再配置も自動的に行われるはずだ。

文中に「第〇章参照」と記入するには、連番参照を利用すればよい。メニューの[挿入]→[参照]→[連番]を選択し、ダイヤログボックスで目的の連番を選択して[OK]を押す。[参照]→[ページ]でページ参照をすることも可能だ。

[ランク]機能は、ドラフトモードでしか利用できないため、始めにメニューの[表示]→[ドラフト編集]を選択して切り替えておく。次に、メニューの[ツール]→[ランク]→[ランク設定／解除]を選択してダイヤログボックスを表示させ、ランクレベルを設定して[OK]を押し、ランクを設定する段落を指定してクリックすればよい[2]。

ランクツリーを表示したい場合には、メニューの[ツール]→[ランク]→[ランクツリーを有効にする]を選択する。表示を解除する場合も、同じ操作をすればよい。

2) もっと簡単な方法もある。ランク付けしたい段落にカーソルを移動し、|Ctrl|+|Insert|（ランク下げ）|Ctrl|+|Del|（ランク上げ）を押すだけで、ランクが設定される。その際、|Ctrl|を押しながら複数行をドラッグして選択し、上記の操作を行うことで、まとめてランク設定することも可能。

■ ページ番号と作者名・題名を全ページに

■ Word の場合

論文やレポートで全てのページの上余白に作者名やタイ

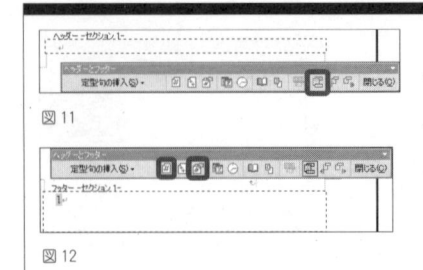

図11

図12

図13

トルが、下余白にページ番号が印刷されていると、読みやすいし見栄えもよい。それらを表示するには、ヘッダーとフッターという機能を使う。

1. ［表示］メニュー→［ヘッダーとフッター］をクリック。
2. 図11のツールバーがあらわれ、文書の上余白部分の欄外の文字枠、ヘッダーが表示される。このヘッダー枠に論文のタイトルを入力する。
3. ツールバーの🔲をクリックすると、文書の下余白の欄外文字枠、フッターに移動する（図12）。
4. ツールバーの🔲をクリックすると、ページ番号が挿入される。🔲で番号の書式を変更できる。
5. 文字寄せを使って番号の位置を整える。
6. ヘッダーとフッターツールバーの［閉じる］をクリックする。

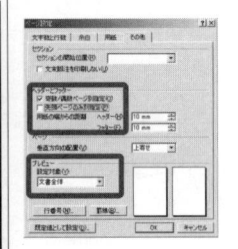

これでは見開きページの両側のヘッダーにタイトルが表示されてしまい格好がよくない。このような場合は、偶数ページ・奇数ページごとにヘッダ・フッタを設定する。

1. ［ファイル］メニュー→［ページ設定］を開き、［その他］タブをクリック。
2. ［ヘッダーとフッター］の［奇数・偶数ページ別指定］をチェックする。
3. ［プレビュー］［設定対象］を［文書全体］に設定して、［OK］を押す。
4. ［表示］メニュー→［ヘッダーとフッター］で文字を入力する。

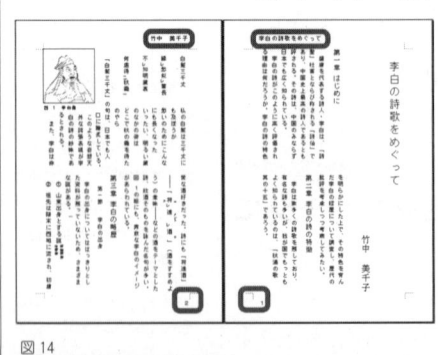

ページを移動する場合は🔲🔲をクリックする。設定が完了したら、

図14

MS Officeと一太郎

244

[閉じる]をクリック。

これで、図14のように表示される。奇数・偶数ページのほか、始めのページだけ設定を変えることもできる。

■ 一太郎の場合

一太郎でもヘッダ・フッタ機能は使用可能（図15）。それぞれのエリアに直接入力することもできるが、ヘッダ・フッタのダイアログボックスを使った方が便利だろう。

メニューの[ファイル]→[文書スタイル]→[ヘッダ・フッタ]を選択してダイアログボックスを表示させる。ヘッダ・フッタは、[標準]・[見出し連動タイプ]の2種類設定可能。[見出し連動タイプ]を選択すると、あらかじめ目次行を設定しておけば、目次項目をヘッダ・フッタとして利用できるので、章節項目などをヘッダ・フッタとして使いたい場合に重宝する。

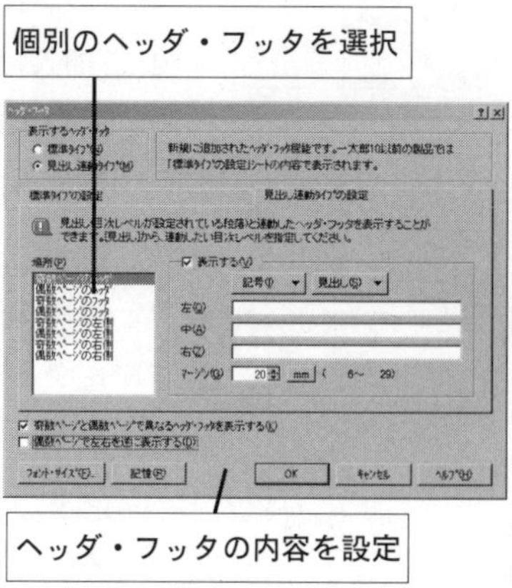

ヘッダ・フッタの内容は直接入力してもよいが、[記号]をクリックすると、ページ数やファイル名などの項目が選択できる。[見出し]には目次レベルが表示される。

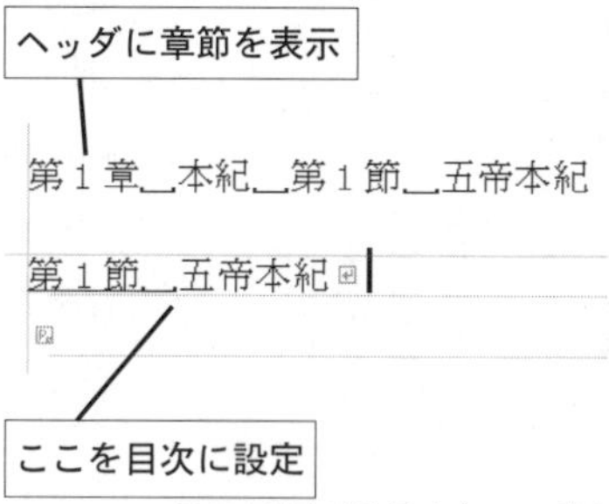

奇数・偶数ページに別々な内容を割り付けたければ、[奇数ページと偶数ページ…]にチェックをすればよい。

なお、ヘッダ・フッタの表示位置や割り振り方法は、別途文書スタイルのダイアログボックスで設定する。

図15 ヘッダ・フッタの設定

図16 見出し連動タイプのヘッダ例

■ 脚注をつける

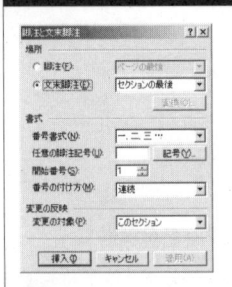

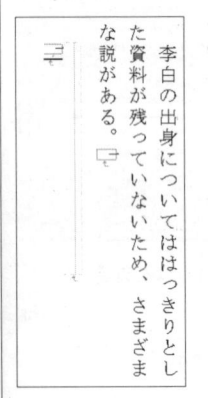

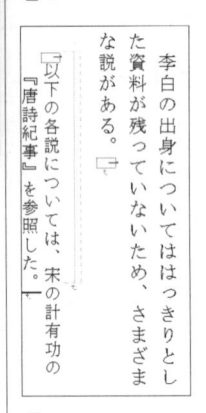

■ **Wordの場合**

レポートや論文には注釈が必要になる。しかし、注釈番号を一々手で入力したり、注釈が置かれた文末と現在の入力箇所を往復したりするのは手間がかかる。こんなときに便利なのが脚注機能だ。

1. ［挿入］メニュー→［参照］→［脚注］をクリック。「脚注と文末脚注」画面があらわれる（図17）。Word 2000の場合は、［挿入］→［脚注］。

2. ページごとに脚注を入れる場合は［脚注］を、文末や段落末に一括して注釈を並べる場合は［文末脚注］をチェックする。ここでは［文末脚注］を選択する。

3. 番号のスタイルを変更する。「番号書式」右の▼をクリックし「一、二、三…」をクリックして選択する。Word 2000の場合は、［オプション］をクリックして設定する。

4. ［挿入］をクリックする。Word 2000の場合は［OK］。

5. 脚注番号が挿入され、文末の脚注にジャンプするので、注釈を入力する（図18・19）。

6. 注釈の見出し番号をダブルクリックすると、本文にジャンプする。逆に、本文の脚注番号をクリックすると、注釈にジャンプする。

文末脚注では文章末尾にまとめて脚注が挿入されるが、脚注を選ぶとページごとに注釈が挿入される。

脚注を削除する場合には、本文中に挿入された脚注番号を削除する。これで、注釈も自動で削除される。

■ **一太郎の場合**

1. メニューの［挿入］→［脚注／割注／注釈］を選択。

2. ダイヤログボックス左側の機能枠から［脚注］を押して、脚注設定画面に切り替える。

3. [脚注文書]下のフォームボックスに脚注を入力。
4. 脚注番号の数値は、[数字種類]を押すと表示されるリストから選択して変更可能。
5. [挿入]を押すと、脚注番号が挿入される。

脚注と脚注番号間の移動は、双方の脚注番号上で右クリックして、[脚注文章へジャンプ][本文へジャンプ]を選択すればよい[3]。

[脚注オプション]では、脚注の文書スタイルや脚注番号の表記方法等を設定できるが、そのうち[行間に表示する]をチェックすると行間に脚注番号が移動する。また、[縦組みのとき縦中横で表示する]をチェックすると、縦書きレイアウトでも、脚注番号だけは横書きで表示される。縦書きで印刷する場合には特に重宝するだろう。ちなみにこの機能はWordにはない。

ここをクリックして脚注設定に切り替え

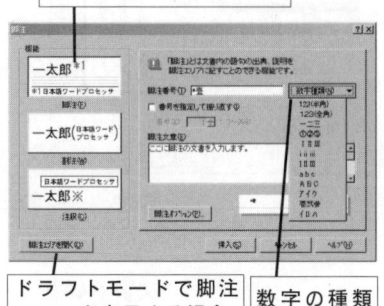

ドラフトモードで脚注エリアを表示する場合、ここをクリック
それ以外のモードでは使用できない

数字の種類を選択

図20

3) なお、一太郎で大量の文末脚注(大体20個以上)を作成すると、脚注文書の編集などのレスポンスが極端に低下する場合がある。

■ 段組の中を2段に分ける

■ Wordの場合

図21のように、段組みをしているその中を更に部分的に2段に分けたデザインをしたい場合がある。このような場合には段組みでは対応できないので、別の方法を使うことになる。

一太郎の場合は、表を使うことで簡単に擬似的に段組みを実現できるのだが、Wordの場合は表の扱い方が違うの

白髪三千丈 →	私の白髪は三千丈にも及ぼうか。
縁愁似箇長 →	愁いのためにこんなにも長くなった。
不知明鏡裏 →	いったい、明るい鏡のなかの姿は。
何處得秋霜 →	どこで秋の霜を得たのやら。

図21

247

図22

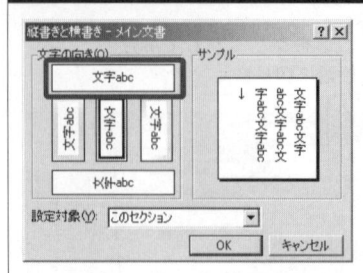

で、タブ・インデントを設定する。

● **縦書きのタブ・インデント設定**

　Wordでは縦書き時には、ルーラーにインデントやタブのマーカーが表示されない。このため、タブやインデントを細かく設定する場合は、一時的に横書きに切り替えて設定した方がやりやすい。

文書の縦書き・横書きを切り替えるには、

1. [書式]メニュー→[縦書きと横書き]をクリック。
2. 図22の画面が開いたら、[文字の向き]で一番上の横書き表示をクリック。

　これで横書きに変更されるので、前に解説した要領でタブ位置とインデント（この場合は[ぶら下げインデント]）を変更する。設定が完了したら、同じ手順で[文字の向き]で中央の縦書きをクリックして、縦書きにもどす。

　ただし、上の段の文字がタブ位置を超えてしまう場合は、手で調整する必要があるなど、使い勝手は今ひとつだ。詩歌などの1行あたりの文字数が限られた文体に限って使うのがいいだろう。

■ 一太郎の場合

　一太郎で段組の途中に更に段組を入れるには、表を利用する。

1. 表を挿入する場所にカーソルを移動。
2. メニューの[罫線]→[表作成]→[定型]を選択。
3. 行数・列数を設定する。白文だけならば[行列それぞれ1]を、白文・

図23 線種の変更

訓読を上下に配置するには、[行1列2（縦書）]、[行2列1（横書）] と設定。
4. [パターン]は[Q]、[色]は[白]以外を選択。
5. [OK]を押すと表が挿入される。
6. 表の各部分に文字列を入力する。
7. 文字列の長さに応じて、表の幅や高さは自動的に変更されるが、自分で再設定するには、罫線上にマウスカーソルを合わせて╪が表示されたら、変更する方向にドラッグすればよい。
8. 罫線を透明に変更する。メニューの[罫線]→[線種変更]を選択後、ダイヤログボックスで[パターン]に[透明]を選択する。
9. 透明にする罫線をマウスでドラッグしてなぞるように選択すれば、透明罫線に変更される。
10. 最後に、メニューの[罫線]→[罫線モードの終了]を選択して、編集モードに復帰する。

■ 訓点を打つ

■ Wordの場合

　パソコンで漢文の返り点やフリガナを付けるのは少々厄介だ。返り点はUnicodeに定義されているのだが、レ点がないなど数が絶対的に足りないし、対応したフォントも数少ない。また、再読文字で漢字の左右に振り仮名、送り仮名を付けるのも一苦労だ。

● 返り点の打ち方

　返り点は、漢字やカタカナを下付きに設定して表現する。
1. 白文を入力する（図24）。

縁愁似箇長　図24
縁レ愁似箇長　図25

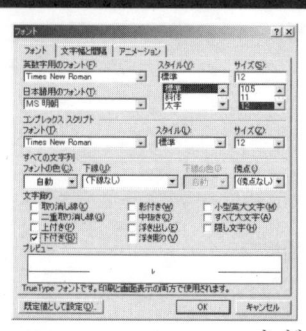

2. 返り点を打つところにカーソルを移動させ、返り点の文字を入力。ここでは「レ」。
3. 入力した文字を選択する（図25）。
4. ［書式］メニュー→［フォント］をクリック（図26）。
5. ［下付き］をチェックして、［OK］をクリック（図27）。

図26

図27

縁レ　愁似簡長

ただしこの方法では、竪点と二点を左右に並べることができないので、上下にずれてしまう。なお、竪点には半角の「-」を使う。

● 送り仮名のテクニック

漢文の送り仮名は、漢字の右下に付くのが好ましい。これは、振り仮名と合わせて、ルビ機能を使って振ることができる。

1. 振り仮名・送り仮名を振る漢字を選択。返り点は選択しないこと。
2. ［書式］メニュー→［拡張書式］→［ルビ］をクリック。
3. 自動入力されたルビを修正・削除して、振り仮名をひらがな、送り仮名をカタカナで入力。
4. 「配置」で「左揃え」を選択。
5. 下のプレビュー画面を見ながら、送り仮名が漢字の右になるよう、空白を挿入して調整。
6. ［OK］をクリックする。

Word ではルビ機能を使った場合、行間隔が自動で調整されてしまう。行間隔が不揃いにならないよう、訓点を振る場合は行間隔を広めに設定しておいた方がよい。

● 訓点マクロで左右送り仮名

一文字一文字訓点を付けるのはかなり面倒であるし、再

読文字の送り仮名を左右にふることもできない。しかし、筆者が作成したマクロ（付録 CD-ROM にも収録済み）を使うと、再読文字の左右に送り仮名を振ることができるし、返り点も簡単に設定できる（図28）。

　ただし、この訓点マクロは裏技を使って左右振り仮名を実現しているので、いかなる不具合が生じたとしても筆者は責任を負わない。自己責任でお使いいただきたい。紙幅の都合上、マクロの詳細とセットアップ方法については、付録 CD-ROM に収録された解説ドキュメントを参照していただきたい。

図28

■ 一太郎の場合

　一太郎での返り点の打ち方は、返り点用の文字を入力してその文字を選択後、メニューの［書式］→［文字サイズ］→［下付 1/4 倍］を実行すればよい。ただし、「一レ」点が離れてしまうので、両者を選択して右クリック→［フォント飾り］を選択→ダイヤログボックスの［字間］タブを選択→［字間］にチェックを入れ、数値を［-70%］程度に設定して［OK］を押して繋げよう。返り点の位置調整は、文字を選択して右クリック→［フォント飾り］→［字間］タブ→［ベース位置からのシフト量］にチェックを入れ、数値を調整（-30～40%程度）すればよい。

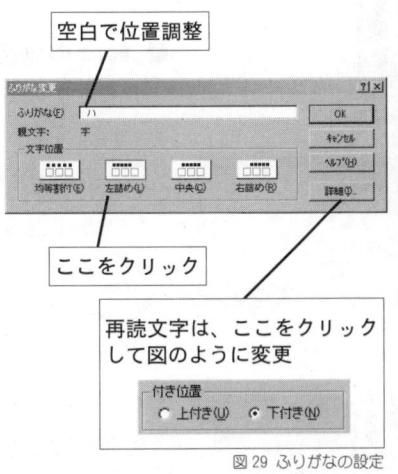

　送り仮名は「ふりがな」を利用する。文字列を選択後、メニューの［書式］→［ふりがな］→［設定］を実行し、文字位置を［左詰め］にして、［ふりがな］に送り仮名を入力した後に［OK］を押す。文字位置調整は、送り仮名の前に全角空白を入れて行う。

図29 ふりがなの設定

図30 返り点作成例

Word・一太郎を使いこなす

251

再読仮名も振り仮名を利用する。ダイヤログボックスの[詳細]をクリックし、[付き位置]を[下付き]に変更すればよい。ただし、送り仮名と再読仮名を同時に付けられないので、すでに入力してある返り点を選択して、そこに[ふりがな]をするとよい。[文字]位置を[右詰め]にし、振り仮名の後に1文字程度全角空白を挿入して文字位置を調整することがポイント。

一度作成した返り点は、アルバム機能[4]を使って登録すると再利用できて便利である。

4）アルバム機能の使い方は一太郎のヘルプファイル（[ヘルプ]メニュー→[一太郎の使い方]）を参照のこと。

図 31

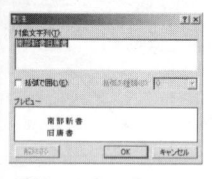

図 32

図 33

■ 割注を使う

■ Wordの場合

中国古典文献では、一般的に注釈は割注として挿入される。Word 2000/2002（XP）はこの割注に対応している。

割注の設定手順は、

1. 割注に設定したい文字を入力し、選択する（図31）。
2. [書式]メニュー→[拡張書式]→[割注]をクリック。
3. 図32の画面が開いたら、[OK]をクリック（図33）。

[括弧で囲む]をチェックすると、割り注の両端に括弧が付く。括弧の種類も選択できる。また、割注部分は、普通の文字と同じようにカーソルを移動させて編集することができる。

■ 一太郎の場合

一太郎11から割注が使えるようになった。

1. メニューの[挿入]→[脚注／割注／注釈]を選択。
2. ダイヤログボックス左側の機能枠から[割注]を押して、割注設定画面に切り替える（図34）。

3. ［割注文書］のフォームボックスに割注を入力する。
［括弧］で割注両端の括弧を、［文字位置］で割注内の文字位置を選択できる。
4. ［挿入］を押すと、割注が挿入される。

割注をクリックすると、割注部分が選択されるので、割注文字のフォントや大きさを変更したり、Delete で削除したりできる。割注の文章を変更したければ、割注部分をダブルクリックして再編集状態にすればよい。

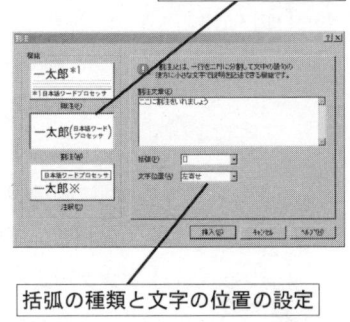

ここをクリックして割注に切り替え

括弧の種類と文字の位置の設定

図 34 割注の設定

■ 画像を挿入する

■ Wordの場合

Wordでは、スキャナやデジタルカメラなどで作成した画像ファイルを、簡単に文章中に取り込むことができる。

画像を文章中に取り込む前に、まず、目的の画像を画像ファイルとして保存しておこう。WordはJPEG、GIF、PNG、TIFF、BMPなどの主要画像形式に対応しているので、それらの形式で保存する。インターネット上の画像を読み込む場合は、画像にカーソルを合わせて、右クリック→［名前をつけて画像を保存］を選び、名前をつけて任意の場所に保存する。このとき、画像ファイルをWordの文書ファイルを保存するのと同じフォルダに保存もしくはコピーしておこう。

文中に画像を挿入するには、
1. 画像を挿入したいところにカーソルを移動させる。
2. ［挿入］メニュー→［図］→［ファイルから］をクリック。

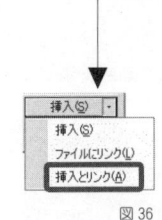

図 35

図 36

253

5) ⇨ p.211「図形を使う」

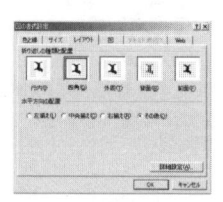

図37

図38　ドラッグ

3. 図35「図の挿入」が開いたら、挿入したい画像ファイルを保存したフォルダに移動し、目的の画像ファイルをクリックして選択する。
4. 画面右下の[挿入]ボタン右の[▼]をクリックして、[挿入とリンク]をクリック。

このとき、単なる[挿入]を選択すると、Wordファイル内に画像のコピーが埋め込まれるのだが、画像をサイズに合わせて圧縮してしまうため画質が落ちることがある。リンク形式を使った方が、後から画像の修正もできて便利だ。

画像を挿入したら、画像の配置とサイズを調整する。やりかたは、前に解説した図形の場合と同じだ[5]。

1. 画像をダブルクリックする。
2. [図の書式設定]が開いたら、[レイアウト]タブをクリック（図37）。
3. [折り返しの種類と配置]で［四角］の上のボックスをクリック。
4. 画像の周囲を線で囲む場合は、[色と線]タブで線の色を設定する。
5. [OK]を押す。
6. 画像の周囲の「○」をドラッグして、サイズを調整する（図38）。
7. 画像の上にマウスカーソルを合わせて、ポインタが変化したら、ドラッグして移動する。

● 図表番号とキャプション

Wordでは、画像や図表にキャプションをつけ、自動で番号を振ることができる。後から画像を挿入しても、自動で番号を振り直してくれるので便利だ。

1. 番号・キャプションを付けたい画像や表をクリックする。

2. ［挿入］メニュー→［参照］→［図表番号］をクリック（図39）。

3. ［ラベル名］を選択する。「図」「表」「数式」が標準で用意されているが、［ラベル名］ボタンをクリックして自由に設定することもできる。

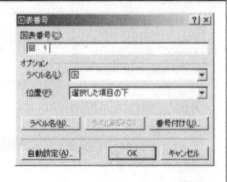

図39

4. ラベルを挿入する位置を選択する。ここでは、［選択した項目の下］。

5. 番号の付け方を変更する場合は［番号付け］をクリック。数字の種類、数字の前に章番号を含めるか、といった設定が可能。

6. ［OK］をクリックすると、画像の下に図表番号を含むテキストボックスが挿入される（図40）。

図40

7. テキストボックスの中をクリックしてキャプションを入力する。

8. テキストボックスの罫線をダブルクリックして、［テキストボックスの書式設定］を開き、テキストボックスを調整する。ここでは、色と線タブで［色］を［塗りつぶしなし］に、［線］の［色］を［線なし］に設定し、［テキスト ボックスタブ］で、ボックスと文字との間隔を調整して、［OK］を押す（図41）。

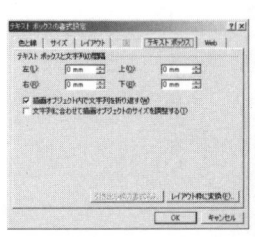

図41

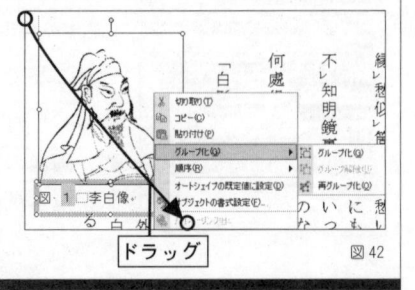

9. テキストボックスのサイズを「○」をドラッグして調整する。

10. 画像とテキストボックスが常に上下に表示されるよう設定する。［表示］メニュー→［ツールバー］→［図形描画］をチェックする。

11. Wordのウインドウ下に表示される図形描画ツールバーの アイコンをクリック。

図42

Word・一太郎を使いこなす

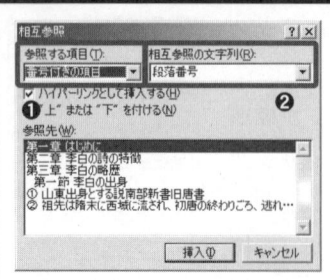

図43

図44

詩、飲酒そのものを詠んだ名句が多い。図1の絵にも、奔放な李白のイメージがあらわれている。

図45

12. 画像の上外側から、画像とキャプションの対角線に沿ってキャプションの外までドラッグし、マウスボタンを離すと、画像とキャプションが選択される（図42）。

13. 画像にマウスカーソルをあわせて、右クリック→[グループ化]→[グループ化]をクリック（図42）。

次に、本文中の「図1」の絵にも参照番号を埋め込んでみよう。

1. 番号を挿入したい位置にカーソルを移動させる。
2. [挿入]メニュー→[参照]→[相互参照]をクリック。
3. 図43 ❶で、[参照する項目]を選択する。ここでは、「図」を選ぶ。
4. ❷ [相互参照文字列]で、本文に埋め込む番号の書式を設定する。図表番号全体を選ぶと「図1　李白像」のように番号とキャプションが埋め込まれる。ここでは、番号とラベルのみを選択する。
5. [挿入]をクリック。

図表番号が更新されると、参照番号も自動更新される。

図表番号で[自動設定]を設定しておくと、画像や表などを挿入した際に自動で図表番号が入るようになる。その場合は、[ツール]メニュー→[オプション]、[編集と日本語入力]タブの「図を挿入／貼り付ける形式」を「四角」などに設定しておくと、レイアウト調整の手間がかからない（図45）。

ところで、たまに画像の順序と番号がずれることがある。Wordの画像はそれぞれの段落に属しているため、画像の所属する段落と実際の画像の位置が離れている場合に問題が発生するのだ。このような場合は、標準ツールバーの ¶ をクリックして編集記号を表示

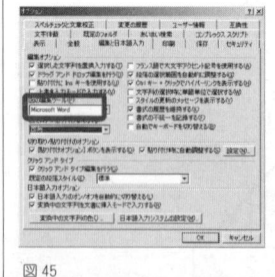

させ、画像をドラッグしてアンカーマークの位置を調整する。

■ 一太郎の場合

一太郎は、画像を［画像枠］単位で扱う。画像を挿入するには、メニューの［挿入］→［絵］→［画像枠作成］を選択し、ダイヤログボックスから読み込ませる画像を選択して［OK］を押せばよい。［切り抜きパターン］を利用すれば、ハート形や角丸四角形等に自動的に切り取られて挿入される。

リンク形式で画像を扱うには、メニューの［挿入］→［オブジェクト枠］→［作成］を選択し、［ファイルから］のタブに切り替え、［参照］を押して画像ファイルを指定し、［リンク貼り付け］にチェックを入れて［OK］を押せばよい。元画像を修正すると、一太郎文書中の画像も自動修正される。

画像は原則として等倍（行幅を越えるサイズは、行幅に収まるサイズまで自動縮小）で挿入されるので、適宜サイズや位置を調整する必要がある。まず、画像をクリックし、外枠上に表示された■にマウスカーソルを合わせる。後は■をドラッグしてサイズを調整すればよい。

なお、画像と文字の関係調整の設定方法は、レイアウト枠と同じなので、そちらを参照のこと[6]。

また、一太郎には Word のような図版キャプション機能は付いていないので、別途連番や連番参照機能を利用して図表番号をつける必要がある。

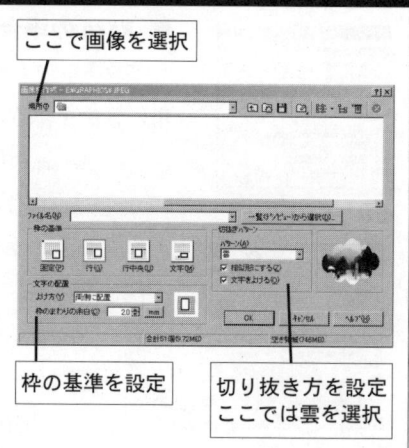

図 46 画像枠の作成

6) ⇨ p. 216「テキストボックスを使う」

■ 目次を自動で作る

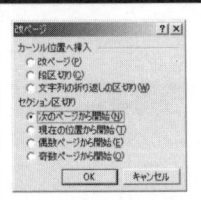

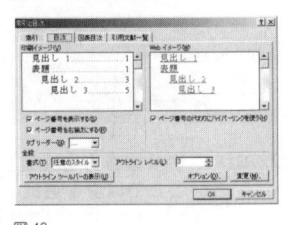

■ Wordの場合

　アウトラインモードを使って章番号を付けておけば、簡単に目次を作ることができる。

1. 目次用のページを作る。文頭にカーソルを移動させ、[挿入]メニュー→[改ページ]をクリック。
2. 本文の冒頭ページに移動し、[表示]メニュー→[ヘッダーとフッター]をクリック。
3. フッターに移動してページ番号を選択し、ヘッダーとフッターツールバーの 🗇 をクリック、[開始番号]を「1」に設定し、ツールバーの[閉じる]を押す。
4. 図47の画面の[セクション区切り]の[次のページから開始]をチェックし、[OK]を押す。
5. 文頭に新たなページが挿入されるので、カーソルを移動させる。
6. [挿入]メニュー→[参照]→[索引と目次]をクリック。
7. 目次タブをクリック（図48）。
8. 目次の詳細を設定する。左側の印刷イメージを参照しながら、[ページ番号を表示する][ページ番号を右揃えにする][タブリーダーの種類][書式]（目次のデザイン）などを選択する。
9. [アウトラインレベル]右の ▲ ▼ をクリックして、目次にどのレベルの見出しまで含めるかを決める。
10. [OK]をクリックすると、目次が挿入される。

　縦書きでは、図49のように半角英数のページ番号が寝てしまう。この問題を回避するには、フッターのページ番号の設定を漢数字にするしかない。

　本文を修正した後で目次を更新するには、目次の背景が灰色になった部分にマウスカーソルをあわせて、右クリック→[フィールド更新]をクリック、ページ番号のみの更

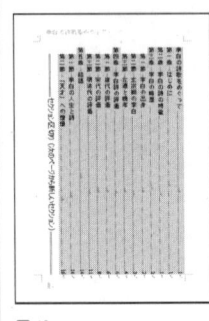

新か、各章のタイトルも更新するのかを選択し、[OK]をクリックする。

■ 一太郎の場合

一太郎での目次作成方法は以下の通り。

1. メニューの[ツール]→[目次／索引]→[目次設定／解除]を選択してダイヤログボックスを開く。
2. 目次レベルを指定して[OK]を押す。
3. 目次にする行をクリックする。
4. 目次行を全て設定したら、メニューの[ツール]→[目次／索引]→[目次作成]を選択してダイヤログボックスを開く。
5. 目次レベル毎に各種設定をして[OK]を押す。
6. 目次を作成する場所をクリックして設定する。

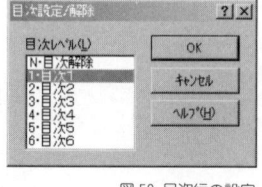

図50 目次行の設定

目次レベルは、1〜7まで設定可能なので、章はレベル1、節は2、項は3…とでもしておけばよいだろう。

あらかじめ、Ctrlを押しながらドラッグして複数行を指定しておくと、まとめて同レベルの目次行として設定できる。始めに目次行部分を[ランク]設定し、それを絞込表示させて一括選択して目次行に設定するのが簡単だろう。

目次行を解除するには、[ツール]→[目次／索引]→[目次設定／解除]を選択してダイヤログボックスを開き、[目次解除]を選択して[OK]を押す。

編集の都合で、目次行のページが目次作成時から移動した場合は、メニューの[ツール]→[目次／索引]→[目次更新]を選択すれば、自動的にページ数が更新されるはずだ。

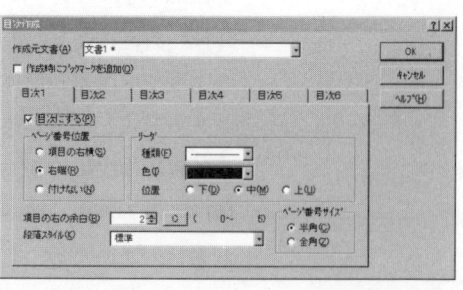

図51 目次各種設定

■ データ入稿の注意点

■ Word・一太郎共通

　印刷現場のコンピュータ化とともに、本や雑誌の原稿を電子データで入稿するのが一般的になってきた。「原稿はMS-DOSテキスト形式でください」と言われた経験のある人も多いことだろう。

　電子データ入稿の基本原則は、相手の環境に合わせることにある。例えば、Wordで作ったファイルは他のソフトでは基本的に読み込むことができないので、相手がWordを持っていなければやりとりできない。

　また、相手がUnicode未対応ソフトを使っている場合は、Unicodeデータによる入稿はできない。

　電子データ入稿でよく使われる「MS-DOSテキスト形式」というのは、文字情報だけを保存した形式で、書式や文字飾りなどの情報を盛り込むことができない。しかし、シンプルなだけにあらゆるソフトで扱うことができるし、電子データ入稿に使う場合は書式は印刷所が全て再設定するので、書式がなくても全く支障ない。だから、電子データ入稿によく使われる。

　ただ、ここで問題になるのが、JISコードにない漢字や中国語の扱いだ。日本で一般にテキスト形式と言うとShift JISコードのテキスト形式のことなので、Unicodeの文字や中国語の簡体字などは保存できない。Unicodeテキスト形式という方式もあるのだが、出版の現場で使われる出版物作成用のDTPソフトは現在Unicodeへの過渡期的情況であるため、相手がUnicodeに対応していないケースも多い。このため、JISコード以外の文字をどう処理するか、印刷所によってまちまちなので、一々問い合わせる必

要がある。

■ 電子データ入稿の実際

近頃の印刷所の多くは、Word や一太郎形式のファイルによる入稿に対応している。その場合は、Word ファイル（一太郎ファイル）で入稿すればよい。

テキスト形式を求められたら、Word・一太郎ファイルをテキスト形式で保存する。[7]

この場合、Shift JIS コードに含まれない文字は全て「?」に化けてしまうので、必ずプリントアウトした原稿を添付すること。それ以外の場合でも、プリントアウトはできるだけ添付するようにする。

中国語の文書の場合は、テキスト形式を使うことができない。個別に印刷所に相談してみるしかない。また、Chinese Writer や cWnn などの独自の中国語フォントを使った中国語処理ソフトを使った場合も、相手がそれらのソフトに対応しているか確認する必要がある。幸い、Chinese Converter という便利なソフトがあるので、それでファイルを変換すればほとんどの独自中国語フォント、GB・BIG5 コードに対応できる。[8]

また、今昔文字鏡[9]を使った場合はフォントの切換でさまざまな文字を表現しているため、テキスト形式で保存すると文字化けしてしまう。相手が文字鏡フォントを使った Word・一太郎ファイル入稿に対応していない場合は、プリントアウトを添付して入力しなおしてもらい、丹念に校正するしかない。

なお、電子データ入稿については『電脳国文学』[10]でも詳しく解説されているので、参照してほしい。

7）Word 2000 の場合は、[ファイル]メニュー→[名前をつけて保存]で、ファイルの種類を[テキストのみ]にして保存。

8）針谷壯一氏作。ダウンロードは、http://www5b.biglobe.ne.jp/~harigaya/から 付録CD-ROM にも収録してある。

9）⇒ p.262「今昔文字鏡で九万字」

10）好文出版 2000 年 10 月刊

Word・一太郎を使いこなす

今昔文字鏡で九万字

山田崇仁　Takahito Yamada

　今昔文字鏡は、エーアイ・ネット開発、紀伊國屋書店販売のソフトウェアである[1] この手の大規模文字集合としては老舗であり、またよく利用されてもいる。

　文字鏡は「文字鏡番号」で管理され、1-49964までは『大漢和辞典』のダッシュなし番号、その後は登録順に番号が割り振られる（ダッシュ付き・補巻収録文字等を含む）。

　Windows上でTrueType Fontを利用できるのが文字鏡の利点だが、実装は、大規模なフォント切り替え形式[2]で行っている。従ってテキスト処理には向かないが、印刷やWeb上でのデータ公開には何も問題ない。

●●●●●●●●●●●●●●●●●●●●●●●●●●●●●●●●●●●●●

■ Mojikyo Character Mapで文字鏡世界をさわる

　今昔文字鏡を使いこなすには、製品版の購入が望ましいが、検索機能を省略したMojikyo Character Mapを利用すれば、文字鏡の世界に足を踏み入れることができる。

　インストールは、「文字鏡Net」よりダウンロードしたファイル［MOCM311J.EXE］をダブルクリックして、解凍、解凍後生成された［MOCHRMAP.exe］をダブルクリックすると、ソフトが起動する。別途、文字鏡TrueType Fontも必須である[3]。

　まず、Mojikyo Character Mapを起動する（図1）。画面では左側に部首選択、右側に部首に属する文字一覧が表示される。まず、左側で部首を検索する。次に［文字一覧］から目的の文字を探す（文字は画数順に配列される）。見つ

1）今昔文字鏡関連の諸情報は、Webサイト文字鏡研究会の開設する「文字鏡Net」を参照のこと。
　製品情報を始め、TrueType Font、Mojikyo Character Map、製品版最新アップデータのダウンロードが行える。http://www.mojikyo.org/

2）フォント切り替え形式とは、同一コードポイント上の文字を、それぞれ「Mojikyo M101-M111」までのフォントファイルを切り替えて、「見た目だけ」文字を変化させる方法のことである。
　従って、コンピュータの内部情報としては「同じ字」として認識されるので、検索・置換や並び替え等には向かない。

3）必ずフォントファイルは別フォルダにまとめ、WindowsのFONTフォルダにはショートカットのみコピーする必要がある。

MS Officeと一太郎

かったら、その上にマウスカーソルを合わせ右クリック（図2）すると、コピー形式選択画面が表示されるので、必要な形式を選択してクリックする。後は入力したいアプリケーションに移動し、メニューから［編集］→［貼り付け］で文字が入力される。

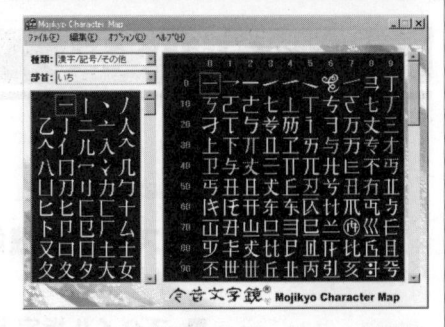

図1 Mojikyo Character Map の起動画面

■ Mojikyo Character Map のコピー形式

コピー形式は製品版と全く同じ[4]。

・リッチテキスト

文字鏡 TrueType フォントで出力。Word、一太郎などで利用可能。

図2 右クリックした所

・テキスト

JIS X 0208-1997 収録字のみ出力。大部分のエディタはこちら。

[4] 文字一覧のうち、黄色で表示されるのがJIS第一・第二水準収録字、水色で表示されるのが、Unicode 収録字である。

・フォント名＋テキスト

フォント名＋文字(Shift JIS)を出力。

・Unicode テキスト

CJK 統合漢字を出力。Unicode 対応ソフトで利用可能。

・ビットマップイメージ（24dot）

画像として出力。文字鏡環境がない場合で使う。

・Unicode タグ（10進／16進）

&#******; という形式で出力（＊は数字）。

・Internet URL （24dot／96dot）

文字鏡 Net のサーバー上の文字鏡画像にリンクする。HTML で利用。

ここでは、簡単に利用方法を解説しただけだが、詳しくは、Mojikyo Character Map のヘルプファイル、または文字鏡 Net の解説ページを参照のこと[5]。

[5] 製品版では文字鏡番号出力機能が裏技として利用可能。

更に高度な使いこなし

千田大介 Daisuke Chida

■ スタイル機能を使いこなす

■ スタイル指定という発想

　レジュメや論文、レポートを書くとき「章のタイトルはゴシック体で 18 ポイント」「節は明朝体太字で 14 ポイント」などと、一々手で指定している人が大半だと思われる。しかし、一々手で設定していては面倒だし設定ミスも免れられない。

　文書というのは、章タイトル・節タイトル・本文・引用部分などの幾つかのパーツに分類することができる。そして、フォントや字の大きさなどを変更するのは、たいていこのパーツ単位だ。それならば、章タイトルはこの書式、引用部分はこの書式のように一括設定すれば、一々書式を設定する手間が省けるだろう。

　このような設定を可能にするのが、スタイル機能だ。スタイル機能は、

- ・スタイルの名称と書式を設定する。
- ・段落・文字にスタイルを適用する。

この二つの段階からなる。

図1

■ Word の場合

　以下の要領で、段落にスタイルを適用することができる。
1. 書式を設定したい段落にカーソルをあわせる。
2. ツールバーのフォントの右にあるスタイルボックスで、[適用するスタイル] を選択する。

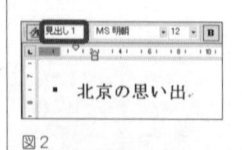

図2

スタイルに「見出し1～3」と「本文」しか表示されない場合は、スタイルボックスで[その他]を選択する。作業ウインドウに［スタイルと書式］が表示されるので、下の［表示］を［すべてのスタイル］に設定すれば、さまざまなスタイルが表示される。あとは適用するスタイルをクリックすればよい。Word 2000の場合は、スタイルボックスと[書式]メニュー→[スタイル]で設定する。

図3

　スタイルに登録された書式は、以下の手順で更新する（図4）。

1. 書式設定ツールバーの▲をクリックして、作業ウインドウ［スタイルと書式］を表示する。
2. 編集画面上で、その書式に設定された段落を一つ選択して、書式を変更する。
3. 作業ウインドウで、変更したいスタイルにマウスカーソルを合わせ、右にあらわれる ▼ をクリック、[選択箇所と一致するように更新する]をクリック。

図4

　Word 2000の場合は、編集画面上で直接書式を変更し、スタイルボックスでもう一度同じスタイルを選択する。すると、登録されている書式を更新するか、登録されている書式に戻すか訊ねられるので、更新を選ぶ。

■ 一太郎の場合

　一太郎もWordと同様に、ツールバーのスタイルボック

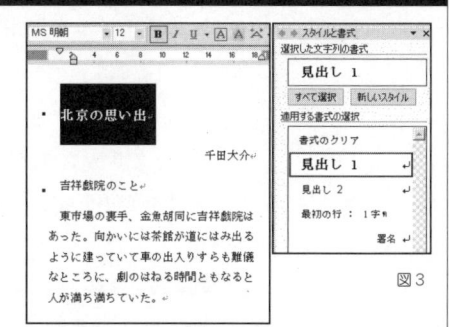

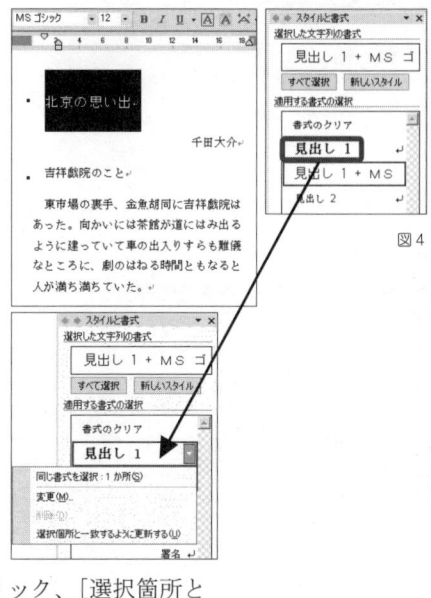

スでスタイルを適用する。登録されているスタイルの変更は、[書式]メニュー→[文字・段落スタイル]で、「一覧」から変更したい書式をクリックして選択し、[スタイル変更]をクリックする。書式の設定画面が開くので、必要な項目を変更して、[OK]を押す。

■ テンプレートを使いこなす

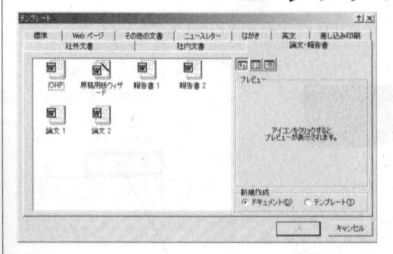

図5 Word

図6 一太郎

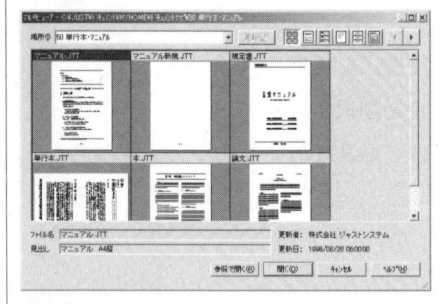

図7 一太郎

■ テンプレートとは

Wordや一太郎では、文書のさまざまなスタイル設定を保存して、他の文書を作るときのひな形として利用することができる。このひな形のことをテンプレート（一太郎では定型文書）という。

Wordや一太郎には、標準で多くのテンプレートが付属している。

Wordの場合は、

1. [ファイル]メニュー→[新規作成]をクリック。
2. [テンプレートから新規作成]下の[標準のテンプレート]をクリック。図5が開く。Word 2000の場合は、[新規作成]でこの画面が開く。
3. タブをクリックしてテンプレートを選ぶ。テンプレートをクリックするとプレビューが表示される。

4. ［OK］をクリック。

一太郎の場合は、

1. ［ナビ］メニュー→［よく使うテンプレート］→［開く］をクリック。
2. 図6の画面でカテゴリを選んで［OK］。論文テンプレートは［単行本・マニュアル］以下。
3. 図7が開いたら、適用するテンプレートをクリックして選び、［OK］。

以上の手順で使うことができる。

　テンプレートファイルはWordの場合は「dot」、一太郎の場合は「jtt」という拡張子になる。標準以外のテンプレートも、使い方は簡単だ。テンプレートファイルを任意のフォルダに保存して、ダブルクリックして開くと、そのテンプレートに基づいた新規文書が開く。あとは、スタイル機能を使いながら文書の内容を書き改め、ファイルに名前をつけて保存すればよい[1]。

1）一太郎の場合は「¥just¥ドキュメント¥MYHOME¥ドキュメントナビ」以下に保存しておくと、ナビメニューから開けるようになる。

■ テンプレートの応用～論文・雑誌の編集

　ワープロ・パソコンの普及に伴って、印刷した版下を入稿し、オフセット印刷で論文集や雑誌を編集する機会が増えた。版下入稿することで出版コストを大幅に削減することができるのであるから、貧乏な学会・研究会にとっては福音である。

　その一方で、編集担当者が集めたデータをすべて一からレイアウトしなくてはならないために特定の個人に作業が集中してしまう、あるいは厳密に書式を統一・共有できないためにレイアウトにばらつきが出てしまうなど、新たな問題も発生している。

　このような問題は、テンプレートを使いこなすことで、かなりの部分解決できる。

● テンプレート配布による書式の統一

あらかじめ作成しておいたテンプレートを配布して、それに基づいて原稿を書いてもらうと、原稿のデザインを統一することができる。

例えば、レポートや卒論・修論用のテンプレートを作って配布することにすれば、学生側にとっては書式を設定する手間が省けるし、教員側にとってもすべて同じ書式で提出されるので読みやすい。実は台湾では、かなり以前から学位論文用テンプレートをインターネット上で配布している大学がある。その背景に大学の情報処理授業の充実があることは、言うまでもない。

論文集や雑誌を編集する際にも、テンプレートを配布してそれに基づいて執筆してもらえば、編集やデザイン統一の手間が大幅に省ける。使用するフォントをMS明朝やSimSunなどのWindows標準フォントに限定しておけば、ファイル交換に伴う問題も発生しない。

本書の付録CD-ROMには、論文・雑誌用テンプレートが数種類収録されている。それぞれのテンプレートは、商用に転用しないかぎりは、自由に改変して配布して頂いてかまわないので、ご活用いただきたい。

編集する際には、Wordの[ファイル]メニュー→[開く]からファイルを開き、スタイルを更新して保存すればよい。

● 論文集・雑誌編集のテクニック

いかにテンプレートを共有したとしても、最終的にノンブルを統一する必要があるので、執筆者にWord・一太郎ファイルを提出してもらい編集作業をする必要が生ずる。その際には、一太郎は中国語フォントの使用に問題があるのでWordを使うことになる。

Wordには、複数の文書をグループ化して、ノンブルを

統一したり目次を生成したりすることができる、グループ文書という機能がある。その使い方は、

1. 共有テンプレートに従って新規文書を作る。
2. アウトライン表示モードに切り替える（図8）。
3. アウトラインツールバーの をクリックする。
4. 挿入したいファイルを開く。
5. ファイルがサブ文書として、新規文書のカーソルの部分に組み込まれる。
6. 新規文書に名前をつけて保存する。サブ文書とリンクしたグループ文書として保存される。

この作業を雑誌に収録する文書ファイルについてくりかえす。これですべての文書に通しでノンブルを振り、目次を自動で生成できるようになる。

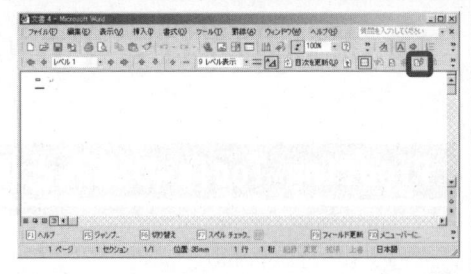

図8

図9

図10

以上のように、Wordをしっかりと使いこなせば、かんたんな書籍や雑誌などの編集は十分にこなすことができる。

近年はレーザープリンタの価格も低下し、手軽に高精度の版下が作れるようになった。印刷コストを大幅に節減することができることは、まだまだ紙媒体への社会的信頼性が高い現状においては大きな意味を持とう。

❖ MS Office Proofing Tools

Proofing Toolsの導入と使いこなし

千田大介　Daisuke Chida

■ Proofing Toolsとは?

　MS Officeは、世界各国で発売されている高度に多言語化されたソフトであるが、各言語版はその言語に特有の機能、例えば、ひらがなとカタカナの変換機能、簡体字と繁体字の変換機能、欧州諸語のハイフネーションツールなどを持っている。それらは、当該言語版のOfficeにしか組み込まれていないため、他の言語版では利用できない。

　MS Office Proofing Toolsとは、そのような各言語版の固有機能を集めて、各言語版のOfficeに追加できるようにしたソフトだ。対応する言語は約40、もちろん簡体字中国語・繁体字中国語、韓国語なども含まれている。多言語ユーザーには必須のソフトである。

　ただし、このProofing Toolsには英語版しか存在せず、しかも輸入ソフトとして販売されているため知名度が低い。また、秋葉原のラオックスなどの大規模店舗以外ではほとんど目にしないので、入手も少々面倒だ。最寄りのパソコンショップに問い合わせて入荷できない場合は、それらの店に問い合わせて通信販売するしかあるまい。

　Proofing Toolsには、Office XP向けのバージョン2002とOffice 2000向けのバージョン2000がある。以下、2002にしかない機能については、見出しの後ろに「★」を付す。

■ Proofing Tools のインストール

　Proofing Tools のインストールは、インターフェイスは英語で表示されるが、インストールは日本語版 Office と同じ手順だ。

　ディスクを挿入するとインストーラーが開く。必要事項とプロダクト ID 等を入力して[Next]をクリックしてゆくと、図1の画面が表示される。ここで[Install Now]を選択すると、[Office XP の言語設定］で使用する言語に設定されている各言語の、すべての追加機能がインストールされる。Proofing Tools 2000 の場合は、[Custom]を選んで組み込む言語を選択しよう。

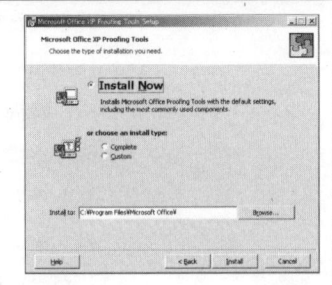

　このとき、簡体字中国語では、フォントが十数種追加されてしまうが、フォントの積み過ぎは Windows に負担をかけ、動作を不安定にすることがあるので、[Custom] を選択して必要な機能だけ組み込む方がよい。

図1

図2

　図2の画面で[Chinese (Simplified)] 左の ⊞ をクリックしてツリーを展開し、さらに [Fonts] 左の ⊞ をクリックする。[Chinese Extended Font]（6万5千字フォント）だけを残し、残りはクリックして、セットアップしない設定にしよう。

　設定が完了したら、[Install]をクリックする。

●●●

■ Proofing Tools の機能

■ 方正超大字符集の追加 ★

　Windows 2000 では「Chinese Extended Font」をインストールすると、Office XP の各ソフトで Unicode 3.1 で定

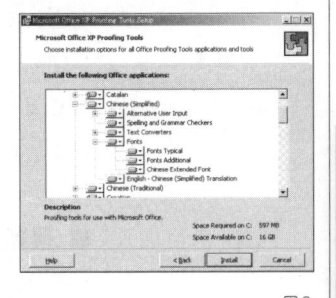

義された約6万5千字もの漢字を収録した中国語フォント「Simsun (Founder Extended)」が使えるようになる。何しろ、諸橋『大漢和』や『漢語大字典』を上回る数の漢字が使えるようになり、しかも国際規格ということで世界とやりとりもできるのであるから、中国学に携わる者には必須のフォントであると言えよう。

なお、使用に際しては、マイクロソフト中国サイトで配布されている、「Windows 2000 Surrogate Update」をダウンロードして組み込んでおくこと。[1] また、Internet Explorerで6万5千字の漢字を使えるようにする方法についても同ダウンロードページに解説がある。

1) http://www.microsoft.com/downloads/release.asp?ReleaseID=31114 からダウンロードできる。

■ 最新中国語 IME の組み込み ★

Proofing Tools 2002 には、簡体字中国語・繁体字中国語・韓国語・日本語の最新 IME が収録されている。それらのうち、簡体字中国語 IME 3.0 をインストールすると、中国語音声入力機能も追加され、また、Word で声調符号付きピンインのルビを自動でふれるようになる。

なお、これらの IME は、Proofing Tools がなくても Office XP のホームページから個別にダウンロードして組み込むことができる。[2] ただし、Office XP がインストールされていないパソコンには、組み込むことができない。

2) 簡体字中国語
http://office.microsoft.com/downloads/2002/imech.aspx
繁体字中国語
http://office.microsoft.com/downloads/2002/imech.aspx
韓国語
http://office.microsoft.com/downloads/2002/imeko.aspx
日本語
http://office.microsoft.com/downloads/2002/imejp.aspx

■ ワードブレイカー

欧州諸言語では、単語と単語の境目はスペースや符号によって特定できる。しかし、日本語・中国語・韓国語などでは、単語の分かれ目はセンテンスを解析しないとわからない。ワードブレイカーは、その自動単語区切り機能を追加するものだ。

この機能の効果がもっともあらわれるのが、中国語の自

動ルビ振りである。前に解説したように、Wordは自動で中国語のルビを振ることができるが、1文字ごとにルビを振ってしまう。しかし、Proofing Toolsを導入すると熟語が自動で認識されるため、複数の発音のある漢字に、より正確にルビをふれるようになる。

■ 簡体字と繁体字の変換

Proofing Toolsの中国語追加機能でもっとも重宝するのはこの機能だろう。Wordで編集中の文章の一部分あるいはすべてを選択して、その場で変換することができる。

このとき、変換する文字列の言語設定が、簡→繁変換の場合は「中国語（中国）」に、繁→簡変換の場合は「中国語（台湾）」に設定されている必要がある。言語設定は、[ツール]メニュー→[その他の校正ツール]→[言語の選択]で変更できる。

簡体字・繁体字変換の手順は、
1. 変換したい文字列を選択する（図3）。
2. [ツール]メニュー→[その他の校正ツール]→[中国語の翻訳]をクリック。
3. 図4の画面が開いたら、変換の種類とオプションを選択する。
4. [OK]をクリックする。

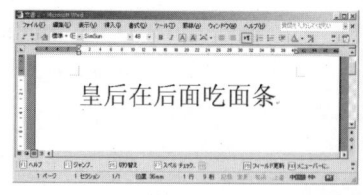

特筆すべきは、図5の例のように「后」と「后・後」、「面」と「面・麵」がきちんと区別されていることだ。単純な漢字の一対一変換ではなく、熟語辞書を利用した高度な変換能力を持っているのであり、市販のコンバータでもここまでのものは稀である。それがWordで文書を編集しながら手軽に利用できるメリットは大きい。

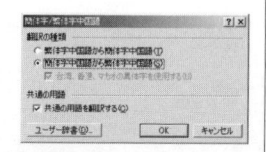

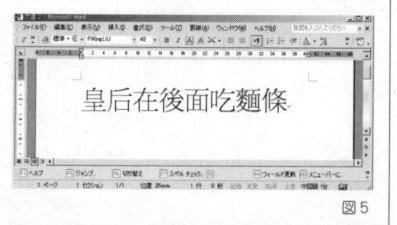

図3

図4

図5

■ 文書校正ツール

Proofing Tools では、中国語の文書校正ツールも組み込まれる。しかし、この校正ツールは単語・熟語の誤記程度しかチェックしてくれない。グラマーチェッカーとしての機能は不十分である。

■ 中国語の英訳

簡体字中国語と英語を相互に翻訳することができる。といっても、単語を単純に置き換えるだけで、文法解析はともなわない。従って、限定的な用途にしか使えないのだが、英語も中国語も SVO の語順なので、英→中翻訳は、それなりに読める文になるのが面白いところだ。

■ 追加フォント

先ほど、他の言語のフォントはできるだけ搭載しない方がよいと書いたが、さまざまなフォントできれいにレイアウトした中国語文書を作りたい場合、それらのフォントが必要となろう。

Proofing Tools には、簡体字中国語の GBK コード対応フォント、隷書 (SimLi)・丸ゴチ (YouYuan)、更に十数種もの書体の GB コードフォントが収録されている。国内で入手可能な GB コード対応フォント集としても最大級だ。なお、繁体字中国語には追加フォントがない。

■ その他の機能

日本に一太郎があるように、アジア各国にも、中国の WPS、韓国のアレアハングルなどの国産ワープロソフトがある。Proofing Tools には、それらのソフトのファイルに対応した文書コンバータも収録されている。

■ MS Office 多国語版

　なお、マイクロソフトからは、Officeの言語を丸ごと切り替えることができる多国語版が出ている。これも、Windows 2000 多国語版と同様に、ライセンス形式でのみ販売されている。

　インターフェイスやヘルプファイルまで切り替えることができるので、さまざまな母語のユーザーが共有するような場合に便利だ。しかし、実際の文書作成に関する機能は、Proofing Tools でほぼすべてが追加される。したがって、Proofing Tools さえ組み込めば、大抵のニーズには充分こたえることができると考える。

❖ Excel と PowerPoint のコツ

Excel 2002

山田崇仁　Takahito Yamada

■ Excel の基本画面

- **タイトルバー**：ファイル名が表示される
- **メニューバー**：機能を選択して実行する
- **ツールバー**：よく使う機能をボタン一つで実行
- **名前ボックス**：アクティブセル番地を表示
- 左クリックで、全てのセルを選択
- **行：横軸**　行番号は数字で表示　列ボタンを押して、当該列全部を選択
- **数式バー**：アクティブセルの内が表示される　ここでセル内容の変更も可能
- **列：縦軸**　列番号はアルファベットで表示　列ボタンを押して、当該列全部を選択
- **関数の挿入**：クリックして関数を選択　Excel 2000 以前は、ツールバーの fx ボタンを押す
- **アクティブセル**：現在選択されているセル　アクティブセルを選択してから操作を行うのが Excel の基本
- **シート見出し**：見出し上を左クリックして、シートを切り替える　右クリックして、シートの「名前変更」や「削除」など、様々な操作が可能

MS Office と一太郎

276

Excel は「シート（ワークシート）」と呼ぶ 1 枚の表が基本。「シート」は 1 ファイル中に複数作成可能であり、総称して「ブック」と呼ばれる。

　シートは全て「セル」と呼ばれる桝目が基本単位であり、ここにデータや数式を入力して様々な操作を行う。セルの位置は「セル番地」と呼ばれ「列番号＋行番号」で表記される。例えば A 列の 1 行目は「A1」である。

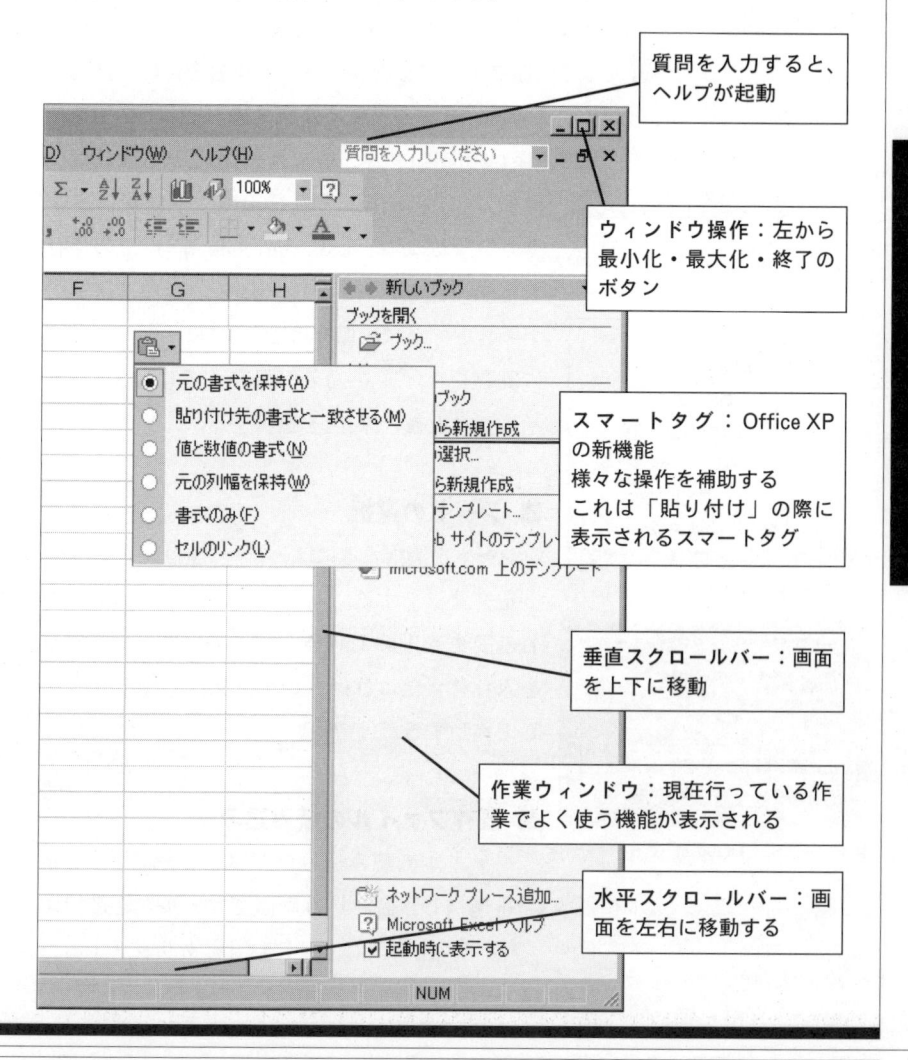

- 質問を入力すると、ヘルプが起動
- ウィンドウ操作：左から最小化・最大化・終了のボタン
- スマートタグ：Office XP の新機能　様々な操作を補助する　これは「貼り付け」の際に表示されるスマートタグ
- 垂直スクロールバー：画面を上下に移動
- 作業ウィンドウ：現在行っている作業でよく使う機能が表示される
- 水平スクロールバー：画面を左右に移動する

Excel と PowerPoint のコツ

■ Excel の基本

■ ファイルの作成→保存

　Excel を起動すると、「Book1.XLS」という名前の新規ブックが自動的に開く。後はブック中の任意のシートを選択してデータを入力し、適宜保存作業を行えばよい。

　保存は、メニューの[ファイル]→[名前を付けて保存]を選択して保存フォルダを選び、ファイル名を付けて[保存]をクリックする。基本のファイル形式は「Excel ブック形式」だが、保存画面の[ファイルの種類]から選択すれば、他形式（XML・HTML・各種テキスト形式［タブやカンマ区切り、CSV、Unicode 等］）での保存も可能（図1）。ただし、Word の様な言語別のテキストファイル保存はできない。

　既存ファイルを同名で保存するには、[ファイル]→[上書き保存]を選択する。

図1　Excel のファイル保存形式（極一部）

■ シートの選択

　シートを選択するには、シート見出しの各シートをクリックする。右クリックすると、シート名の変更や削除も可能（図2）。シートの順番を入れ替えたければ、シート見出しをドラッグして移動するだけでよい。

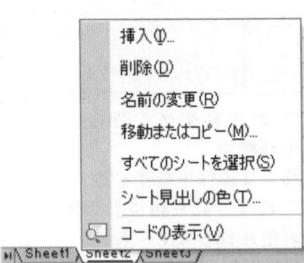

図2　シート名を右クリック

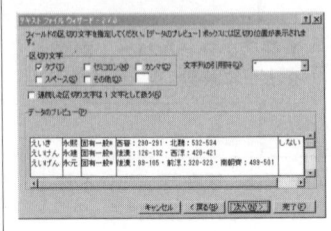

■ 既存ファイルの読み込み

　ファイルの読み込みは、メニューの[ファイル]→[開く]を選択し、読み込み画面でフォルダを選択する。目的のファイルを選択して、[開く]をクリックする。

　タブやカンマ区切りのテキストファイルを読み込む際は、

図3　テキストファイルの読み込み

読み込み画面の［ファイルの形式］で［テキスト形式］を選択し、画面の指示に従って、文字コード・区切り文字・データ形式等を指定し、最後に完了をクリックする（図3）。

■ **全てはセルから**

Excel は全て「セル」単位でデータを処理する。セルの概念を理解することが、Excel 修得の第一歩となる。

● **データの入力と訂正**

始めに、データを入力したいセルにカーソルを合わせてクリックする。すると、セルの外周が黒い太枠で囲まれる。これを「アクティブセル」と呼ぶ。

入力はセルを［アクティブ］に→［データを入力］→ Enter を押して確定という手順を踏む。データを訂正したければ、当該セルをダブルクリックするか、もしくはアクティブセルにして F2 を押し、セルを再編集状態にすればよい（図4）。アクティブセルの内容は数式バーにも表示されるので、長いデータを扱う際は数式バー上で作業した方が全体の見通しが利く（アクティブセル上で F2 を押す。もしくは数式バーをクリック）。仮にデータを上書きしてしまっても、Enter で確定する前なら ESC を押せば元に戻る。確定後なら Ctrl + Z を押す。

セル内容の消去は、アクティブセル上で Delete か BackSpace を押せばよい。

図4 データの修正

● **フィルハンドルで簡単コピー**

同じ内容を入力する場合は、フィルハンドルを利用しよう。まず、一つ目のデータを入力する。次にそのセルをアクティブにして、右隅に表示される■（フィルハンドル）をマウスの左ボタンを押しながら目的の方向にドラッグす

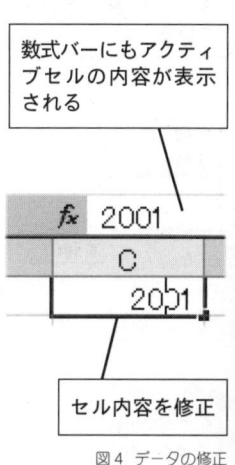

ると、選択範囲全てに最初のセル内容がコピーされる。

● 連続データはオートフィルで

「1月・2月・3月」のような、特定スタイルを持つ連続データを入力するには、オートフィル機能を使えばよい。

始めに二つのセルにそれぞれ「1月」「2月」と入力する。次にこの2セルを選択し、フィルハンドルをドラッグすれば、2セルの内容を自動的に判断して「1月・…12月・1月…」と貼り付ける。他にも「元号＋某年」や「十干」「十二支」といった特殊な連続データを入力可能（図5）。

セル内容をオートフィル化しないで連続コピーしたければ、フィルハンドルでデータを貼り付けた後、スマートタグの ▼ をクリックして［セルのコピー］を選択する。

● コピーと貼り付け

通常のコピーと貼り付けは次のようにして行う。まず、コピーしたいセル範囲をドラッグして選択し、メニューの［編集］→［コピー］を選択する。次に貼り付け先の先頭セルをアクティブにして、メニューの［編集］→［貼り付け］を選択する。［形式を選択して貼り付け］を選択すれば、「数式」や「値」などの様々な形式で貼り付けられる（図7）。また、［コピーしたセル］の挿入を選択すると、セル間に割って入る。その他にも、ドラッグ後に右クリックすると、［セル範囲の削除］や［データ内容の消去］などが選択可能。

行列のコピーや削除・移動を行いたい場合には、目的の行列ボタンをクリックして行列を選択し、メニューの［コピー］・［切り取り］・［削除］を適宜選択すればよい。後は目的の行列ボタンを選択して貼り付けるだけだ。

オートフィル：
　フィルハンドルにマウスカーソルを合わせてドラッグする
　コピー先の年号の予想として、貞観4年が表示されている

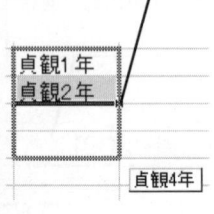

図5　オートフィル
連続データの定義は、自分でカスタマイズ可能。

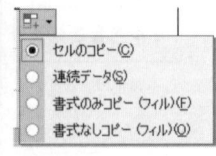

図6　コピーのスマートタグ

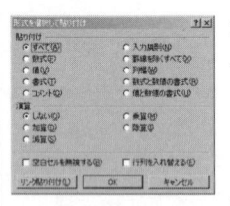

図7　形式を選択して貼り付け

■ 表の見栄えを整える
● 表の幅や高さの調整
　セルに入るデータは様々である。データによってはセルから縦横にデータがはみ出るかもしれない。その場合は、はみ出したセルの行列ボタンの間にマウスカーソルを合わせ、ダブルクリックする。自動的に幅や高さが調整される。

　全てのセルを調整するには、全選択ボタンを押した後、行列の任意の境界間をダブルクリックすると、一気に訂正される。

● セルの書式設定
　Excel では数値を入力すると、自動的に半角数値となる。これは、入力された文字列を Excel が自動的に数値と判断して置き換えているためである。

　通常はそのまま入力すればよいが、「数値を文字列として扱いたい」「日付は必ず****年*月*日の形式で表示したい」など、セル内の書式情報をあらかじめ決めておきたい場合には、「セルの書式設定」で設定すればよい。

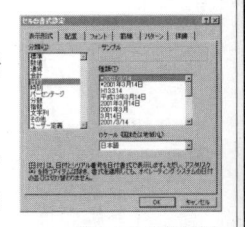

図8 セルの書式設定

　始めに、アクティブセル上で右クリックし、メニューから［セルの書式設定］を選択する。［セルの書式設定］のダイアログボックスは（図8）、［セルに入力されたデータの表示形式］［セル内のデータの配列方式］［表示フォントの設定］［罫線の設定］などの項目が並ぶ。後は、タブを選択し、必要な設定をして［OK］を押せばよい。

　セルやフォントへの色づけは、ツールバーを利用する。

● 罫線を付けてみよう
　表の見た目が整ったら、次に罫線を付けてみよう。
　一番簡単な方法は、罫線を付ける範囲をドラッグして選択し、ツールバーの［罫線ボタン］横の ▼ をクリックし

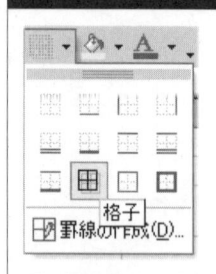

図9 罫線の作成

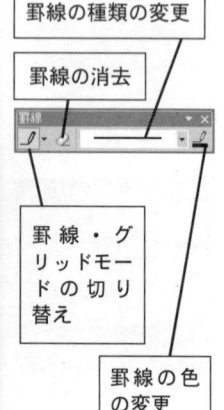

罫線の種類の変更
罫線の消去
罫線・グリッドモードの切り替え
罫線の色の変更

図10 手書き罫線の設定

1) なお、多漢字が含まれた表の印刷についての注意点はWordと同じ。

リストを表示し、田字系(「格子」)のボタンにマウスカーソルを合わせてクリックする。罫線を消去したければ、リストの一番左上(「枠無し」)をクリックする(図9)。

凝った罫線を付けるには、[セルの書式設定]を利用するか、もしくはメニューの[罫線]→[罫線を引く]を選択して、詳細な設定をする必要があるが、Excel 2002では、リストの[罫線の作成]をクリックして手書き感覚で罫線を入力することも可能だ(図10)。

その他にも、メニューの[罫線]→[表のオートフォーマット]を選択して適宜必要なオプションを設定すれば、整った表を作成できる。

■ 印刷
― 印刷範囲の設定とプレビューを忘れずに ―

メニューの[ファイル]→[印刷]で印刷すると、思った通りに出力されないことがある。Excelが1ページに収まる範囲を自動的に設定するためである。それを回避するには、幾つかの操作を行う必要がある(図11)。[1]

● 印刷範囲の設定

まず[印刷範囲の設定]を実行して、Excelに印刷範囲を教えておこう。印刷範囲を設定するには、マウスをドラッグして範囲を設定し、メニューの[ファイル]→[印刷範囲]→[印刷範囲の設定]を選択する。印刷範囲はファイルを保存すれば保持されるので、次回からは再設定する必要はない。別の印刷範囲を設定したければ、この作業を再度行う。また、印刷範囲をクリアするには、[ファイル]→[印刷範囲]→[印刷範囲]の[クリア]を選択すればよい。

● プレビューで確認

　印刷範囲が決定したら、印刷の実行前にプレビュー機能（メニューの［ファイル］→［印刷プレビュー］）で、「紙のどの辺りに印刷されるか」「何枚必要か」などのレイアウト情報を確認しておこう。

　プレビューが希望通りであれば、そのまま［印刷］をクリックすればよいが、そうでなければ［設定］をクリックして［ページ設定］を開いて再設定する（メニューの［ファイル］→［ページ設定］を選択しても同じ）。設定画面で必要事項を設定して［OK］を押すと、プレビュー画面に戻る。プレビュー結果に満足したら、［印刷］をクリックする。

　その他、設定のダイヤログボックスでは、複数ページにまたがった表の、各ページ最上行に常に表示するセル（列の項目等）の設定、ヘッダ・フッタの設定、紙の縦横それぞれの余白や中央部分に印刷する設定等ができる。

　ページ設定を使いこなして、美しい印刷を目指そう。

　実際には、罫線幅やフォントの設定によってプレビューと印刷結果が若干異なる場合もあるので、幅・高さともやや広めに設定する方がよい。

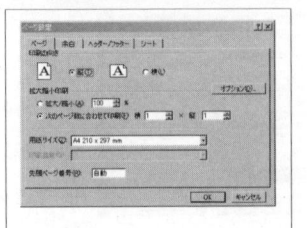

ページ設定：
拡大縮小の次ページ数に合わせて印刷に切り替え、印刷枚数を設定可能
とりあえず1枚に収めたければ、横1×縦1にしておけばよい

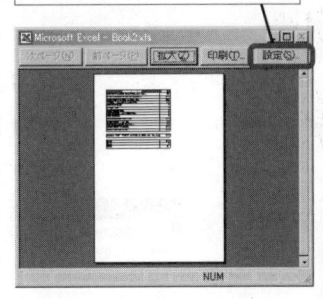

図11 印刷範囲のプレビュー

■ Excelで多漢字を扱う

■ Excelでの多漢字表示法

　ExcelはUnicode対応ソフトなので多漢字入力が可能だが、個別言語設定機能がない。そのためExcel 2000では、セル上でCJK漢字の一部が「・」表示される（数式バー上では正常に表示）不具合があった。これはExcel 2002で

は解決済みだが、コードポイントによって表示フォントを自動的に設定するため、いささか見栄えが悪い。そのため、データを見やすくするためにも、多漢字を利用した表を作成する際は、あらかじめ表全体のフォントをArial Unicode MSなどの多言語対応フォントに設定した方がよい。

なお、文字列のフォントや大きさの変更は、[セルの書式設定]を利用する以外に（図12）、セルやアクティブセル内の文字を選択して、ツールバーの[フォント]や[字のサイズ変更]を実行しても可能。文字列中の特定文字だけのフォントを変えるには、この方法を使えばよい。

図12 フォントの設定

■ ふりがな
── Wordと組み合わせればピンインや注音ルビも ──

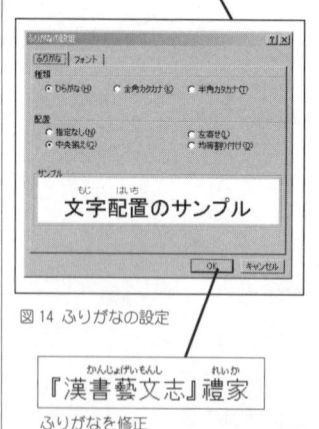

セルに文字列を入力すると、Excelがふりがなを自動設定する。初期設定ではふりがなは隠されているが、それを表示するには、メニューの[書式]→[ふりがな]→[表示／非表示]を選択すればよい。同じことをもう一度行うと、ふりがな部分が非表示となる。

2) ⇒ p.229「ルビを振る」

図13 ふりがなの編集

図13のように、ふりがなが間違っている場合は、修正をしよう。セルのふりがな部分をダブルクリックするか、ふりがなを振る文字列を選択して[右クリック]→[ふりがなの編集]を選択すると、ふりがな部分だけが編集状態になるので、ふりがなを振り直して Enter を押して確定する。

図14 ふりがなの設定

ふりがなの大きさやフォントの種類・色等を設定する[2]には、メニューの[書式]→[ふりがな]→[設定]を選択して「ふりがなの設定」を表示し、各種設定を行って、[OK]をクリックすればよい。[ふりがなの設定]では、色や大きさの変更も可

能だ（図 14）。

Excel では言語の認識ができないので、単体ではピンインや注音のルビは付けられないが、裏技として Word であらかじめルビを振った文字列を作成し、それを Excel に貼り付ければ、Excel でもピンインや注音のルビがそのまま表示される（図15）。

fx =PHONETIC(C5)

C	D
語句	ふりがな
ni3hao3 你好	ni3hao3
ㄅㄚㄧˋ 八佾	ㄅㄚㄧˋ
ひんぷう 豳風	ひんぷう

図 15 多言語ルビ

ふりがなを別セルに表示するには、PHONETIC 関数を使う。ふりがなを表示させせるセルをアクティブにし、関数ボタン Fx を押して PHONETIC（「情報」に分類）を選択し、引数にふりがなを参照するセル（図では C3 ）を指定すればよい。オートフィルでコピーも可能だ。図 15 のように日本語・注音・ピンインが混じっても大丈夫。ちなみに並べ替え（後述）[3] を行うと、ピンイン・ふりがな・注音の順（昇順）になる。

3）⇨ p. 287「簡易データベースとして使ってみよう」

■ 検索と置換

● 検索 — 検索条件の指定がポイント —

Excel にも検索・置換機能があるが、検索方向の行列を区別、文字列以外に数式を対象として検索する点がExcel ならではの特徴である。Excel 2002 では「オプション機能」が追加され、文字飾りの検索・置換も可能となった。

検索は、メニューの[編集]→[検索]を選択すると表示されるダイヤログボックス上で行う。基本的には、[検索する文字列]にキーワードを入れて[次を検索]をクリックすると、現在のアクティブセルから検索が開始され、一番初めに条件に一致したセルが選択される。再び[次を検索]をクリックすると、次の一致セルが選択され、それが順に最後まで繰り返される。[全てを検索]をクリックすると、シート・ブック全体から検索し、ダイヤログボックスの下部にその結果を全て表示する。マウスで範囲を選択して、検索

	A	B
1	値	数式
2	4	=1+3
3	4	4
4	4	=8/2

図 16

を行うことも可能。

詳細な検索条件を指定するには、[オプションを]クリックしてオプション画面を開き、必要な項目を選択すればよい。なお、フォント関連の指定は、[書式]をクリックして、書式のオプション選択画面を表示して指定する必要がある。画面の構造は、[セルの書式設定]と全く同じ。

図17

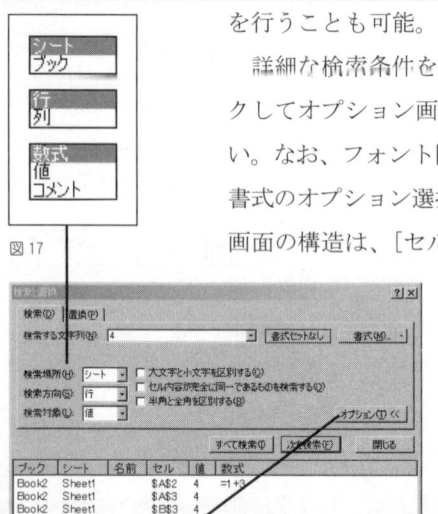

図18

ここをクリックすると、オプション設定部分が表示される

全て検索を実行するとこの部分が表示される

● 置換 ― 基本は検索と同じ ―

置換は、メニューの[編集]→[置換]を選択してダイヤログボックスを表示し、[検索する文字列]と[置換後の文字列]を入力後、必要に応じてオプションを設定して[置換]をクリックすればよい。[全てを置換]をクリックすると一括置換される。Wordと同様、文字列の書式だけも置換可能。また、[すべて検索]を実行して検索リストを表示し、リストの中から、置換したい検索結果を選択して[置換]を押すと、任意の検索結果のみを置換も可能。

● ワイルドカードを使って効率よく検索

Excelにも、簡単なワイルドカード「?」「*」の2種類があり、検索を手助けしてくれる。「?」は「任意の一文字」を、「*」は「複数の文字列」を表す。

例えば図20で「電脳??学」と指定して検索すると、「電脳中国学」「電脳国文学」が一致し、「電脳*学」とすると、さらに「電脳情報処理学」「電脳経営情報学」も一致する。ワイルドカード自体を検索・置換するには「~?」「~*」とそれぞれ入力すればよい。

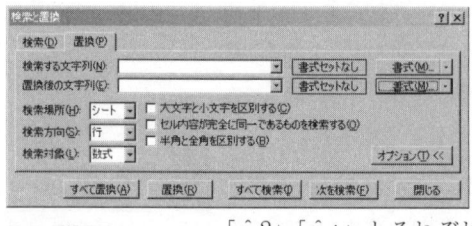

図19 置換画面

■ 簡易データベースとして使ってみよう

Excelは簡易データベースとしても利用できる。Accessを使うほどもないデータはExcelで処理した方が便利だ。ここでは、並べ替えやオートフィルを中心に説明しよう。

■ 並べ替え

Excelでは特定の範囲のデータを、指定した手順に従って並べ替えることができる。一般的にこのような機能は「ソート」と呼ばれる。ソートの手順は以下の通り。

あらかじめ、並べ替える範囲をマウスでドラッグして選択して、メニューの[データ]→[並べかえ]を選択すると、ソートのダイヤログボックスが表示される。並べ替えのキーとなる列を優先順位に従ってリストから選択し、並べ替えの順序（[昇順]「0, 1, 2, 3の順」・[降順]「3, 2, 1, 0の順」）を指定して[OK]を押す。キーを複数指定することも可能。図21のように、先頭行に項目が入力してある場合は、[範囲の先頭行]の[タイトル行]を選択すると、リストに項目名が表示される。先頭行もデータとして処理する場合は、[データ]を選択する。もし、四つ以上のキーで並び替える場合は、優先順位の一番低いキーで1回目のソートを行い、次に優先順位の高い順にキーを並べて、2回目のソートを行う。

文字列の並べ替えは、基本的には「ふりがな」に格納されている「読み情報」を元に並べ替えられるが、「文字コード」順に並べ替えるには、ダイヤログボックスの[オプション]をクリックしてオプション選択画面を開き、[方法]の[ふりがなを使わない]を選択して、並べ替えを実行する。同様に列方向で並べるには、[方向]を選択する。また、

| 電脳中国学 |
| 電脳国文学 |
| 電脳漢学 |
| 電脳情報処理学 |
| 電脳経営情報学 |

図20

覚えておくと便利なショートカットキー

EXCELで作業をする際、一々メニューから選択するのが面倒なこともある。その場合、特定のキーの組み合わせることで、幾つかの操作を実行することが可能である。その様なキーの組み合わせを「ショートカットキー」と呼ぶ。

・関数ボタン
[SHIFT]+[F3]
・検索のダイアログ表示
[SHIFT]+[F5]
・シートの先頭に移動
[Ctrl]+[HOME]
・セル内で改行する
[Alt]+[Enter]
・セルの書式設定を表示
[Ctrl]+[1](ただしテンキーは不可)
・オートフィルタのリスト表示
[Alt]+[↓]

	A	B
1	十干	十二支
2	甲	子
3	丁	卯
4	乙	丑
5	庚	午
6	壬	申
7	戊	辰
8	丙	寅
9	辛	未
10	己	巳

図21 並べ替え前のデータ

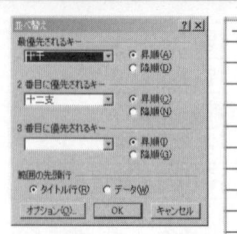

図22 十干の昇順で並び替え

図23 十干をふりがなを使わないで昇順並び替え

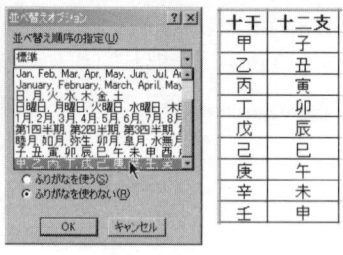

図24 甲・乙・丙・丁…の順に並び替え

「月・曜日」「十干」「十二支」の順に並べる場合は、[並べ替え順序の指定]のリストから選択して、並べ替えを実行する。

■ オートフィルタでデータの簡易分析

　Excelには「オートフィルタ」というデータの抽出・絞込機能があり、これを利用して、データの簡単な分析ができる。ここでは《漢書》地理志記載の郡国口数を表にしたものを例に説明しよう。

　オートフィルタを使うには、表の項目名の何れかをアクティブセルにして、メニューの[データ]→[フィルタ]→[オートフィルタ]を選択して、オートフィルタの所にチェックを入れればよい。すると項目名の横に▼（オートフィルタ矢印）が表示される。これで利用準備ができた。実際にオートフィルタ矢印をクリックするとリストが表示される。例えば、図25のように「現在省」のリストから「河南省」を選択すると、図26のように河南省相当の郡国のみが表示される。なお、絞り込む条件を設定したオートフィルタ矢印は、青色表示される。複数列のオートフィルタを組み合わせることも可能だ。抽出を解除するには、リストから「(すべて)」を選択する。複数行のオートフィルタでの絞込を一度に解除するには、メニューの[データ]→[フィルタ]→[すべて表示]を選択すればよい。

● 順位の抽出

　オートフィルタには、項目の絞込以外にも様々な機能が備わっている。その一つが「順位の抽出」である。順位を

抽出したい行のオートフィルタリストから「(トップテン)」を選択し、ダイアログボックスで「上位」「下位」「何番目までの抽出」など、必要な事項を設定し、[OK]をクリックすればよい。図27では、口数の上位5カ所までを絞込表示した。

● 様々な条件で絞り込む ― オプションの利用 ―

オートフィルタは、項目や順位をキーにする以外に、オプション機能を利用することで様々なデータの抽出や絞込が可能。

初めに絞り込むキー列のオートフィルタ矢印をクリックして、リストから[(オプション)]を選択し、ダイアログボックスを表示する。次に[抽出条件の入力]をリストから項目を選択するか、条件をフォームボックスに入力するかして設定する。[検索・置換]と同じワイルドカード利用も可能。設定後「抽出条件の選択」を選択するが、こちらはリストから必要な条件を選択する。

図29のように複数の条件設定も可能だが、その場合はANDもしくはORの選択をする必要がある。ここでは、「口数が150万以上200万人以下」という条件で設定を行った。

● 抽出結果の集計

元表から「現在の河南省に該当する郡国の口数を知りたい」といった場合は、メニューの[データ]→[集計]を選択する。

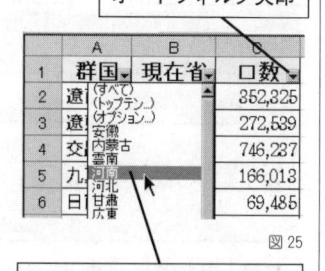

図25

オートフィルタ矢印

オートフィルタのリストを展開して、河南を選択中

図26 「河南」で絞り込んだ

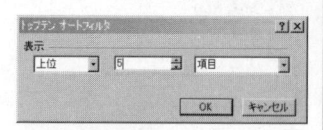

図27

図28 口数の上位5つを抽出

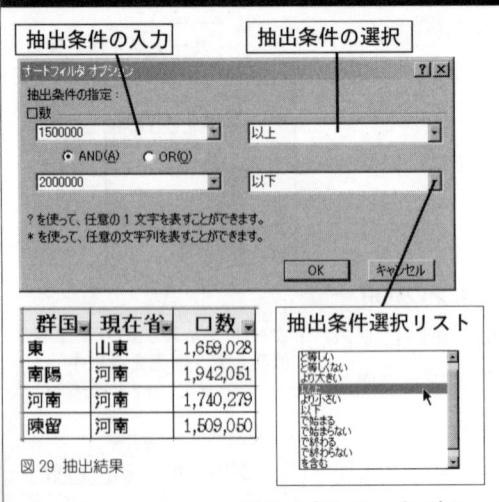

● 集計機能

メニューから実行する集計機能は、オートフィルタとは無関係に利用できるが、あらかじめ集計したいデータを、「並べ替え機能」を使ってまとめておく必要がある。作業自体は、メニューを選択すると表示されるダイヤログボックスから項目を選択して[OK]を押す。実行すると、各項目の上または下に集計結果が表示される。行ボタンの横には、集計のレベルが1～3までの区分で示される。

レベルを絞り込んで、そのデータのみを対象に[コピー]→[貼り付け]するには、少々手間がかかる。まず、メニューの[編集]→[ジャンプ]を選択し、次にダイヤログボックスの[セル選択]をクリックして選択オプションを開き、[可視セル]を選択して[OK]を押す。この作業で絞り込まれたセルのみが選択されるので、後は通常通り[コピー]→[貼り付け]をする。集計表示を削除する場合は、[全てを削除]をクリックする。

● オートフィルタの終了

オートフィルタ状態を終了するには、メニューの[データ]→[フィルタ]→[オートフィルタ]を選択し、オートフィルタのチェックをはずせばよい。オートフィルタ矢印は消え、表も初期状態に戻っているはずだ。

図29 抽出結果

図30

抽出条件の入力
抽出条件の選択
抽出条件選択リスト
グループ・集計方法・集計基準を選択
集計をクリアしたい場合は、ここをクリック

集計結果が表示される

	A	B	C
1	群国	現在省	口数
2		総計	56,661,892
3		遼寧 合計	624,864
4	遼西	遼寧	352,325
5	遼東	遼寧	272,539

図31

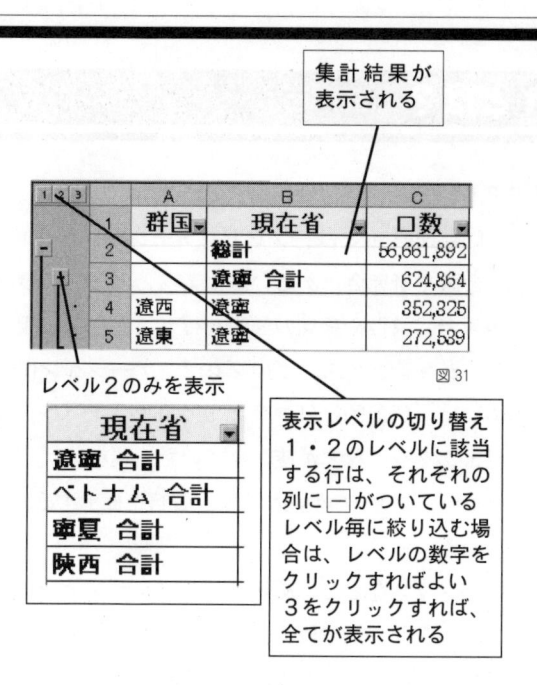

レベル2のみを表示

現在省
遼寧 合計
ベトナム 合計
寧夏 合計
陝西 合計

表示レベルの切り替え
1・2のレベルに該当する行は、それぞれの列に −がついている
レベル毎に絞り込む場合は、レベルの数字をクリックすればよい
3をクリックすれば、全てが表示される

■ 終わりに

　以上、EXCELの基本機能と多言語対応について説明してきたが、Excel最大の武器である「関数」については、ほとんど触れなかった。
　「関数」といっても統計処理だけでなく、本稿で使ったふりがな関数のような文字処理にも有用なものが多数あり、人文系情報処理にとってExcelは宝の山といえる。なかなか道は険しいが、ガイドブック片手に頂上を目指してみてはいかがだろうか？
　この項目を読んでExcelを利用しようという気になっていただければ幸いである。

PowerPointとは？

二階堂善弘　Yoshihiro Nikaido

　PowerPointとは、プレゼンテーションソフトである。
　会議や研究会、あるいは授業など、多くの参加者がいる場所で、説得や意見の表明を行うことを、一般にプレゼンテーションと呼ぶ。このプレゼンテーション作業を行うためには、伝統的にはスライドやOHP（オーバヘッド・プロジェクター）などが使われていた。現在では、パソコンとプロジェクターの使用により、資料を提示することが広まっている。
　パソコンなどで、あらかじめプレゼンテーション用の資料、つまり会議や研究会や授業のための発表資料を作成しておくためのソフトが、プレゼンテーションソフトである。多くの人に見せて、意見を表明することを目的としているため、「見せる」ための工夫が必要になる。
　このプレゼンテーションソフトも、多くの種類があるが、広く使われているものの一つが、マイクロソフト社のPowerPointである。

■ マルチリンガルプレゼンテーションの作成

　PowerPointの特色としては、マルチリンガル対応である、ということが挙げられる。すなわち、日本語と中国語を混在させることが可能である。
　これは、中国語の授業の時に威力を発揮するほか、研究会で多漢字のデータを示さなければならない時にも有用である。

中国語と日本語の混在は難しくない。特に Windows 2000 上で、PowerPoint 2000/2002 を使う場合は、何の工夫もいらず、ただ日本語を日本語 IME で、中国語を中国語 IME で入力するだけでいい。さらに、PowerPoint 2002 の場合は、エクステンションＡとＢの漢字も使用できる（図1）。

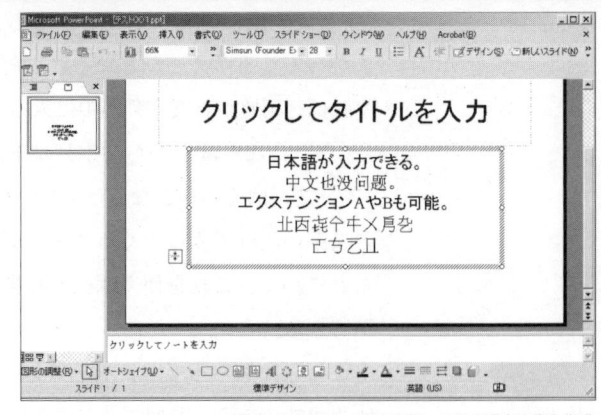

図1　PowerPoint2002 を使って日中混在文書を作成

　ただ、PowerPoint を使ってプレゼンテーション資料を作成するには、単に文書だけを提示するだけでは不十分である。それならば、これまでの OHP による提示とあまり変わらないからだ。

　プレゼンテーションソフトを使う意味は、動画や音声を入れることにより、多くの人の注意を引いて、その理解を深める、ということにある。特に PowerPoint 2000/2002 には、そのための豊富な機能が付属している。

　動画、つまりアニメーションの使用は、簡単に設定できる割に効果の大きいものである。アニメーションといっても、絵を自分で作成するのではなく、文字列に対して特殊効果として使用するケースが圧倒的に多いと思う。

　例えば、ある領域に打ち込んだ文字列に対して、「スライドショー」から「アニメーションの一括設定」を選択し、設定を行うと、文字列を動かしながら表示することが可能である。

　例えば、「1つずつフェードイン」を指定すれば、文字列が一つ一つ浮き上がってくるイメージが実現できる。

「すべて一度にフェードイン」なら、全部の文字列が浮き上がってくるイメージとなる。また「コンプレス」を使用すれば、両脇から文字列が中に入ってくるイメージとなり、「ダウン」ならば上から文字列が下がってくるイメージ、「アップ」はその逆となる。「ワイプ」を使えば、一つ一つの文字が流れて入ってくるイメージだ（図2）。

とにかく、これを使えば様々な視覚的な効果を試すことができる。

これらはもちろん、日本語であろうと中国語であろうと使用可能である。注目を集めるプレゼンテーションには、効果的な機能である。是非試していただきたい。

また、さらに効果をあげるものとして、音声ファイルの併用がある。

これも、通常の会議などでは、音楽や効果音などの使用が想定されるが、語学教育などの現場には、さらに有用な用途が考えられるであろう。

例えば、教科書の例文の文章に、音声ファイルを付加して、読み上げさせることにより、マルチメディア的な効果を期待することができるのである。先に述べた文字列表示のアニメーションを併用すれば、さらに大きな効果をあげられよう。

また、付加できるファイルは、音声にとどまらず、映像ファイルも可能となっている。このように、Power Pointは、プレゼンテーションのみならず、外国語学習のツールとしても有効に使うことが可能である。

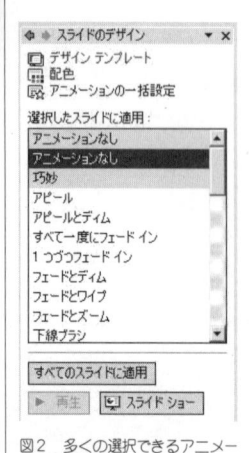

図2　多くの選択できるアニメーション効果

第 5 章

海外のソフトを使うには

　前章までの内容は、日本語 Windows の中で何とかなるものだった。しかし本章では、そこから一歩踏み出すことになる。豊穣な海外版ソフトウェアの海への船出である。波は高いが得られるものは計り知れない。
　とは言え、これまで慣れ親しんだ日本語中心の環境を完全に捨て去らなければならないというわけではない。ソフトウェア技術の発達のおかげで、日本語環境と中国語環境とを共存する手段が増えてきたのだ。これらの方法について、中国の学術ソフト紹介と併せて解説しよう。

❖ 海外ソフトと言語の壁

海外ソフトを使うには

千田大介　*Daisuke Chida*

■ 言語の壁

　中国で買ってきたCD-ROMを日本に帰ってきてパソコンに入れてみたが動かない、という経験をお持ちの人も多いのではないか。中国のソフトは中国語版Windowsでの使用を前提に作られているので、文字の表示、ファイル名などにGBコードが使われている。

　しかし、日本語版のWindowsはShift JISコード対応なので、GBコードのファイル名は認識できない。このため、ソフトをセットアップしようとしても途中で止まってしまうし、よしんばセットアップできたとしても文字化けしていて使い物にならない、という事態が発生する。

　近年は、Unicodeの普及に伴って、四庫全書全文検索版のようにどの言語版のWindowsでも動作可能なソフトウエアも登場してきてはいるものの、これは、海外に販売することを前提に開発された特殊な例にとどまっているし、ソフト開発ツールの対応も遅れぎみだ。

　ソフトにおける言語の壁が消え去るのは、まだまだ先のことだろう。

■ 海外のソフトを使う方法

　しかし、海外版のソフトを使いこなすのは、そんなに難しいことではない。その方法には、大きくわけて次の3種類がある。
1. 海外版のWindowsを導入する。
2. 海外版Windowsの環境を擬似的に再現するソフトを利用する。
3. 多言語に対応したWindowsを使う。

　一番確実なのは1.の方法だ。具体的には、パソコンを複数台使い分ける、Windowsの種類ごとにハードディスクを取り替える、複数のWindowsのマルチブート環境を設定する、バーチャルマシンソフトを使う、といった方法がある。いずれにせよ、中国語版のWindowsを使うのだから、当然中国語版のソフトは問題なく動作する。詳細については後で詳述する。

　Windows 98/Meを使っている場合は、日中之星を導入して2.の方法で海外版ソフトを使うことができる。ただし、ソフトが高価であるし、全てのソフトが完璧に使えるわけではないので注意が必要だ。

　3.であるが、実はWindows 2000は高度な多言語処理機能を備えているので、日本語版であっても設定の方法を覚えれば、たいていの中国語版ソフトを動かすことができる。また、世界各国語のインターフェイスの切り替えも可能な多国語版（Multi Language）版というものもある（それらの詳細については、次節で解説する）。

　いずれにせよ、海外ソフト利用の壁は、低くなりつつあるのだ。

Windows 2000 と Windows 2000 多国語版で海外ソフト

千田大介　Daisuke Chida

■ 日本語版 Windows 2000 の動作言語を切り替える

　Windows 2000 は、全面的なUnicode の採用によって、世界のどの言語版でもソフトの中核部分は共通化されている。異なるのは、ローカルコードへの対応と、インターフェイス・ヘルプファイルくらいである。この中核部分の共通化、すなわちシングルバイナリ化は、多言語処理にもさまざまな恩恵をもたらした。中国語などさまざまな言語の入力システムの標準添付もその一つだ[1]。更に大きな恩恵が、言語の切り替えによる海外版ソフトの利用だ。実は、大半の中国語版ソフトは、特殊なソフトを買わなくとも、日本語版 Windows 2000 で動作する。

1) ⇒ p.36「Windows 2000の中国語設定」

■ 言語切り替えの手順

　それでは、台湾の丹青 OCR を使えるように、言語を切り替える手順を解説しよう。

1. [スタート]メニュー→[設定]→[コントロールパネル]の[地域のオプション]をダブルクリックし、図1の画面を開く。Windows 2000 の言語関係の設定は、すべてこの画面でおこなう。
2. 目的の言語が[システムの言語設定]でチェックされていることを確認する。ここでは[繁体字中国語]。

図1

海外のソフトを使うには

298

3. 「ロケール（国または地域）」を、目的の言語に切り替える。ここでは、[中国語（台湾）]。

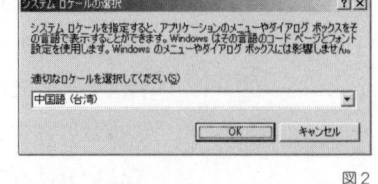

4. [地域のオプション] 画面に [並べ替え順] があらわれる。台湾の場合は通常 [画数] でかまわない。

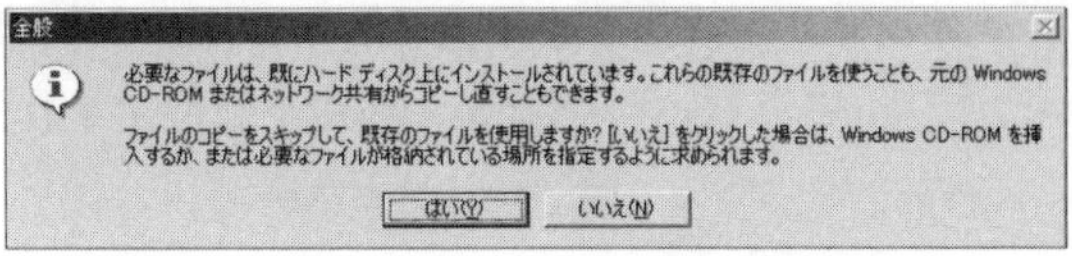

5. 画面下の[規定値に設定]ボタンを押す。

6. 図2システムロケールの設定画面が開くので、▼をクリックして切り替えたい言語を選択する。ここでは、[中国語（台湾）]。

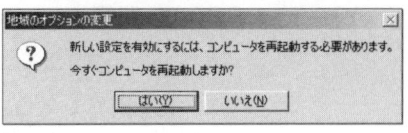

7. [OK]をクリックして [システムロケールの設定] 画面を閉じ、更に [OK] を押して [地域のオプション] 画面を閉じる。

8. 図3の警告が表示されるが[はい]を押す。多言語設定をしていない場合は、Windows 2000 の CD-ROM を挿入し、追加ファイルをセットアップする。

9. 図4が表示されるので、[はい]をクリックして再起動する。

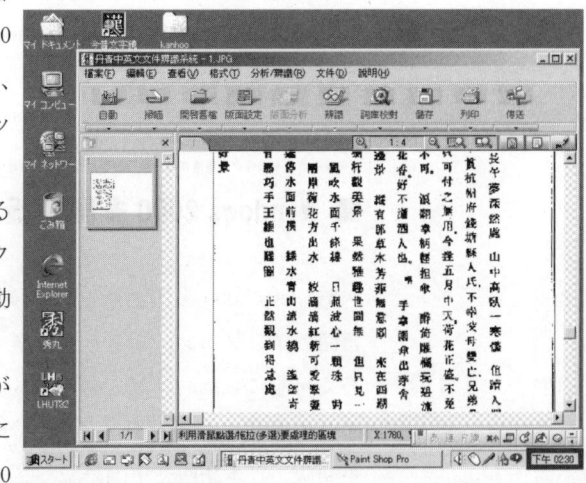

再起動してパソコンが立ち上がると、表面的には日本語版 Windows 2000 のままだが、画面右下、タスクトレイの時刻表示が中国語

図2

図3

図4

図5

海外ソフトと言語の壁

299

に変わっており、問題なく丹青OCRをインストールして図5のように使うことができる。台湾モードに切り替えると、台湾中央研究院外字、香港中文大外字、香港政庁外字などの複数の外字を、それぞれ別のBIG5フォントと関連づけて使い分けることもできるようになる。

中国のソフトであれば、ロケールとシステムロケールを［中国語（中国）］に設定すればよい。他の言語も、同じ要領で切り替える。

■ 問題点

以上の方法でたいていの海外ソフトを利用できるが、しかし限界もある。まず、日本語版Windows 2000では、システムが使用するフォルダの一部が［デスクトップ］［スタートメニュー］のように日本語表記になっている。このため、一部のソフトでは、デスクトップや日本語で名前のつけられたフォルダのファイルを読み書きできなかったり、スタートメニューへの登録がうまくいかないことがある。

本格的に海外版ソフトや多言語Windows環境を使いこなしたい人は、次で解説するWindows 2000多国語版を利用することをお勧めする。

■ Windows 2000 多国語版とは?

Windows 2000多国語版とは、英語版Windows 2000に各言語のインターフェイスとヘルプファイルを追加し、切り替え可能にしたものだ。システムロケールとインターフェイスを設定して再起動すると、一つのWindows 2000が、英語版、日本語版や中国語版、さらには韓国語版、フランス語版、ドイツ語版などに自在に切り替わる。Windows

2000 対応ソフトであれば、どの言語版のソフトであっても問題なく動作する。

■ 購入方法

　Windows 2000 多国語版の存在があまり知られていないのは、販売形態が通常のソフトとは異なっているためだ。Windows 2000 多国語版の販売方式はユーザーがマイクロソフトからソフトの使用権とディスクとを購入する、オープンライセンス方式のみになっている。店頭では販売されていない。

　オープンライセンス方式では、マイクロソフト製品の使用権を 5 ライセンスから購入できる。つまり、Windows 2000 と Office XP などのマイクロソフト製品を、合計 5 つ以上になるようにまとめ買いすることになる。販売価格は通常のパッケージ版よりもかなりお得になっているし、ライセンスの追加購入もできるので、ソフトを複数のパソコンにセットアップする場合などは非常に便利だ。もっとも、システム管理者のいる企業・組織を想定した販売方式であるのでマニュアル類は一切付属しない。

　購入を希望する場合は、パソコンショップや大学生協などに相談してみてほしい。学校関係者にはアカデミックオープンライセンスも用意されている。

■ 導入の準備

■ ハードウエアの準備

　Windows 2000 多国語版をセットアップする前に、まずセットアップするパソコンが Windows 2000 対応であるかどうかを確認してほしい。多国語版も Windows 2000 の一種な

ので、日本語版の対応情況を確認すれば大丈夫だ。各パソコンメーカーのホームページ、および、マイクロソフトのホームページに[2]情報があるので、チェックしてほしい。自作やショップブランドのマシンの場合は、パーツごとの対応状況を調べる必要がある。また、プリンタ、スキャナなどの周辺機器、ノートパソコンの PC カードなどについても Windows 2000 対応ドライバがあるか、あらかじめ各メーカーのホームページで確認しておこう。

■ ハードディスクをわりふる

パソコンの対応情況を確認したら、次にハードディスクのわりふりを考える。

Windows 2000 は 1 台のパソコンで複数の OS を切り替え使用するマルチブートに標準で対応しているので、従来の環境を保存したまま、Windows 2000 多国語版を追加することができる。この場合、旧環境と同じドライブ（例えば、「c:¥」）にセットアップすることもできるのだが、何かと問題が発生することがあるので、パーティションを分割するかハードディスクを増設[3]して、そこに Windows 2000 多国語版をセットアップすることをお勧めする。

旧環境を Windows 2000 多国語版で上書きする場合だが、多国語版のベースは英語版 Windows 2000 なので、日本語の旧版 Windows の設定を引き継いでアップグレードすることができず、一度ハードディスクを消去してからセットアップすることになる。このため、ハードディスクに保存してあるファイルやメールのログ、お気に入りなどをバックアップしておく必要がある[4]。

---

[2] http://www.microsoft.com/japan/windows2000/upgrade/default.asp

[3] ハードディスクの増設方法については、パソコンのマニュアルを参照するか、パソコンショップに相談してほしい。

[4] 以上についてよくわからない場合は、『超図解 Windows 2000 professional 導入編』（エクスメディア、2000.2）などの市販のマニュアルを参照してほしい。

■ Windows 2000 多国語版のセットアップ

 以下、Windows 2000 多国語版を新しいパソコンにセットアップする想定で解説する。共存や上書きの場合の相違点については、随時補足する。
 Windows 2000 多国語版のセットアップは2段階に分かれる。第1段階は、英語版 Windows 2000 のセットアップだ。画面は英語で表示されるものの、セットアップ方法は日本語版 Windows 2000 と同じだ。
 以下の説明はごくごくおおざっぱなので、よくわからない人は、市販のマニュアル本も参照してほしい[4]。

■ 英語版 Windows 2000 のセットアップ
● セットアップディスクの準備

 Windows 2000 対応パソコンであれば、起動と同時に CD-ROM からデータを読みとって OS をセットアップする CD-ROM ブートに対応しているはずだ。パソコンのマニュアルに従って CD-ROM ブートを設定すれば、Windows 2000 多国語版 CD-ROM の disc1 を CD-ROM ドライブに入れてパソコンを立ち上げるだけで、自動的にセットアップが始まる。
 CD-ROM ブートの方法がわからない場合は、セットアップ用フロッピーを作成する。4枚のフロッピーを用意して、Windows が動作しているパソコンの CD-ROM ドライブに disc1 を挿入し、エクスプローラで D:¥BOOTDISK（CD-ROM が D: の場合）を開き MAKEBT32.EXE をダブルクリックする。セットアップディスクの作成が始まるので、フロッピードライブに「a」を指定し、画面の指示に従って4枚のフロッピーを抜き差しする。
 作成したセットアップディスクの1枚目を、セットアッ

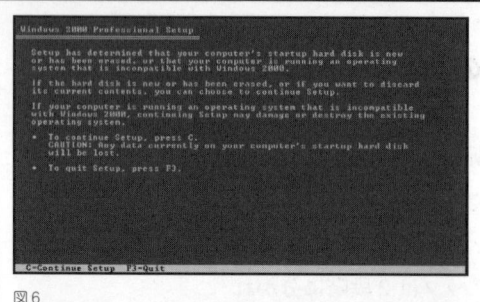

図6

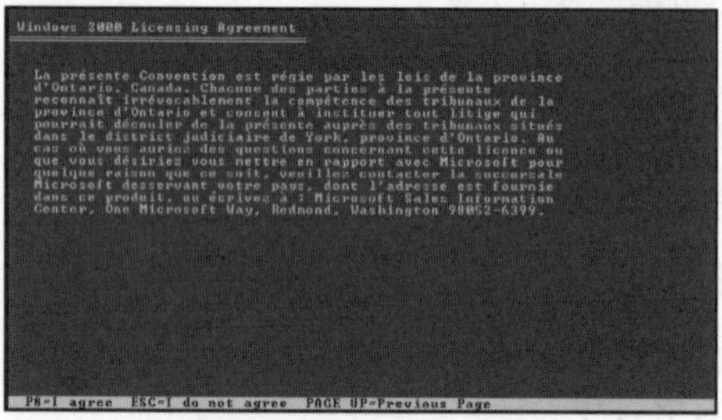

図7

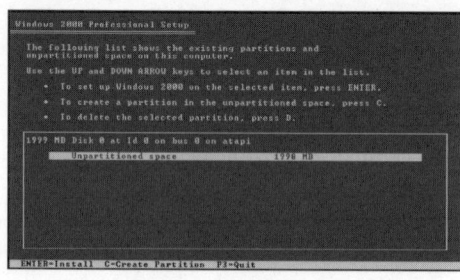

図8

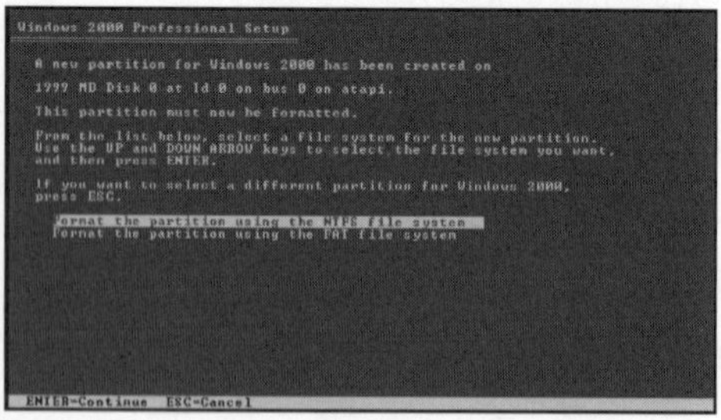

図9

プするパソコンのフロッピードライブに入れたまま電源を入れると、Windows 2000 多国語版のセットアップが始まる。

共存セットアップする場合は、旧来のWindowsを起動してCD-ROMドライブにWindows 2000 多国語版 CD-ROMを挿入すると、セットアップが自動で始まる。言語が違うのでアップグレードできない旨表示され、セットアップが始まる。言語設定などを聞いてくるが、後でも変更できるので全てスキップしてかまわない。

● セットアップ

　セットアッププログラムが起動すると図6があらわれる。Enterを押して図7が出たらCを押す。ライセンスの確認画面が出るので、Page Downを押して読みすすめ、最後まで読んだらF8を押す。

　セットアップするハードディスクの選択画面（図8）が表示されるので、↑　↓を押して選択しEnterを押す。未使用のハードディスクにセットアップする場合は、Cを押してパーティションを作成する。

次に、ハードディスクをフォーマットする方式を選ぶ（図9）。新規セットアップ、上書きセットアップ、或いは増設したハードディスクにセットアップする場合は、NTFSを選ぶ。1台のハードディスクにWindows95/98/Meと共存させる場合は、元のままのファイルシステムを使うというオプションが表示されるので、それを選ぶ。

ハードディスクのフォーマットと、CD-ROMからハードディスクへのファイル転送が完了するとパソコンが自動で再起動する。

● **Windows 2000の基本設定**

再起動して図10の画面があらわれたら、上の[Customize...]をクリックする。すると図11の画面があらわれる。これは、前に説明した[地域のオプション]と同じ画面だ。[Language settings for the system]で使いたい言語を全てチェックする。「Japanese」のほか、「Simplified Chinese」（簡体字中国語）、「Traditional Chinese」（繁体字中国語）などをチェックしておく。

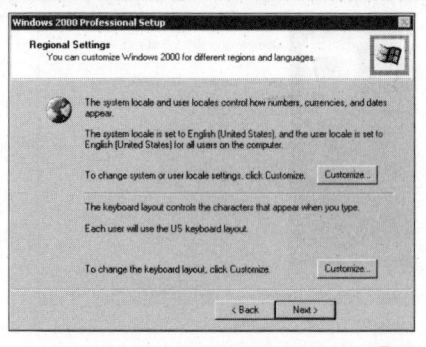

図10

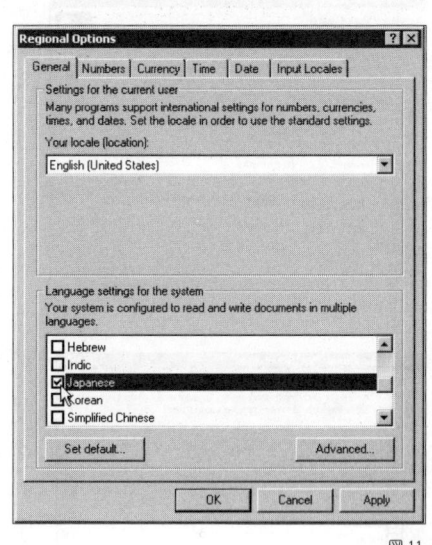

図11

一度[OK]をクリックして画面を閉じ、もう一度[Customize...]をクリックすると[Input Locales]タブで、日本語や中国語のIMEが追加できるようになる。[add]をクリックして、各言語のIMEを追加する。設定が終了したら[OK]をクリックして画面を閉じ、[Next]を押す。

続けて、ユーザー名と所属、プロダクトキー（CD-ROM

海外ソフトと言語の壁

305

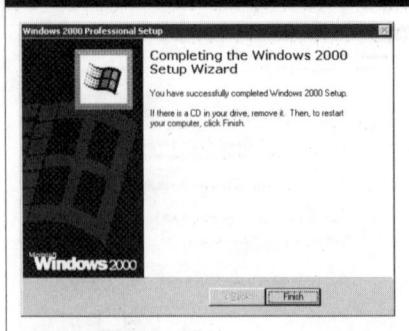

図12

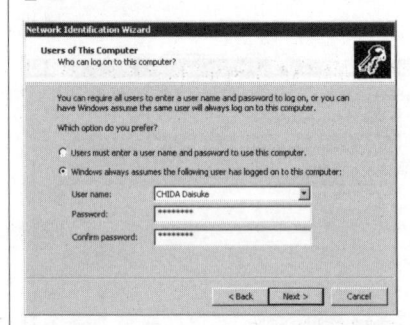

図13

図14

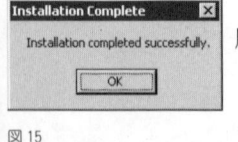

図15

ケース裏にある番号)、パソコンの名称とパスワード、時間、ネットワークなどを設定する。パスワードは、コンピュータ管理者用のマスターパスワードになるので、しっかりと記憶しておくこと。時間は、[Time Zone]を「[GMT+09:00] Osaka, Sapporo, Tokyo」にセットし、日付と時刻を調整する。ネットワークの設定は、設定画面を開いて、プロバイダやネットワーク管理者に教わった設定値を入力していく。セットアップ完了後に設定してもよい。

しばらくすると設定が完了し図12が表示される。[Finish]をクリックすれば、セットアップは完了だ。

パソコンが再起動して、Windows 2000が起動する。パソコンとネットワークにログオンするパスワードの設定画面が表示されるので、[Next]をクリックして図13の画面に移動する。上をチェックすると、パソコンの起動時に毎回ユーザー名とパスワードを入力する設定になる。パソコンを共有する場合、個人情報を守りたい場合は選択する。下の[Password]欄には任意のパスワードを、その下には確認のためもう一度同じパスワードを入力する。[Next]をクリックすると、英語版 Windows 2000 が立ち上がる。

■ 多国語インターフェイスの追加

次に Windows 2000 多国語版セットアップの第2段階に移る。Windows 2000 多国語版 disc2 を CD-ROM ドライブにセットすると、図14の画面があらわれる。

上のチェックリストで、使用したい画面表示用言語を全てチェックし、下のプルダウンで、標準で使用する言語を選択する。通常は「Japanese」だ。

[OK]をクリックすると、各言語のインターフェイスがセットアップされる。図15が表示されたら、[OK]をクリックしセットアップを完了する。言語切換の確認が表示され、再起動を求められるので[OK]を押すと、再起動して日本語画面が表示される。

図16

■ Windows 2000 多国語版の言語切り替え方法

では、Windows 2000 多国語版の言語を英語から日本語に切り替える手順を説明しよう。

1. [Start] メニュー→ [設定] → [Control Panel] → [Locale]（地球のアイコン）をダブルクリック。
2. [Your Locale]で「Japanese」を選択。
3. [Menus and dialogs]で「Japanese」

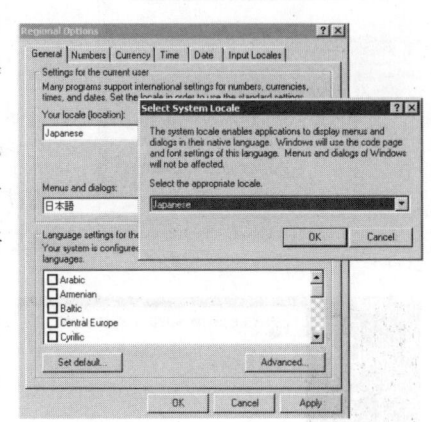

図17

図18

307

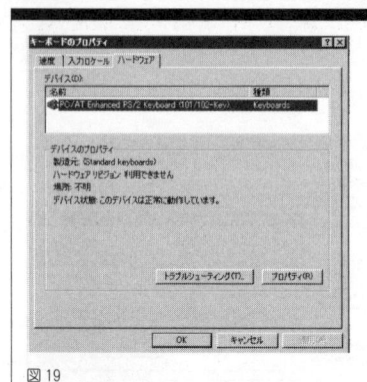

を選択。

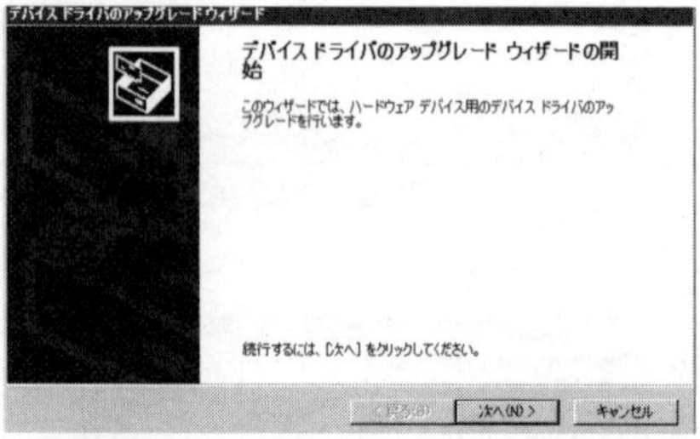

4. [Set default]をクリック、[Select System] [Locale]を「Japanese」に設定。
5. [OK]をクリック。以下、警告が表示されるが全て[Yes]をクリックし、再起動する。

要するに、日本語版 Windows 2000 の言語切替えにインターフェイスの切換「Menus and dialogs」(メニューとダイアログ) が加わっただけである。他の言語に切り替えるときも手順は変わらない。

■ キーボードドライバの変更

Windows 2000 多国語版は英語版がベースであるから標準では日本語キーボードに対応していない。このため手動で日本語 106/109 キーボードに変更する必要がある。

1. [コントロールパネル]→[キーボード]をダブルクリック。
2. [ハードウエア]タブをクリック。
3. 図19のように101/102キーボードに設定されていたら[プロパティ]をクリック。日本語106/109キーボードであれば変更の必要はないので、[キャンセル]を押して終了する。
4. [ドライバの更新]をクリック。
5. 図20が表示されたら[次へ]を

図 19

図 20

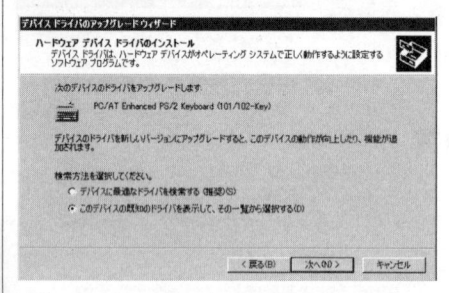

図 21

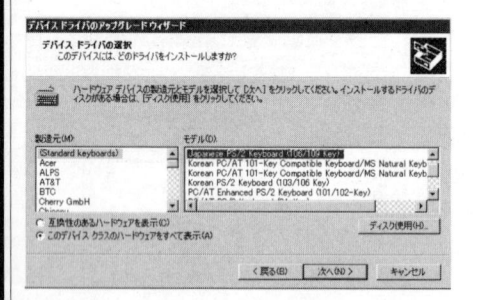

図 22

押す。

6. 図21の「デバイスドライバのアップグレードウィザード」で、下の［このデバイスの既知のドライバを表示して、その一覧から選択する］をチェック、［次へ］をクリック。

7. 図22で［このデバイス　クラスのハードウエアを全て表示］をチェックし、「モデル」ボックスで「Japanese PS/2 Keybord(106/109 Key)」を選択、［次へ］をクリック。

8. 図23の警告が出るが［Yes］を押す。

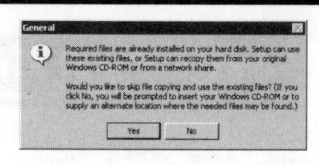

図23

　この他のドライバの追加・変更手順は、日本語に切り替えて作業すれば、日本語版 Windows 2000 と同じだ。

　また、日本語の表示フォントが美しくない場合は、［コントロールパネル］→［画面］をダブルクリックで開き、［デザイン］タブをクリックする。「指定する部分」を片端から切りかえると、下の「フォント」が表示されるものがある。全てについて「フォント」を「MS UI Gothic」に、「サイズ」を「9」に設定しよう。

海外ソフトと言語の壁

309

VMwareで複数Windowsを同時使用

千田大介　Daisuke Chida　二階堂善弘　Yoshihiro Nikaido

■ 切り替え使用から同時使用へ

　前述のようにWindows 2000を使えば海外ソフトを手軽に利用できる。しかし、一々言語を切り替えて再起動しなくてはならないので、中国語の学術データCD-ROMを操作しながら日本語の文章を書く、といった使い方はできない。

　System Commanderなどを使って1台のパソコンで複数のWindowsを使い分けるマルチブート環境を構築しても、一度に使えるのは一つのWindowsに限られてしまう。

　このような要求を満たすためには、従来、複数のパソコンを用意しなくてはならなかった。しかし、以下に紹介するVMwareを使うと、1台のパソコンで複数のOSを同時に使用することができる。つまり日本語Windows 2000で文書を書きながら、同じ画面上に中国版Windows Meと台湾版Windows 98を呼び出してデータを検索することもできるのだ。

■ 海外版Windowsの入手

　VMwareであれSystem Commanderであれ、OS本体は含まないので、海外版のWindowsがなくては何の役にも立たない。

　中国語圏では、簡体字を使った中国版Windowsと繁体字の台湾版Windowsの2種類が使われている。香港では歴史的経緯から台湾版Windowsが一般的だ。

最近は、日本国内でも中国・台湾版 Windows が比較的容易に入手できるようになった。中国書籍店で輸入販売を手がけているところも多いし、アカデミソフト[1]などの通信販売サービスもある。また、休日に秋葉原の露天で1万円数千円ほどで売っているのをしばしば見かける。都合のよい方法を選んで購入していただきたい。

1) http://www.academysoft.co.jp/pg_onlineshop/index.html。このほかのショップについては、Kanhoo! (http://www.iaet.gr.jp/kanhoo/) ホーム/コンピュータとインターネット/パソコンショップ、通販、カテゴリ参照。

■ VMware を使ってみる

■ VMware とは？

VMware とは、Windows や Linux の中に実際には存在しない仮想のパソコン、バーチャルマシンを作り、そこにさまざまな OS をセットアップして使えるようにするソフトだ。バーチャルマシンにセットアップできる OS は、MS-DOS、Windows 3.1 以上、Linux、FreeBSD など。ただし性能は、メモリ：48MB、ハードディスク：2GB と必要最低限なので、Windwos 2000 を使うには荷が重い。

VMware には英語版しかない。しかし、『VMware 徹底活用ハンドブック』[2]という本に、ダウンロード方法から使い方、さらにバーチャルマシンと実際のパソコンとの間のネットワーク設定方法までもが、英日対照で懇切丁寧に解説されているので、それを見ながら操作すれば迷うことはなかろう。以下の解説もごくおおざっぱに作業の流れを紹介するだけなので、実際に使いたい方は前掲書を参照されたい。

また、以下に掲載する情報は執筆時点のものであり、今後変更される可能性のあることをお断りしておく。

2) 『VMware 徹底活用ハンドブック』田口景介著（アスキー）2,000円+税。

■ 入手とライセンスの購入

VMware は VMware 社のホームページ (http://www.vmware.

海外ソフトと言語の壁

com/）からダウンロードして入手する。同社サイトの Download ページに移動し、製品リスト脇の［download］をクリックする。パッケージ版もあるが、さして購入のメリットはない。

また、VMware を使うためには別途ソフトの使用権を購入しなくてはならない[3]。価格は$299 でクレジットカード決済が可能。このほか、アカデミック版が$99 で提供されている。購入方法については、同社サイト Q&A ページを参照していただきたい。購入前に試してみたい場合は、ホームページのフォームに記入すれば、30 日間有効の評価版ライセンスを無償で取得できる。

[3] http://www.vmware.com/vmwarestore/salesfaq.html

■ VMware のインストール

ダウンロードしたファイルをダブルクリックすると、インストールが始まる。途中、インストール先やネットワーク設定について質問されるが、全て標準設定のままでよい。

セットアップが終わったら、ライセンスを登録する。VMware 社からの返信メールに添付される「.reg」で終わるファイルを任意の場所に保存してダブルクリックすればよい。仮想ネットワークを使いバーチャルマシンから、実際のパソコンに直接情報を送信できるようにする場合は、Windows 2000 を設定しておく。

■ OS のセットアップ[4]

［スタート］メニュー→［プログラム］→［VMware］→［VMware］をクリックすると、VMware が起動して図 1 の画面が表示される。新たな OS をセットアップする場合は、［Run Configuration Wizard］をチェック、［OK］をクリックする。セットアップする OS を選択し、ついでバーチャルディスクの保存先を指定する。複数の Windows をセットアップ

[4] 前掲『VMware 徹底活用ハンドブック』3-4、3-5参照。Linux 版についての解説だが、Windows 版も手順は同じ。

海外のソフトを使うには

312

する場合は、あとで区別できるように名付けておこう。あとは [Yes] をクリックし続けるだけだ。

　全ての項目に答えると、VMware の初期画面に戻る。そうしたら、CD-ROM ドライブにセットアップする OS の CD-ROM をセットして、画面左上 [Power On] ボタンをクリックする。バーチャルマシンが起動して、VMware のウインドウの中で OS のセットアップが始まる。あとは、一般のパソコンにセットアップする手順と変わらない。

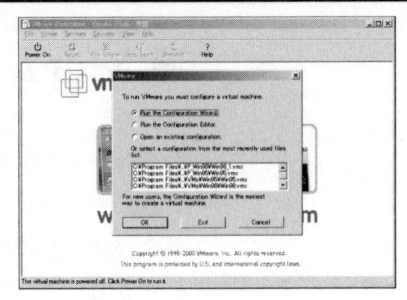

　このとき、マウスをバーチャルマシンの画面にあわせてクリックすると、バーチャルマシンへのキーボードからの入力・マウス操作ができるようになる。本来の OS に戻る場合は |Ctrl|・|Alt|・|Esc| を同時に押すと、マウスとキーボードが開放される。

　セットアップが完了したらバーチャルマシン用の各種ドライバとネットワークを設定する。上記手順をくりかえせば、複数の言語版の Windows をセットアップし、同時に使用することができるようになる（図2）。

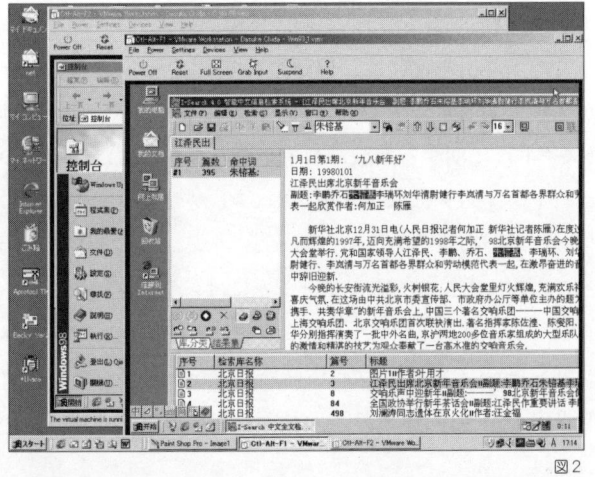

図1

図2

海外ソフトと言語の壁

313

■ システムコマンダーでマルチブート

　Windows 2000 多国語版を中国語に切り替えれば、ほぼ中国語 Windows として使用できる。このため、中国語 Windows を特に用意する意義は薄れつつある。

　しかし、ソフトによってはどうしても中国語 Windows 98/Me を必要とする場合がある。そんな場合は、1台のパソコンに複数の OS をセットすることのできる、ブートマネージャと呼ばれるソフトを使うとよい。

　もっとも、1台のパソコンに Windows 98 と 2000 を一つずつセットする場合は、特にこのようなソフトは不要である。Windows 98/Me を二つ以上、例えば中国語と日本語と韓国語の Windows 98 を同居させるといった場合、あるいは、Linux や超漢字といった、別種類の OS と Windows を1台のパソコンに同居させる場合などにこういったソフトが必要になるわけである。

　「システムコマンダー」はソフトボート社[5]の商品で、1台のパソコンに複数の OS をセットすることのできるソフトである。

　このソフトを使えば、何種類もの OS をセットすることが可能であるが、使う上で、パーティションや OS の起動（ブート）に関する知識が若干必要となる。また、1台のハードディスクには、4種類の OS しかセットできないので、注意が必要である。

　この他にも、ブートマネージャには、ランドコンピュータ社[6]の「Boot It（ブートイット）」、住友金属システムソリューションズ社[7]の「System Selector（システムセレクター）」などがあり、それぞれ異なる機能を持っている。

5) http://www.softboat.co.jp/

6) http://www.randcomputer.com/

7) http://www.smisoft.com/

■ Windows98/Me なら日中之星

　わざわざ中国語 Windows を使わず、また Windows 2000 で中国語に設定しなくても、日本語 Windows 98/Me の上で中国のソフトを動かすことが実は可能である。

　それは、アカデミソフト社[8]の「日中之星」を使うことである。この日中之星は、インストールして起動すれば、日本語 Windows 98/Me をまるで中国語 Windows のように変えてしまう、という機能を持っている。そのため、多くの中国製ソフトを動かすことができるし、中国語の文章を自在に作成することもできる。

　中国語 IME やフォントなども搭載しており、その機能は極めて豊富だ。簡体字（GB）も、繁体字（BIG5）も、両方とも使用できる。ただ Chinese Writer や cWnn とはやや異なった使い方となる。

　特筆すべきは、入力法の多彩さである。ピンインなどの発音によるもの、五筆などの形によるもの、数多くの入力法を使うことができる（図3）。

　かつては、このソフトは Windows 2000 の上では動作しなかったが、最新版では対応している。また試用版を使う場合は、アンインストールしたあと、完全は消えない場合があるので、その点を考慮する必要がある。

8) http://www.academysoft.co.jp/

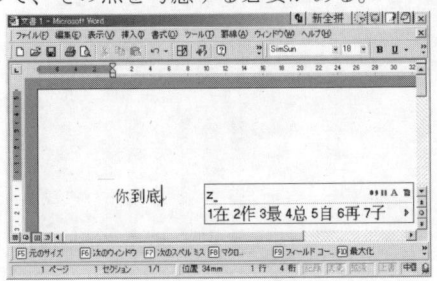

図3　日中之星を使って中国語を入力

厳選！中国語学術ソフト紹介

千田大介 Daisuke Chida

■ 四庫全書全文検索版

　清の乾隆帝が編纂させた中国書籍の一大全集である《四庫全書》は、21世紀を迎えるにあたり、電子版として新たな生命を得た。

　《四庫全書全文検索版》の開発は、北大方正、清華大学情報系、書同文、マイクロソフト中国などの、名だたるIT企業・機関が参画し、香港の迪志文化公司が資金を出資した、国家的プロジェクトであった。また、テキストデータ化の過程で発見されたUnicodeに収録されていない漢字は、次々とUnicodeに追加登録申請されていった。

　その結果として2000年に迪志文化公司と上海人民文化出版社から発売された《四庫全書全文検索版》は、180枚以上のCD-ROMに《文淵閣四庫全書》の全文画像データと全文検索システム（満州語・ウイグル語等を除く）を収録

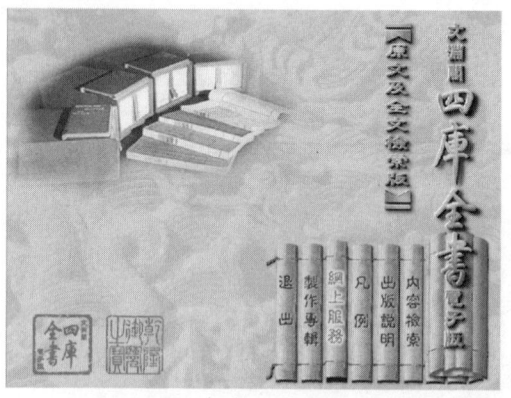

図1

海外のソフトを使うには

する。Windows 95 以上、Windows NT4.0 以上に対応するが、Unicode により完全に対応している Windows NT4.0/2000 で使った方がよい。日本語版 Windows でも問題なく動作する。メモリは 32 MB 以上となっているが、できれば 256 MB 以上はほしい。

具体的なインストール方法は、添付の詳細なマニュアルを参照していただきたい。

検索・閲覧ソフトをインストールした後に、画像・全文データをハードディスクにインストールすることができる。このとき、全文データと検索用のインデックス、各種ツールの CD-ROM 16 枚分だけを選択すれば、HDD 容量は 10GB ほどで済む。

図2

図3

■ 四庫全書全文検索版 CD-ROM を検索する

四庫全書全文検索版を起動すると、図1の画面が開く。ここで[内容検索]をクリックすると、全文検索画面（図2）が開く。上のボックスには検索したい字句を入力する。[高級検索]をクリックすると2つのキーワードの and・or 検索ができる。また強力な漢字同一視テーブルが装備されていて、同音語・異体字などの一括検索が可能だ。

次に、検索範囲を指定する。「検索範囲」下の[四庫分類]をクリックして経史子集の一つもしくは複数を選択する（図3）。書名や著者名で絞り込みをかける場合は（図2）、下の[書名条件][著者条件]をクリックして、

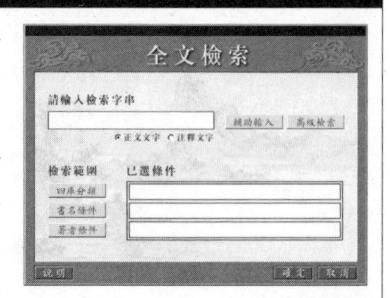

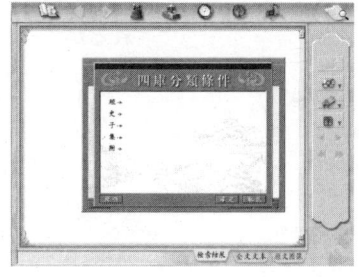

図4

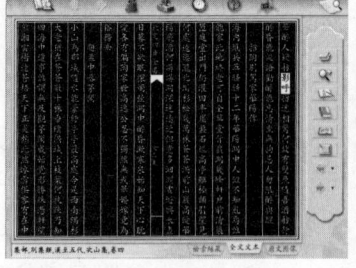

図5

海外ソフトと言語の壁

317

条件を入力する。

　これで右下の[確定]をクリックすると、図4の検索結果画面があらわれる。リンクになっている検索結果・巻名・書名などをクリックすると、本文の当該箇所にジャンプする（図5）。ここで表示されるのはテキスト版である。コピーツールを使うと、本文の画像・テキストデータをワードパッドやメモ帳にコピーできる。

　《四庫全書》は一般にテキストの質が余り高くないとされるが、それを差し引いても、7億字ものデータベースを瞬時のうちに全文検索できるのは大きな魅力である。

　中国では、このほかにも《四部叢刊》全文データベース（約1億字。本書付録、CD-ROMに試用版が収録されている。）、《中国基本古籍庫》（約20億字）などの大規模古典文献データベースが発売もしくは構築中である。もはや、電脳なしで古典・古代研究は成立しえない時代になったのだ。

■ 中国大百科全書

1) いずれも、中国大百科全書出版社の出版。

　中国の代表的百科事典である《中国大百科全書》の電子版は2種類ある。[1] 一つはCD-ROM 24枚組のバージョンで、セット価格は700元（約11,000円）前後だ。もう一つがCD-ROM 4枚組の1.1版で、価格も50元（約700円）と非常にお買得だ。いずれも8万項目、約1億2千万字にものぼるデータを収録している。

　両者の最大の相違点は、24枚組バージョンでは本文のテキストデータを保存・再利用することができるが、1.1版ではそれができないことにある。しかし、ちょっとした調べものに使うだけならば、1.1版でも充分だろう。

　動作環境は、中国（簡体字）版のWindows 98/ME/NT/2000

だが、日本語 Windows 2000 の中国語モードでも問題ない。インストールの際には、CD-ROM をセットしてマイコンピュータから CD-ROM ドライブを開き、「setup.exe」をダブルクリックする。自動起動しないので、注意が必要だ。

図6は1.1版の画面だ。左の索引フレームには、さまざまな索引がツリー構造で表示される。その中から目的の事項を捜してクリックすれば、右のフレームに本文が表示される。24枚版は、本文の上で右クリックして[保存条目]を選択すれば、本文の内容をテキスト形式で保存することができる。

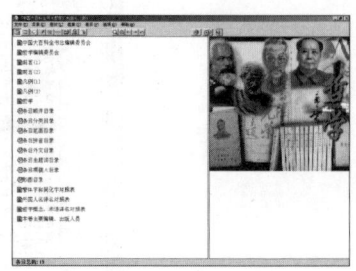

図6

索引語のフリーワード検索もできる。本文も含めた全文検索機能は、残念ながら備わっていないが、あの巨大な《中国大百科全書》が、コンパクトかつ安価な CD-ROM で購入できるのであるから、メリットは非常に大きい。

図7

■ 青蘋果の文献データ CD-ROM

1999 年頃から中国では、海賊版ソフト対策か、ソフトウエアの値段が急激に低下した。その流れに乗って、青蘋果から《家庭蔵書集錦》の後継企画だと思われる、比較的安価な文献データ CD-ROM が幾つか出た。

中国古典名著百部、世界名著百部、二十五史、資治通鑑、全唐詩、全宋詞、全元曲、中国現代文学名著経典などがあり、いずれも PDF 形式で簡体字の全文データが収録されている。最も高価な二十五史が 275 元、その他は 50～100 元ほど、中国各地の書店等で販売されている（図8）。

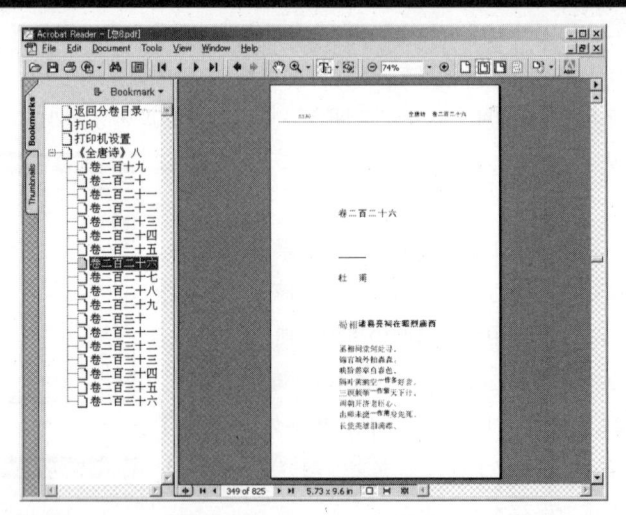

図8

2）Acrobat Reader のダウンロードは http://www.adobe.co.jp/products/acrobat/readstep2.htm から。
東アジア言語サポートは、上記ページで「Reder5.0用のアジアフォントパック」をクリックする。雑誌のCD-ROM に収録されていることもある。p.197「Acrobat と PDF」も参照のこと。

　従来、中国語 PDF ファイルを日本語環境で閲覧するのは難しかった。しかし、Acrobat Reader 5.0[2] では東アジア言語サポートをダウンロードし追加することで、日本語 Windows でも中国語 PDF を概ね問題なく閲覧できるようになった。ただ、ファイルやフォルダの名称に簡体字が使われていると日本語版 Windows ではどうしても閲覧できないのだが、Windows 2000 を中国語モードに切り替えることで解決できる。
　インストールは CD-ROM を挿入すると自動で始まる。Acrobat Reader がインストールされていないと、中国語の旧版が自動で組み込まれてしまうので、あらかじめ最新版の Acrobat Reader と各言語サポートをインストールしておくこと。インストールが完了すると、スタートメニューから起動できるようになる。ファイルにはプロテクトがかかっていないので、テキストコピーも可能だ。
　これらは本文データが簡体字であるため古典研究での利用には限界がある。しかし、リーズナブルな価格は大きな魅力だ。

第 6 章

これからの電脳中国学

　我が国の人文学、中でも古典学は、残念ながら理系や所謂実学などと比べて「役に立たない」学問と見られ、予算などの面で不当な扱いを受けている。ところがお隣中国では、古典学者が多数参加して開発したデータベースが、めぐりめぐってITの世界規格へと反映され、アメリカや日本のソフトウェア業界に大きな影響を与えている。

　IT社会で扱われるデータの多くはテキストであり、そのテキストについて多くの知識を蓄えている人文学も実学であるはずだ。あとはやる気とわずかな努力。本章の論稿を読めば、何が求められ、何が必要かがわかるだろう。

❖ 電脳中国学の展望

テキスト処理のプラグマティズム

師茂樹　Shigeki Moro

■ 検索のその先へ

■ 情報をしぼり込む

　テキストデータベースの利用目的は、一般的には検索ということになるのだろうか。

　これまで、人力で作られた索引をめくりながら目的の単語を探し、あるいはそもそも索引がない文献を頭から読んでいくような作業をしていた日々と比べれば、テキストデータベースがある現在の状況は天国のようである[1]。しかも現在、少なくとも中国学に限って言えば、テキストを入力するという作業はゴールが見えてきたと言っても言い過ぎではない状況である。中国において20億字以上——《四庫全書》の3～4倍という規模の漢籍データベースの開発が数年の内に完了すると言われており、また、台湾でも中央研究院を中心に着実なデータ公開が進んでいる。規模の上では遅れを取ってはいるものの、韓国や日本、欧米においても、漢字文献データベースは徐々にその公開点数を増やしている。もはやテキストデータベースという分野には、作業をする余地がないように見えるほど、充実しつつあるのである。このような天文学的な量の電子テキストを検索できる環境においては、検索した結果を検討する作業が従来とは比べ物にならないぐらい増えてくるだろう。かつて

---

1) 言うまでもなく、これらの地道な作業が、結果的にテキスト読解能力と忍耐力を高めていたという事実が厳然としてあり、筆者も効率ばかりを優先する昨今の状況は憂えているのであるが、ここではとりあえず「天国」——人間界より苦しみが少ないにも関わらず、いや、だからこそ人間界よりも仏教を学ぶ環境として劣るという仏教の世界観における天界に近いイメージ——としておく。

指摘したように[2]、検索する単語によっては意図しない用例が何百、何千とピックアップされ、途方にくれることも少なくない（例えば、唐代のマイナーな僧"文軌"を検索しようとしても、一般名詞"文軌"の用例がほとんどである等）。文献数が増えるほど、それを絞り込む技術が問われてくるのである。

■ 従来のしぼり込みシステム

では、従来の検索システムにおいて、情報の絞込みはどのように実現されてきただろうか。

比較のために紙テキスト時代のハイパーリンクシステムである索引を見てみると、《大正新脩大蔵経》の索引のように「書籍名」「人名」などと分類されている労作もあり、上記のような問題はクリアされているように見える。ただ、採取される索引語の選択は、最終的には採取者の判断に委ねられるため——極端な場合には採取者に読解能力がきわめて低い場合もあり——きちんとタームが拾われておらず、その結果我々の抱えている問題意識とうまくかみ合わない場合も少なくない。

一方テキストデータベースによる検索は、出力結果に多くのノイズが含まれる場合があってもその取捨選択権（と責任）は我々の手の内にあり、また網羅性という紙媒体では実現が難しいことができる魅力もある。大学者が余人の及ばないレベルの読みと判断力で作った分類ならいざ知らず、移ろいやすい学界のその時々の規準で作られた索引しかないのであれば、その先の研究を目指す人がテキストデータベースを選択するのも無理はない。

では、既存のオンライン・データベースにおける絞り込みについてはどうだろうか。所謂 And 検索、Or 検索などのほかに、例えば中央研究院の二十五史データベース[3]で

2）師茂樹[1998]

3）p.126「台湾中央研究院」参照。
http://www.sinica.edu.tw
/ftms-bin/ftmsw3

は、二十五史全体－史記－本紀－五帝本紀…という具合に検索範囲を絞り込むことができるようになっている（下図）。もっともこのような史書特有のテキストの体裁に基づく絞り込みでは、「紀元前2世紀に生きていた人全員」というような絞り込み方は不可能である。

```
二十五史 ─── 史記 ─── 本紀 ─── 五帝本紀
      ├── 漢書  ├── 世家  ├── 夏本紀
      └── 三国志 └── 列伝  └── 殷本紀
```

そもそも、既存のデータベースを利用する際に、我々ユーザ側が絞り込みの手段について与えられた自由度は、現在のところかなり小さいと言ってよい。各国の大規模データベースの公開形態を見てみると、CD-ROMによる配布やWeb上での検索サービスが大多数を占めており、閲覧や単純な検索が主な利用目的となっていることは明白である。テキスト自体をダウンロードできるサービスをしているところは少なく、ところによってはデータがテキスト形式ではなくバイナリ形式であることも珍しくない。絞り込みのために利用者が独自のマークアップ[4]を追加することなどできないのである。

もちろん、表示されたテキストからコピー＆ペーストなどをすることでテキストそのものを入手することは可能であろう――Perl[5]などを使えばこの作業を自動化することも容易であろう――が、2次的な利用という点でデータとしての不安（著作権問題のほか、コピーの際に起こりうる文字の脱落や文字化けの心配など）や、公開者が意図しない利用をしているという後ろめたさなどがつきまとう。

したがって我々が次に求めるべきは、利用者にとって自由度の高いデータベースであり（もちろん、従来型のデー

4）テキストの本文以外のさまざまな属性情報（テキストの内容に関することや、文字のスタイル、レイアウト情報、ハイパーリンク情報など）を、あらかじめ定義された方式でテキスト中に記述していくこと。HTMLやXMLは代表的なマークアップ言語である。

5）テキスト処理やネットワークプログラミングに適した強力なプログラム言語。

タベースを全否定しているわけではない。大規模データベース構築のコストとのバランスで公開形態も決定されるのであろうから。）、それを使いこなすためのテキスト処理やマークアップなどの技術なのではなかろうか。その意義において我々のなすべきことはまだまだたくさん残されているのである。

■ データを共有する利点・番外編

■ 伽藍とバザール

エリック・レイモンド氏の言葉[6]を借りれば、中国などで行われている昨今の大規模なデータ開発は「伽藍方式」と言えるだろう[7]。もっとも、レイモンド氏の文脈においては伽藍方式には「悪い大企業」的なイメージがあるが、何度も繰り返すがここでは従来型のやり方を全否定しているわけではない。厳密さが求められる学術データベースの場合、論文執筆に対するものと同じような感覚で、自分の仕事は自分の力でやり遂げたいと考えるのは自然なことだろうし、バージョンの管理やセキュリティの問題なども伽藍方式の方がずっと管理しやすい[8]。

一方、バザール方式であれば、理念としてはすべての人にデータの改変の権利が与えられ、開発者と利用者との間に境界線はなくなることになる。つまり、非常に理想的な状態を想像すれば、すべての専門家・研究者がデータの校正・校訂、マークアップに参加することによって、考えられる中で最高の品質のデータベースができるのである。もちろんこれは理想であり、すべての研究者や専門家がそのプロジェクトに参加できるわけではなく、また船頭が多いために船が山に登ること[9]もあり得ることであろう。しか

6）Raymond・山形[1999]等参照。ちなみにRaymond氏のテキストは電子テキストの特性を活かして現時点（2001年6月）でもバージョンアップをしつづけている。

7）もっとも、たった独りで開発・公開している場合でも、ユーザ側に参加の権限がない場合は伽藍方式と言えるだろうが。

8）バザール方式におけるバージョン管理については、CVS (Concurrent Versions System) という優れたシステムがあり、筆者もデータベースの開発で実際に利用しているがたいへん便利である。ただし、一般的なバザール方式での開発では、ひとつのソースコード——たとえばLinux——をたくさんの人々が開発するのに対して、大規模テキストデータの場合は、非常に多くのデータを少数の研究者が改定していく、という形が予想される。したがって開発者とデータとのバランスが一般的なバザール方式と異なり、それほど効率化しない可能性も否定できない。

9）たとえば、法律解釈のデータベースを想像せよ。

しながら、すべての研究者がデータを直接アクセスできる機会を保証されているのは、「検索のその先」を目指す者にとって非常に大きな魅力ではなかろうか。

■ プロセスの重要性

ところで、誰もが作業に参加できる環境のメリットは、よりよいデータベースができることだけにとどまるわけではない。

> コンピュータがテキストの処理・分析における強力なツールであるというのは、これまで何度も述べられてきたことである。しかし、私が強調したいのは、テキスト研究における情報技術の利用を通じてテキスト分析の新しい方法に関心が持たれることで、伝統的なテキスト観を明らかにすることにもつながるのではないか、ということである。(Huitfeldt[1995]、訳および下線は師)

この意見は、筆者の経験からも首肯しうる。つまり、電子テキストにマークアップを施すという作業を通じて、元テキストそのものやそれを解釈してきた従来の方法論についての再考が促されるというのだ。共通点がありつつも異なる方法を比較することでそれぞれの特徴が浮き彫りになる、という意味では、比較文学や比較思想などの方法論に近いのではないだろうか。

さらに、大規模なデータベースを作成するために必要不可欠な共同作業に関する様々なノウハウ、特に如何なる組織、如何なる分担によって開発を進めるべきなのかというチーム編成やコラボレーションの進め方などが実地で経験できるという利点がある。

台湾では、本格的な XML 化のプロジェクトが進んでおり、中国で開発されている中国基本古籍庫は各大学・研究機関

の漢籍の専門家が参加しているというが、これらの作業を通じて研究者・学生が得たさまざまな経験は、将来への大きな財産となるであろう。また、Markup Language を生み出した欧米には、Maler[1996]のようにプロジェクトの運営やデータの管理についてのノウハウに章を割いている著作もあり、共同開発・分散作業の経験が成熟し共有されているという印象を受ける。このような蓄積の有無は、今後決定的な体力差となってあらわれるだろう。日々増加するノウハウの蓄積を共有しなければ、海外のプロジェクトと対等な関係で共同開発をできるわけがない。大規模データベース開発の経験に乏しい日本には、学生のコラボレーション能力を鍛える場も少ないのだ。

　例えば、仏教学におけるコンピュータ利用を見れば、80年代から90年代初頭にかけて日本における活動が世界的にもかなり進んでいたが、コラボレーションと情報交換とを目的として90年代後半から活動を始めたEBTI (Electronic Buddhist Text Initiative) において効率的にノウハウが蓄積され、日本がその輪に加わらない間に現在ではすっかり追い抜かれてしまったと言ってよい。

　バザール方式での開発であれば、自分から輪に加わることが容易になると同時に、世界中にいる高いノウハウを身につけた人を仲間として迎え入れることができ、EBTI のごとく効率的に、上記のようなさまざまな教育効果をも期待することができるのである。

■ マークアップのその先へ

■ マークアップの限界

　上記 EBTI などのコラボレーションの場においては、デー

タのフォーマットとして XML を用いることがすでに常識となっている。開発の初期段階、設計段階では各 OS の使い慣れたアプリケーションを用いて試行錯誤を繰り返すものの、実際に共同開発・コラボレーションの場にデータを公開する段に至っては、特定の条件（OS やアプリケーション、言語など）になるべく縛られない形――現時点では XML が最もその要求に適合している――で公開することを表明しない限り、コラボレーションも実現できないからだ[10]。

しかしながら、XML は万能ではない。『大阪市史』に収録される史料を電子化し SGML によってマークアップを試みた柴山守氏は、「SGML 化に際しての種々の問題点」として次の4点を挙げ（柴山[1999]）、マークアップ言語の限界を指摘している。

1. SGML 化の目的、すなわち印刷出力、検索、文書交換などの内容によって SGML 化の設計が異なる。これは、言い換えれば、ある目的のための SGML 文書を別の目的には利用できない。
2. SGML 化の目的によっては、原テキストの文書構造と異なり、SGML 化が不可能な場合がある。すなわち、歴史テキストでは明確な構造化が不可能な場合が存在する。
3. SGML 化の目的によっては、原テキストに手を加え、変形しなければならない。すなわち、タグを取り除いても元のテキストを復元することができない場合がある。
4. 属性値の付与などで参照関係の設定が不可能である場合が存在する。

以上の指摘は、主に史料の外見的な情報（レイアウトなど）と文章内容との関係について述べたものであるが、内

---

10) 最近、EBTI で目立つコラボレーションの例としては、テキストデータベースと辞書データベースの連携が挙げられる。それぞれスタート時点ではまったく別のプロジェクトだったもの同士が、XML という共通のフォーマットによって統合され、テキストを読みつつ辞書が引けたり、辞書の項目の用例に瞬時にジャンプできるなどの機能が実現されている。

容に即したマークアップをする場合にも、和歌の掛詞や芝居の台本などテキストの流れが重層的である場合のマークアップにおいて生ずる所謂 CONCUR 問題[11] など、多くの難問が課題として残っている。

上にあげられている中、2、3については Moro[2001] などで提案したように SVG（Scalable Vector Graphic）などを用いることで2次元的なレイアウト情報と「原テキストの文書構造」とを混在させることが可能になる場合もある。もっとも完全な解ではあり得ず、今後も悪戦苦闘が続くことであろう。

■ N-gramで見えてくるもの

コラボレーションという点では少し外れるが、マークアップの限界を克服する試みとして注目されつつあるのがN-gramによるテキスト分析である。N-gram とは2文字、3文字…n文字（文字だけではなく、単語でも可能）が隣接して発生する頻度のことで、たとえば「如是我聞一時仏在舍衛國祇樹花林窟」というフレーズの2グラム[12] を取り出すと

如是　是我　我聞　聞一　一時　時仏　仏舍　舍衛　衛國
國祇　祇樹　樹花　花林　林窟

ということになり、3グラムの場合は、

如是我　是我聞　我聞一　聞一時　一時仏　時仏在　仏在舍　在舍衛　舍衛國　衛國祇　國祇樹　祇樹花　樹花林
花林窟

11) Barnard[1995]等参照。先に引用した Huitfeldt 氏も参加している「GODDAG」という全く別のマークアップ・システムを提案する動きもある。

12) 1～3グラムのことを特にユニグラム、バイグラム、トライグラムと呼ぶ。

という具合になる。非常に大雑把な解析方法で、実際多くの欠点[13]を有するのであるが、形態素分析では得られない単語を超えた文字列の頻度調査は意外に強力な分析データを提供してくれるのだ。形態素解析とそのマークアップという一連の作業を経て、近藤泰弘氏らがN-gramを選択した意味は重い（近藤[2000]）。最近では石井公成氏が提案した複数のN-gram結果を比較する方法であるNGSM(N-Gram based system for Multiple Documents) も、テキスト分析をする研究者に対して強力な手段になることが期待される(Ishii[2001])。

[13] たとえば、用例が一度もないものの推定値（出現する確率）がゼロになってしまう所謂ゼロ頻度問題などがある。この問題に対しては、数多くのスムージング方法が提案されている。

■ まとめ

マークアップやN-gramに限らず、さまざまな画期的なアイデアが登場するための環境としては、やはり自由度が高いテキストデータベースの流通こそが肝要なのである。そして、データや方法論の精度について学術的な検証を行うことが可能なコラボレーションの場へ、開発者と利用者の双方が積極的に参加し実践することによって、単なる検索にとどまらない電子テキストの利用方法が確立されていくのではないだろうか。

■ 参考文献

Barnard, David, et al. "Hierarchical Encoding of Text: Technical Problems and SGML Solutions". *Computers and the Humanities* 29.3 (1995): 211-231.

近藤泰弘『日本語記述文法の理論』（ひつじ書房、2000年）

近藤泰弘「《文化資源》としてのデジタルテキスト――国語学と国文学の共通の課題として――」(『国語と国文学』平成12年11月特集号)

Huitfeldt, Claus. "Multi-Dimensional Texts in a One-Dimensional". *Computers and the Humanities* 28 (1995): 235-241

Ishii, Kosei. "Classifying the Genealogies of Variant Editions in the Chinese Buddhist Corpus". 2001 EBTI International Conference, Seoul, Korea, May 2001 口頭発表 (Proceedings 刊行予定)

Maler, Eve and Jeanne El Andaloussi. *Developing SGML DTDs: From Text to Model to Markup*. New Jersey: Prentice-Hall, 1996.

師茂樹「電子テキスト概論」(漢字文献情報処理研究会編『電脳中国学』、好文出版、1998年)

Moro, Shigeki. "Complex Spatial Digitization Tasks for the SAT Project". 2001 EBTI International Conference, Seoul, Korea, May 2001 口頭発表 (Proceedings 刊行予定)

Raymond, Eric Steven. "The Cathedral and the Bazaar". http://www.tuxedo.org/~esr/writings/cathedral-bazaar/、山形浩生訳「伽藍とバザール」(http://cruel.org/freeware/cathedral.html、山形浩生・田宮まや訳『伽藍とバザール オープンソースソフトLinuxマニフェスト』〔光芒社、1999年9月〕所収)

柴山守「大坂町触のSGML/XML化と全文検索」(京都大学大型計算機センター第62回研究セミナー報告、1999年3月)

人文学的なコンピュータ教育について

山田崇仁　Takahito Yamada

■ はじめに

　コンピュータリテラシーとして大学で行われている教育の大きな部分を占めるのは、Word、Excel、及びWWWやメールの利用方法の解説や実習だろう。[1]

　確かにこのような科目設定は、大学のシステムに慣れるためや、情報リテラシー能力の底上げのためにも必要である。しかし、他の科目ならば、基礎教育の後に応用やより専門的な教育を行うのが普通ではないだろうか。

　筆者の勤務校でも、応用的な人文系情報処理教育が開講されている。内容はVisual Basicによる基礎プログラミングやExcelの徹底活用等実に様々だが、逆に「応用的な人文系情報教育」についての共通するテーマがないことを表してもいる。

　これは一面では人文学それ自体の多様さを示していると言えようが、やはり専門分野に生かすためにも、そこと結びつく内容であるのが望ましい。例えば中国学の分野で古くから重要な要素だったのは、文書や文献の文字列、則ちテキストの扱いである。

　そこで筆者は、応用的な人文学的情報処理教育として「テキスト処理」、具体的には「テキスト処理」「多言語情報処理」を内容に授業を行った。ここでは、テキスト処理教育の意義と実際の授業の進行を説明し、問題点や今後の課題を述べる。人文学系の情報処理関連科目を担当される方に、一つの事例として参考になれば幸いである。

1）初心者向け科目は、情報処理教育を標榜する教育機関ならば、どこでも開講しているだろう。
　しかし、中学校の授業でもコンピュータ関連が採り上げられることからも分かるように、大学における初心者向け情報教育は、いずれ再考を要するだろう。
　数年後には、初心者向け講座のみ開講して「情報教育に力をいれています」と力説しても、受験生に相手にされない情況になるのは確実になると思われる。

■ テキストを中心とした情報処理教育

■ テキスト処理を中心とした科目の意味づけ

　人文系研究者の中には、既に高度なテキスト処理を駆使する方もおられるだろうが、殆どの方は検索・置換機能すら十分に使いこなしていないのではないだろうか。

　テキスト処理は実に奥深い。単純な検索・置換のみならず、正規表現・N-gram・統計処理を駆使したデータの抽出と分析に至るまで、実に多彩である。テキスト処理は一見すると地味な作業だが、資料を読み込んだ研究者になればなるほど、今まで苦労して発見した結果が、テキスト処理によって僅かな時間で再現されることに非常な驚きを持つ。そう、資料の扱いの神髄を極めた者ほど、テキスト処理は珠玉の輝きを見せるのだ。

　しかし、テキスト処理手法は深遠ではあっても入り口が狭いわけではなく、また、少数の研究者のみの独占物でもない。どの学問も基礎から始まって深遠な領域に至るように、テキスト処理も基礎があってこその代物であり、基礎を学ぶだけでもずいぶんと役に立つのである。

　従って人文学の裾野を広げるという意味でも、人文系の情報処理教育において「テキスト処理」を積極的に採り上げるべきではないだろうか。

■ テキスト処理授業の実際
● テキスト処理の前に ─ 文字コードとテキストファイル

　筆者は、テキスト処理実習の前に、コンピュータ上での文字処理の実体、則ち「文字コード」「テキストファイル」についての解説を行うことにしている。

　おそらく、受講者の殆どが文字コードやテキストファイ

ルについての知識がない。ましてや「機械に弱いから選択した」と真顔で言う学生がいるのが文学部である。いきなりエディタやワープロソフトを利用してテキスト処理実習を行っても、結局は上滑りになってしまう。

詳しい内容は、紙幅の都合もあって省略するが、少なくともこれらを学習することによって、テキスト処理に必要な最低限の知識を学習してもらった。

● JIS以外の漢字入力

本格的なテキスト処理（検索置換処理が中心だが）に入る前に、効率的な文字入力の練習を行った。

これは担当が文学部であることと、「Windows系OSではJIS X 0208系の7千字弱しか文字を扱えない」と言う寝言から解き放つのが目的である。

実際にはIMEがMS IME 2000だった事情もあり、フルUnicodeではなく、JIS第一・第二及び補助漢字[2]までの入力になったが、手書き入力やコード一覧からの入力・及びレーザープリンタ特有の印刷方法について解説した[3]。

■ テキスト処理の基礎 ― 検索と置換 ―

さて、いよいよテキスト処理である。はじめに「検索と置換」の実習を行った[4]。これらはテキスト処理では基本となるスキルであり、ここで初めて受講生はコンピュータ上でのテキスト処理の便利さを認識してもらうはず？である。

使用アプリは有名な秀丸エディタを使った。秀丸は単体で検索・置換・grep・正規表現（要JRE32.DLL）に対応しており、この手の授業には最適である。

検索・置換に関する受講者の理解度は満足ゆくレベルであり、授業は比較的スムーズに進行したが、grepで少々

2）補助漢字入力課題の一部
公孫瓚 譙周 八佾
幽風 劉歆 閭若璩
褚遂良 你好 龐統
楊戯 君奭 帝嚳

3）具体的な方法は、本書のp.48「日本語IMEを使いこなす」および、p.173「MSOfficeと一太郎」を参照。

4）検索課題の一部
「百人一首.txt」の詠み手の内「大臣」を肩書きに書かれている者は何名か？詠み手及び歌も併せて挙げなさい。
「grep課題」フォルダから、grepコマンドを使って、「東寺」をキーワードに検索し、grepの結果生成された結果ウィンドウの「データ全て」をコピー＆ペーストしなさい。

戸惑うことになる。例えば秀丸で grep を行う場合、検索対象フォルダ及びファイルの指定をする必要があるが、受講者はなかなか該当フォルダに到達できなかった。

また複数ファイルを一括指定するために、拡張子やワイルドカードを利用したが、最近コンピュータに触れた受講者にとっては、これらは見慣れない代物なのだろう。理解にとまどう様子も見られた。

従って、grep でのテキスト処理を説明する課程で、「フォルダやディレクトリとは？」「拡張子って何？」について、一通りの説明を要することになった。

■ 奥地への第一歩 ― 正規表現 ―

さて、テキスト処理を目的とした授業の最大の山場にして難関、それが正規表現である。[5]

実習の前に、正規表現についての説明と、正規表現で用いる「メタ文字」「エスケープシーケンス」の2項目の解説を行った。

実際の授業だが、まず特定の正規表現を示し、それに対応する正規表現の式を示させた。例えば「全てのひらがな」ならば「[ぁ-ん]」を明示させるのである。

ある程度正規表現の書式に慣れた段階で、テキストファイルから正規表現で文字列を検索させてみたり、テキストを加工させてみたりした。

やはり正規表現は難解だったようで、受講生も初めのうちはかなり戸惑っていた。特に「改行コードを跨いだ文字検索」「～を含んだ文字列」「～以外の文字列」といった正規表現を見つけだすのに苦労していた。また、複数の正規表現や grep とを組み合わせて行う複雑な検索に至っては、初めはお手上げ状態だった。

一応実習時間もそれなりに用意したので、最後には合格

5）正規表現課題の一部
kanji.txt を開き、「第一水準の漢字」を ■ に置き換えなさい。次に「改行」を［全角空白］に置き換え、最後に実行結果及び、検索式を貼り付けなさい。
kanji.txt（一部のみ）
亜
会
合
辧
魁
西
遘
錏
鋊
鴉
安

レベルまで理解してくれたが、各人が今後どの程度正規表現を使いこなしてくれるかは、今一確信が持てない。

● Word 2000での正規表現 ─ ワイルドカード ─

秀丸での実習後、おそらくより使用機会が多い（だろう）Word 2000を使った正規表現も実習した。

Word 2000では、正規表現を「ワイルドカード」と言うので、Windows自体のワイルドカードとの違いについて説明が必要だが、既に正規表現を実習したため、単に「Wordでは正規表現をワイルドカードと言い、メタ文字やエスケープシーケンスも、秀丸とは書式が違う。」と説明するに留めた。Word 2000のみで実習を行う場合は、当然メタ文字とエスケープシーケンスから説明する必要があろう。[6]

6）Word 2000の検索・置換機能で便利なのは、「特定のフォントや文字飾りの検索や置換」だろう。例えば、MingLiUやSimSun等の中国語フォントのみで文書を作成した場合、どうしてもひらがなや句読点が日本語のフォントに比べて美しくない。それをWord 2000では正規表現とフォント置換とを組み合わせて、ひらがな・カタカナ・記号のみを日本語フォントに切り替えることが可能である。

■ 多漢字情報処理授業

■ 多漢字情報処理の目標

テキスト処理は、ローカルな環境に保存されたデータが対象である。一方、多漢字情報処理は、インターネット上のデータベース利用等、ローカルのデータ以外も対象にした。一応、授業では極初歩的な内容に絞って、「JIS第一・第二水準以外の漢字の入力・印刷」「中国語（簡体字・繁体字）の入力と印刷」「中国語Webページの閲覧と検索」「公開データベースの検索」を実習の目標にした。

■ 多漢字情報処理実習の前に

まず、実習の前に、文字コードの解説を行った。内容はテキスト編のそれがベースだが、テキストについての解説を最小限にして、その分日本語用文字集合以外の文字コー

ド（実体は中国と台湾の文字集合）解説を付け加えた。

以下実際の進行順に沿って説明する。

■ 多漢字授業の実際

　文字コード解説後、JIS の第一水準・第二水準以外の部分について入力・印刷を行った。具体的な内容はテキスト編と同じだが、これは「テキスト・多漢字両編の受講者が同一ではない」という事情と、特に多漢字授業ではレーザープリンタからの印刷には注意が必要なことを学んでもらうためである。

● 中国語の入力─簡体字と繁体字─

　筆者の授業は文学部共通の科目のため、中国語を履修していない受講生もいる（むしろそちらの方が多い）。従って本授業では、中国語入力に必要となるピンインについての説明をしてから、入力実習を行った。

　もちろん、課題として入力させるデータには、あらかじめピンインを付与してある。また、最近の日本開発の中文 IME（授業では cWnn98R4.5 を使用）の中には、「日本語読み→中国語変換」機能を持つソフトがあるので、簡体字入力については、これを利用して入力させ、中国語に馴染みがない受講生にも中国語入力を実習してもらった。[7]

● 中国語のインターネット

　中文 IME の基本操作を学んだ上で、WWW ブラウザを使っての中国語利用を実習した。

　初めに各ブラウザでの中国語表示設定を行った。[8] 設定後、中国語 Web サイトの閲覧と検索を行ったが、授業で利用するサイトの選択には、注意を払う必要がある。

　何故なら、授業中に同時多数のアクセスが発生する以上、

7) ただし、cWnn98 は繁体字入力のバグが多く、こちらの意図した通りの実習が行えなかった。例えば、才能の「才」を「cai」で変換し「才」が表示されたので確定すると、「纔」に変換される。また、GB や BIG コードの文字全ての入力が不可能。この手のソフトウェアの不具合は、情報処理授業には常に付きまとうが、こちらでは何ともできかねるので、時にもどかしく感じたものである。

8) 実習当時は、Netscape Navigator 4.7 しかインストールされておらず、中国語表示設定も間違っていたので、正しい設定を教える必要があった。なお、現在は Internet Explorer 5.5 もインストールされており、中国語表示設定も訂正されている。

これからの電脳中国学

利用サイトがその環境に耐えられないと、授業は進まないし、サイト側にも迷惑をかけるからである。授業ではこれらの点を勘案して、Yahoo! Chinese を選択した。

Yahoo! Chinese にアクセス成功後、実際に検索を行わせるが、cWnn は Netscape Navigator 4.*系非対応アプリケーションなので、一部正常に入力できない文字がある。あらかじめ不具合が生ずる語句を検索キーワードから排除すれば、授業でのトラブルは防げるが、後々のことを考慮して、この不具合に関しては説明をした（現在は対応アプリの Internet Explorer 5.5 を使用）。検索キーワードは、受講生が知っているだろう日本のキャラクターに関する中国語の単語を指定し、それに関するサイトを検索させた。

● 学術サイトの検索 ― 寒泉 ―

GB 及び BIG5 両方の中国語サイト及びサーチエンジンの利用に慣れた段階で、学術向けサイト検索を行った。

具体的には、寒泉を使った。この種の中国古典文献データベースでは、中央研究院漢籍電子文献が最も著名だが、勤務校のインターネットバックボーンは、中央研究院への同時多数アクセスを満たす環境にはなく、それよりはレスポンスが軽かった寒泉を選択した。しかし、全員が一度にアクセスできたわけではなく、受講生の1/4 程度、十数人が同時アクセスの限界だった。従って、実習進度に差が生じたのは否めないが、各自空き時間に学生用共用パソコンを利用して自主学習させることで補ってもらった。

内容は初めに寒泉の検索手順の説明を行い、単純な検索から、複数キーワードを利用しての and, or 検索、複数の書籍を組み合わせての検索を実習した。[9]

最終的には、別データベースで検索した歴史的事象に関して、寒泉で関連文献を検索し、その日を西暦（曜日まで

9）寒泉の検索課題の一部《先秦諸子》から「02. 老子」「05. 墨子」「08. 商君書」「10. 韓非子」「14. 呂氏春秋」を選択し、「天下」「株」をand 検索し、その検索結果を全てコピー＆ペーストしなさい。

初めに『資治通鑑』の「04. 魏紀」で「張郃」をキーワードに検索すると、検索結果の7番目（第七筆）の文章に会話文がある。その出典は『三國志』にあるが、それを検索し、検索結果を全てコピー＆ペーストしなさい。

両千年中西暦転換にアクセスし、明の万暦23年正月癸卯（『明史』神宗本紀 豊臣（文中では平）秀吉封日本国王の日付）は西暦のいつにあたるか計算し、答えなさい。

338

答える）に換算する（中央研究院の中西暦転換を利用）作業までこなせるようになった。

■ おわりに ― 問題と展望 ―

■ 様々な問題点

授業の過程で、様々な問題に直面した。ここに幾つか挙げておこう。

● コンピュータの問題

大学のコンピュータ機器は、常に最新の設備とは限らない。むしろ数世代のシステムを使っている所が大半だろう。ハードウェアはともかく、ソフトウェアに関しては、自分が日常使用しているバージョンと、授業用のそれでは異なる場合があり、その環境を用意するのは存外面倒である[10]。筆者は授業用環境を別途用意しているが、それでもアプリケーションに事前準備と異なる動作をされて困った経験がある。

またネットワーク環境も、場合によっては足を引っ張る。例えばネットワーク回線が細いと、受講生が授業中に同時印刷するだけで、ネットワークプリンタへのアクセスが不可能になり、ついには印刷元のコンピュータまで動かなくなり、折角作成した課題がだめになったこともある[11]。また、インターネットに関しても、インターネットへのアクセスが集中する曜日や時間帯で、レスポンスが極端に変わることも珍しくない。できればバックボーンの増強が望ましいが、それが無理なら、学生のインターネット利用頻度が少ないと曜日や時間を狙って、授業時間を設定するという方法もある。

10) ソフトウェアのバージョンに関する問題は、アプリケーションのみならず、OSのバージョンも該当する。
また、特定のアプリケーションに含まれるソフトウェアがシステムの都合上インストールされておらず、困った経験もある。

11) 以前、内部ネットワーク回線が細かった頃は、受講生が一度に電子メールソフトを起動してネットワークにアクセスするだけで、ネットワークが停止したこともあった。

また、インターネット利用の際、メンテナンスやアクシデントで目的のサイトにアクセスできず、当日授業ができなくなる可能性もある。筆者は幸いにしてこのような経験はないが、授業前日に目的のサイトがメンテナンスでアクセスできず、翌日までやきもきした経験はある。

このように、情報系の科目は教員が対処できる範囲外の事象により、授業が円滑に運営できない可能性が生ずることを忘れてはならない。受講生の端末がクラッシュする程度など、まだかわいいものである。また、半年に一度はウィルス感染騒ぎが起きるので、セキュリティにも十分に注意を払うべきだろう。

● テキスト処理に導く

既に冒頭で述べたが、テキスト処理は一見すると非常に地味な作業であり、初めはその便利さを理解してくれない。

しかし、「一字索引を使え」とか「辞書を引け」とか授業で言われ、一日かけて必死に書籍で調べたのがたった一つの用例だけだった、という類の経験をした受講生ほど、テキスト処理の便利さに驚きを隠せないかもしれない。

また、今まで入力できずに手書きで書き込んでいた文字、これが簡単に入力できる。このある意味感動的？な体験を見せつけて興味を引かせる、これが人文系テキスト処理に導く糸口になりやすいだろう。

ただ、この興味の範囲が学問分野によってかならずしも一定しないので、網の広さと目の細かさ、投げる目標の設定が問題となる。初めは一般的なサーチエンジンを使って、様々なキーワードを駆使して情報を手に入れるという辺りから始めるのが無難なのかもしれない[12]。

---

12) 中国学に関わっているか否かに限らず、日本人である以上、漢字との縁は切っても切れないはずだが、昨今の漢字に関する認識力低下は授業でも明白である。おそらく読み書き能力の低下以前に、日常的に漢字に触れる機会が失われているためだろうが、せめて熟語程度は、かなに開くのはやめて、ふりがなで補ってほしいものだ。

■ 今後の人文系情報教育の展望

　人文系、特に文献学はコンピュータでのテキスト情報処理に、もっと目を向けるべきだろう。筆者はテキスト情報処理の初歩という観点から授業を行ったが、様々な制約もあって、はなはだ中途半端に終わっているのが現状である。

　また、受講生がテキスト処理の便利さをどの程度認識してくれたかの実感が持てないので、専門分野にテキスト情報処理を学んだ結果が生かせたかどうか判断しにくい。結果として「疲れる授業だった」という感想では意味がない。どの授業でも「ハードだったが充実した内容だった」というのが理想だろうが、こと実習系の授業に関する限り、授業を離れて実際に自分の専門分野で使ってくれなければ意味がないのだ[13]。

　授業の内容も、現在は日本語やアルファベットまで取り混ぜたテキスト処理や、インターネットでの学術情報データベースの積極的な利用が中心だが、今後は抽出したデータを Excel で簡易分析する等、やりたいことはある。ただ、あまり難しい作業は受講生が敬遠するだけなので、この辺りのバランスが問題である。

　最先端に居続けることは難しいが、情報を仕入れ、それを咀嚼し、新たなデータベースやテキスト処理の成果が見いだされたら積極的に利用し、授業でも学生に使わせてみる。それが教える側の義務だろう。

　情報処理の授業は、極端に言えば半年前とは状況が全く違っている可能性を忘れてはならないだろう。

13) それでも、多少の受講生は、授業で学んだインターネットのデータベースにアクセスしての検索等を利用して、専門の授業の調べものをしているようだ。

変貌する電脳中国学

二階堂善弘　Yoshihiro Nikaido　千田大介　Daisuke Chida

■ はじめに－発展する情報ツール－

　コンピュータや通信ネットワークの発達が、現代社会の多方面に影響を与えていることはいまさら強調するまでもなかろう。それは経済・文化・教育などのあらゆる局面にまで及んでいる。

　研究・教育の場面に限ってみても、その動きは顕著である。学術論文や研究のための資料、各種の報告書や統計資料などを、インターネットを通じて収集することはごく当たり前になってしまった。世界各国の研究機関や図書館でも、所蔵資料を電子化しようとする動きも盛んである。しまいにはマサチューセッツ工科大のように、全講義の資料をネットで公開しようとするところまであらわれた。

　情報化の多大な影響を蒙っているのは、資料収集の面だけではない。入手した資料を、ワープロや表計算ソフトやデータベースを使って分析・加工するといった作業も、もはや当然のように行われている。ここでも電子化されたツールを使いこなすことが必要となる。

　さらに、研究成果などを公開することにも、情報化抜きでは語れない。学術論文や調査資料、それにデータベースなどの研究成果をインターネット上で公開することは、海外ではいまや当然視されている。ネットを使わず、雑誌や書籍に発表する場合でも、電子化したデータをフロッピーやメールで入稿することは、我が国でも日常的となった。

　このように、現在では情報の収集・加工・公開といった

各場面で情報化されたツールを使いこなすことが求められているのである。ただ、今後はこういった動きが、単なるツールとしての利用を超えて、より本質的な変化をもたらす可能性も高い。ここでは中国学を中心に、情報化の傾向と、それがもたらす発展について考えてみたい。

■ 量から質へ－電子テキストの膨大化－

1996年、インターネット上において台湾中央研究院が「二十五史」を含む電子データを公開したことは、一時代を画す大きな出来事であったと考えられる[1]。その後、中国学に関するデータはインターネットの他、商用CD-ROMなども含めて大量に製作、提供されるようになった。当初は、《論語》や《孟子》などといった基本的な文献を、流布本に拠って入力することが多かったものの、時間が経つにつれて電子テキストの量は増大していった。

そして、収録字数8億を誇る四庫全書全文検索版の登場により、学術的なニーズにも耐える大量のデータが使用可能となった。しかも昨今はこれに加え、収録字数は1億字ながら、版本の精度を誇る四部叢刊電子版、さらに20億字にのぼる膨大な電子テキストと、2千万頁に及ぶ主要版本の画像を有するという中国基本古籍庫も提供される[2]。論文のデータベース化も進んでいる。ここに至って、情報化の流れはほぼ決定的なものとなった感がある。

もちろん、中国学の手法や目的自体が変化するわけではない。人文学そのものが、古典の注釈から発展してきたように、読み、調べて、テキスト解釈を行うといった方法は不変であろう。そしてわれわれはその調査に当たって、索引や辞書を活用し、参考文献を読む、という作業を繰り返

1）台湾中央研究院の漢籍電子文献（http://www.sinica.edu.tw/ftms-bin/ftmsw3）を参照。

2）これらの製品については書同文のサイト（http://www.unihan.com.cn/Company/cpyl.htm）を参照のこと。

してきた。そういったツールの使いこなし方は、学問研究の場で常に重要視されてきたことである。

そのツールに、今度は「電子化ツール」が加わった。実際には、ただそれだけのことである。

しかし、このツールは、比類なき力を有するものである。特に、膨大な量のテキストを驚異的な速度で処理すること、リアルタイムに情報を広範囲に集めることなどは、過去のツールの到底及ばないところである。そしていま、この新しいツールを使いこなすことが、中国学に限らず、人文学に携わる者ほぼすべてに求められている状況になっているといっても過言ではないのだ。それは、辞書や索引を使いこなすことが学術研究の場でこれまで求められていたのと、何ら変わりはない。

とはいえ、こういったツールを使いこなすには、それなりの技量が必要である。問題は、このような電子化ツールを使いこなすには、それなりに情報関連の技術の知識が不可欠になってきている、ということであろう。

例えば、膨大な電子テキストから正確にある情報を見つけだすには、正規表現やgrepなどの使用法を知っている必要がある。インターネット上にどんな論文があるか探し出すには、検索エンジンやリンクページの情報に常に気を配っていなければならないであろう。

このような初歩的なものであればともかく、文字コードの問題に精通し、Perlなどのスクリプト言語を使うともなれば、そう簡単にはいかない。

そういったツールが使いやすくなる、ということに期待する向きもあろう。だが、万人が使えるようなレベルのツールは、実際には機能が限定されたり、既に陳腐化している場合が多い。例えば、四庫全書全文検索版 CD-ROM や簡易中国語検索ソフトの百歩穿楊では、一つ二つのキーワード

を指定した検索しかできない。このため、誰にでも使いやすいものにはなっているが、特定の構文を使った文を抽出する、といった操作は不可能だ。万人が使えるようにするため、機能を限定しているのである。

　人文研究において、より深い研究を志すならば、情報ツールもより深いものを使う必要に迫られるのだ。だから、今後とも簡単に使いこなせるツールなどは、実はさして研究の役に立たないと言ってよい。よって、これからの人文研究者は、そのようなツールの使い方や、正規表現・スクリプト言語などの文法を身につけていなくてはならないし、常に情報ツールの発展にも気を配らなければならない宿命にあるとすらいえる。パソコンを使いこなす技術が、直接データ収集能力、ひいては研究の評価に直結することになるのだ。

　また、逆にいえば、パソコンによって、データ収集が容易になると、研究は、読みや立論で勝負しなくてはならなくなる。情報化が研究者に安逸をもたらすというのは幻想に過ぎない。研究者への要求がより厳しくなるだけなのだ。

■ 進む学際化－拡大する枠組み－

　このような動きを受けて、中国学、あるいは人文学全体に新しい傾向が生まれてきているように思える。それは、情報を媒介とした学際的な複合領域の発展である。

　例えば現在では、漢字処理の問題一つを取ってみても、それは中国学の枠に収まるものではなくなってきている。JISコードの経緯に目を配り、中国大陸のGBコードについて注意し、そしてUnicodeの発展や、大規模な漢字処理を指向する会社の動向までを視野に入れなければならなく

これからの電脳中国学

なっている。

　この書籍を生み出す母体となっている漢字文献情報処理研究会（JAET）においては、中国学研究に従事する者のみならず、国文学・仏教学を研究する者、また図書館学に関わる者、ソフトウェアや情報通信の各業界にある者、出版・印刷業に携わる者など、様々な立場の人々が盛んに情報を提供し、討論を重ねている。また、研究会の場でも、これまでの文系理系の枠組みにとらわれない討論が行われている。学際的というより、もはや学問だけの枠組みからも離れて、実業界にまで含んだ範囲で情報交換が行われているのである。その情況は、機関誌『漢字文献情報処理研究』をご覧いただければ、理解いただけるだろう。

　何故このようなことになるのか。それは現代社会で扱う事象が複雑になっており、様々な分野の専門家がグループを構成して考えていかないと解決できない問題が多くなってきているのである。もはや、専門家がただの「専門家」でいられる時代ではなくなってきているのだ。

　もちろん、こういった時代だからといってそれぞれの領域の専門までが無くなるわけではない。中国学の特定の専門領域を研究することは必要である。だから《左伝》研究も《紅楼夢》研究も、今後とも重要であるのは間違いない。ただ、こういった研究をするための情報ツールは当然活用する必要があると考えられるが。

　しかしながら、今後の中国学研究はそのような専門の枠に閉じこもっているだけではもはや発展の余地がないのだ。情報ツールを通じて「電脳中国学」、あるいはもっと大きな「人文情報学」といった分野の研究者としても行動せねばならない。

　つまり言い方を変えれば、今後この21世紀初頭にあっては、同じ人物が時には中国学のある一分野の専門家であ

り、時には学際的な人文情報学に携わる者でもあるという、二面性を求められるということなのだ。

　近年進められてきた大学改革においては、単に組織だけの改編による複合領域が設定され、特定領域の専門家が単に割り振られるだけの「改革」に終始した。それは無理からぬことでもあったが、今後はそれだけでは足りない。現在、情報という分野を核にした上で、真の学際的な領域の設定が求められるのだ。ただ、それは別に大学組織である必要はないが。

　そういった動きは、世界レベルではすでに広く展開されつつある。そもそも、四庫全書全文検索版や中国基本古籍庫自体が、そういった人文学と情報学、それに実業界レベルのパワーが結集して作られるものなのだ。そして、このような作業を通じて、漢字処理やテキスト処理に関する高度な研究が蓄積されている。中国基本古籍庫は全国の大学が共同して入力作業を進めたので、多くの電子化に対応した研究者を育成する効果をもたらしたことだろう。

　しかも、四庫全書全文検索版がUnicodeへの文字追加申請の典拠として使われるなど、人文学情報化プロジェクトは文字コード規格にまで影響を及ぼしているのである。

■ おわりに－求められる対応－

　このように、学術研究の世界は、おそらく意識せぬうちに、情報学を核とした学際的なものに変貌しつつある。そしてそれは国内外を問わずに進んでいく趨勢にある。

　残念ながら我が国の人文学研究界では、まだまだ現状認識が甘いし、実際の取り組みも不十分である。確かにさまざまなデータベースを使う人は増えている。それも情報化

の一端ではあるが、しかし情報の受容に過ぎない。

　情報の発信ということになると、あい変わらずホームページを持っている中国学関連の全国学会組織はごくわずか、しかも学会の資料や動態を常時更新して掲載しているところとなるとほとんど見あたらない。論文の全文データベース構築など思いもよらないし、テキストデータベースの構築は個人作業として細々とおこなわれている程度である。

　情報化時代にあっては、自ら情報を発信しないものは、その存在が認知されない。良い業績を積み上げていればやがて人々の目にとまり評価されるだろう、という奥ゆかしい世界は、情報が氾濫する中でもはや過去のものとなった。インターネットを通じた学術情報の発信・交換が常識となっている海外の研究者にとって、情報を発信しない日本の中国学は、もはや存在していないのかもしれない。そんな中にあって、仏教学分野ではSAT・INBUDSなどのデータベースを構築するなど、先進的な取り組みが進んでいる。他の分野の学会組織も、大いに見ならうべきであろう。

　このように、このままでは日本の中国学、さらには人文学全般の地盤沈下は免れられまい。それを避けるためには、情報を核とした新しい分野に対応した人材を育成することが肝要である。しかし、現在日本では、大学における情報教育自体、大半がメール・Word・Excel入門講座にとどまっており、情報化時代のリテラシー教育としては不十分である。ましてや人文系の大学院や研究所で人文情報学が講じられることはほとんどないのが現状である。

　だがこのような現状は改められるべきであろう。今まさに、「電脳中国学」の発展を見据えた上での対応が求められているのである。

電脳中国語教育

田辺鉄　Tetsu Tanabe

■ CALL[1] 開発から CALL 活用へ

1) Computer Assisted Language Learning（コンピュータ支援言語学習）

　筆者が中国語 CALL 教材の開発を始めて 10 年が過ぎた。この間、中国語の表示・入力という最大の難関が解決され、開発環境の対応に若干の問題を残すものの、CALL 教材開発の障壁はほぼ取り除かれたと言ってよい。開発の主要な関心は、ネットワーク・コラボレーションや音声・構文評価システムなど、中国語や外国語といった分野にとらわれない先端技術へと移りつつある。中国語教師はようやく「CALL をどう使うか」を本気で検討することが可能になった。ここではまず、CALL 教材のあり方と、活用方法を述べてみたい。

　外国語教育に反復練習は不可欠である。特に口頭コミュニケーションを志向する授業の場合、限られた時間内にどれだけの課題をこなせるかが、ほとんどそのまま学生の能力差となって現れる。教育上の工夫も、「単調な反復練習をストレスなく行う」ことに重点が置かれることになる。

　初級レベルの中国語学習で、最も躓きやすいのは発音の習得であろう。練習量が多ければ、大多数の学生はすぐに上達するのだが、「量をこなす」ことへの心理的抵抗は大きい。この壁を乗り越える方法の一つに「学生に目先の目標を持たせ、モチベーションを高める」ことが上げられる。CALL は、この方法をコンピュータによってシステム化する試みといえる。

　CALL には以下のような特徴がある。

電脳中国学の展望

① マルチメディア情報を用いた動機付け
目先を変えることで、単調な学習の流れを変えることができる。
② リアルタイム・フィードバック
課題に対する回答は即時に評価、表示される。問題はその場で解決できるので、ストレスが少ない。
③ 補助情報の提供
課題に対するヒントや問題数、正答率、誤答に対するアドバイスなどを同時に参照できる。学習過程全体の中での位置付けを把握しやすい。
④ 学習の個別化
学生の能力や興味に応じて、個別に教材を提供できるので、問題点を発見しやすい。
⑤ 学習履歴の記録、参照
学習成績の推移を確認でき、以後の学習計画を立てやすくなる。

　中国語 CALL 教材として、上記全ての特徴を備えているのが、樋口昌敏氏の「中国語ドリル CALL99」[2] である。授業者としてのキャリアが豊富な樋口氏は、実践を通して地道にソフトウェアの改良を続けている。当初の「ドリル練習ソフト」は、今や様々なマルチメディア再生機能や履歴の記録機能を備えた「統合学習ソフト」へと成長した。汎用性が高く、「教材ビルダー」を使って作成する教材ファイルは、中国語教材以外にも対応可能である。
　こうした CALL 教材を有効に活用するためには、単独の授業では効果が薄い。大学の外国語教育に対するニーズは、講読から口頭コミュニケーションへと移りつつある。高性能なコンピュータによって、現実世界をいかに正確に模倣しようと、リアルタイムのやり取りによって進行する授業

2) 五牛のホームページ、
http://www5a.biglobe.ne.jp/~wuniu/call/index.hum

の臨場感には及ばない。

　筆者の勤務する大学では、1年生で週2ないし3回の中国語授業がある。週3回の場合、1回を文法解説、翻訳練習中心の日本人教師の授業、1回を会話訓練中心のネイティブ教師の授業、残る1回をCALLによるドリル練習や復習、テストに充てている。週2回の場合は、CALLに割ける時間がどうしても少なくなるので、CALLは専ら宿題、自習用としている。

　このような授業形態をとるには、自習時の学習内容、学習履歴の把握と管理や、教師間の連携が不可欠である。

　前者は「授業と同じ緊張感をもって、課題に取り組めるような教材設計」と、「学習履歴・成績情報の収集と分析」によって実現できる。後者は一般的な意味で連絡を密にすること以外に、ネットワークを利用した教材共有、共同授業によって、より効果的に達成できる。

　以下、これらの目的を支える教育インフラとしてのマルチメディアとネットワーク技術の活用について述べる。

■ マルチメディア中国語教育

　外国語の文字や辞書に載っている発音記号と、実際の音声を結びつけることは、入門段階の学習者にとっては最大の障壁になる。中国語の場合、それまで慣れ親しんできた漢字やローマ字が使われている分、かえってその障壁が高くなっているように見える。

　実際、大学の中国語授業では、最初の1ヶ月の課題である「ローマ字（ピンイン）書きされた中国語を正確に発音する」をクリアできなければ、残りの1年ないし2年の間、延々と中国語に苦しめられることになる。筆者の教えた学

生の一人は、「何でそんな読み方しなきゃならないんですか」と真剣に怒っていた。気持ちはわからないでもないが、こればかりはどうしようもない。要は「慣れ」である。そして、私たちには慣れるまでずっと練習に付き合ってくれる、パソコンという道具がある。

大学におけるコンピュータ教育の目的が、初期のいわゆる「情報教育」から、「教育の情報化」へと移行しはじめた1990年代前半、中国語教育の分野でまず試みられたのが、「慣れ」を助ける、つまり単調な反復練習をいかにストレスなく行うか、ということであった。

中国語の初級教科書には、たいてい「音節全表」と呼ばれる、中国語の全ての音節を並べた表が付いている。これに声調を付けて全て正確に発音できれば、初級中国語の半ばを制覇したと言ってもいいかもしれない。だが、週1～2回の授業では、そう何度も表を読ませることはない。教師としては、学生が1回でも自分で読んでくれることを願うばかりである。

学生が「よし、自習しよう」という意欲を持っているものとすれば、テープやCDは大きな助けになる。ところが教科書にCDを付けても、十分に活用されていないのが現実である。学生の意欲の問題もあるが、音声メディアの問題が大きいのではないかと思う。

当たり前のことだが、教科書から音は出ない。学生が教科書を読んでいて、わからない発音が出てきた時、すぐに調べて、発音してみることができない。文字と音声を統一的に扱えるコンピュータであれば、教科書と音声を対応させて確認することができる。

また、カセットテープや音声CDには「頭出し」が難しいという弱点がある。CDはトラック番号での頭出しができるので、テープより随分簡単になったが、トラック数が

制限されているので、例えば「単語単位での頭出し」などは事実上不可能である。その点ではトラック数の上限が大幅に増え、さらにはトラック編集が可能なMDは一つの解決を示している。だが、音楽鑑賞だけを目的にMDプレーヤを持っている学生が、「中国語教材の再編集」のような細かい作業を喜んで行うとは思えない。コンピュータであれば、任意の区間での頭出しを教材に組み込むことは容易である。

　もちろん、凝ったことをすると教材開発者の労力が増大することになるので、従来のリニアな音声メディアが全てコンピュータで置き換わることはないだろう。ただ、従来の音声メディアが持つ弱点のいくつかを補う、強力なツールになり得る。後述するように出版社からの教科書データ提供が進み、教師や学生が簡単に使えるツールが整備されることによって、発音練習の環境が劇的に改善される可能性もあるだろう。

　コンピュータを用いた発音練習の、さらに進んだ方法として、音声認識技術を用いた「擬似会話」がある。画面にはネイティブスピーカーを模したアバタ（仮身）が表示されており、学習者に向かって話しかけてくる。マイクに向かって答えると、自動的に発音や内容が評価され、それに応じてアバタの動作が変わる、というものである。自分の発音や作文が、ネイティブに通用するかどうかを、すぐに確かめてみることができ、初級から中・上級まで幅広く利用することが可能である。

　「擬似会話」は、オンライン英語教材「Global English」などで、既に実用化している。もちろん、あらゆる英語を機械が正確に聴きとって反応するわけではなく、あらかじめ用意されたシナリオに沿って会話するのだが、学生に「声を出させる」目的に限定すれば非常に効果がある。

音声認識技術そのものは、本来口述筆記が根付いている欧米を対象に開発された。だが IBM Via Voice 日本語版の予想以上の売れ行きに、大手ベンダもアジア向け製品の開発を急ピッチで進めている。Via Voice の認識エンジンを利用した「漢王」のように、実用性のある中国語ディクテーションソフトも現れている。認識すべき語句が限られている「擬似会話」用であれば、より簡便な方法が採用できるのではないだろうか。教材開発者が簡単に利用できる認識エンジンと、それに対応した開発ツール、オーサリングソフトの開発が待たれる。

■ ネット教育標準化への取り組み

　外国語の授業でネットワークを利用する意味は二つある。
　一つはインターネットの Web に代表される「情報取得の手段」としての利用である。筆者のもとには度々「留学したいので、適当な学校を紹介してほしい」「辞書や参考書を購入したいので、いいものを推薦してほしい」「中国人と文通したい」など、中国語学習者からの問い合わせが来る。最近はそのほとんどが「Web を見たらどう？」で済ませられる。これは、必ずしも Web の内容が充実していることは意味しない。
　実のところ、Web の検索エンジンで中国語に関する情報を探しても、痒いところに手は届かない。むしろ、「核心」を含まない「ゴミ情報」が多くひっかかってくる。それでも Web を見るのがいい、と思うのは、ネットワークの彼方に「経験者」がたくさんいるからである。今誰かが中国語について悩んでいるなら、その悩みは必ず誰かが以前直面したことがあるはずだ。Web からピンポイントで解決策を

見つけることができなくても、調査の取っ掛かりは得られる。「どこかにいる／ある」と仮定できることがインターネットを中国語教育に利用する最大の利点であろう。

　外国語教育にネットワークを利用する二番目の意味は、いわゆる「遠隔教育」への応用である。遠隔教育では、教材や授業といった教育手段を「ネットワーク上の資源」と位置付け、複数の教育機関で共有・利用する。遠隔教育には、(1)教育資源の有効活用、(2)これまで想定されていなかった通学至難な学生への教育、(3)他大学との交流による活性化などの利点がある。これらは特に外国語に限った話ではないが、(4)海外の大学との直接交流、(5)サイバー・スペースでの擬似コミュニケーションなどは、外国語の授業において最も効果的に利用できるものである。

　遠隔授業が効果的に利用されるためには、「教材フォーマットや通信プロトコルの統一」、「学生の成績データ等、秘匿を要する情報の保護方式」、「統一カリキュラムの策定」など、様々なレベルでの「標準化」が必要となる。

　例えば、同じクラスを担当する専任教員と非常勤教員が、メモを使って連絡をとるケースは多い。簡単なメモ書きでは単に「教科書の進度」「特記事項」程度の情報交換しかできない。個々の学生の学習履歴や成績を、同じクラスを担当する教員の間で共有できれば、教育効果をいっそう高めることができるだろう。メモ一つとっても、「標準」があった方がいいことになる。もちろん、それを従来の手書きメモに求めるのは難しい。誰もが共通して使えるデータベースフォーマットを策定し、「誰が、何を、どこまで学習したか」を一覧できるようなネットワーク上のシステムが必要になる。

　遠隔教育、特に Web ベースの教材一般の標準化については、世界的に見ると 10 に及ぶ標準化団体が連携して取り

組んでいる。日本では先進学習基盤協議会（ALIC）が、主として「教材フォーマット」、「教材分類情報」、「学習者情報」の標準化を目指して、産官学連携の取り組みを行っている。ただ、あらゆる分野の教育に適用可能な「標準」は、最大公約数的なものでしかなく、「外国語教育ツール」として実装するにはまだ検討の余地を残している。

中国語関連の遠隔教育実践としては、早稲田大学の上海交通大学との共同プロジェクトが早くから行われている。また、帝塚山大学を中心に、関西の私大を結んだバーチャル・キャンパスTiesは、バージョン3以降教材フォーマットにXMLを採用するなど、標準化プラットホームを目指しての改良が続けられている。中国語検定問題や、「ハイパー実用漢語課本」Webバージョン等、質の高い教材が増えつつあり、今後の一層の充実が期待される。2001年度初頭からは、国立5大学言語文化部共同プロジェクトとして、外国語を中心としたサイバー・ユニバーシティ実現のためのプラットホーム策定が始まっている。

今後、これらの様々な試みが相互に連携を進め、我々中国語教師にとって本当に「使える」共通プラットホームが出現することが期待される。

■ 教材の共同制作へ向けて

ネット教育用にしろ、CD-ROM等のスタンド・アロン用にしろ、教材の制作には時間がかかる。特に教育上の目的に応じて、会話文や練習問題のテキスト、画像、映像、音声等の材料を集めるのは、簡単なことではない。今後、教育の電脳化が進むにつれ、良質なコンテンツへの需要はますます高くなるだろう。コンピュータに興味を持つ中国語

教員が片手間に作っているのでは、この需要にはとても応じきれない。そこに教材の共同制作、共有という発想が生まれる余地がある。教材の共同制作には、既刊の教科書をベースにしたものと、完全自作の二つの形態がある。

■ **既刊（刊行予定）の教科書とのタイアップ**

既刊の教科書であれば、会話等の課文や練習問題は既に用意されている。あとは「見せ方」を考えればよい。普通の対面授業を続けながら、無理なく「電脳化」を進めたい、という注文にも応えやすい。

最近は『学ビテ時ニ之ヲ習フ—中国語入門—』[3]のように、教科書本文や試験問題用素材をコンピュータ用テキストデータとして提供する出版社も出始めている。試験問題を簡単に作れるだけでなく、CALL教材の素材としても使える。カセットテープ、音声CD、ビデオ等が用意されている教科書であれば、音声・動画編集ソフトや、各種オーサリングツールを用いて、マルチメディア教材を作ることさえできる。

3）相原茂・郭雲輝・保坂律子著（好文出版）

ただし、学生に教科書を買わせずに、データをWebサイトに掲載して済ませる、無断で電脳化教材を販売するなどは言うまでもなく犯罪行為である。担当クラス内で、データの自由な利用を認めているようなケースもあるが、この場合も出版社・著者に一言断りを入れるといいだろう。データの公開は、今のところ出版社・著者の好意、出版社と中国語教員との信頼関係に基づいて行われている。「データをこのように授業で利用しています」という報告は「礼儀」でもあるし、無用なトラブルを避けるという意味もある。また、パソコンデータの利用例を報告することは、そこに「一人分のニーズ」があることの確認に他ならない。これは出版社の企画・マーケティングの重要な資料になり得る。

一定の需要が見込まれれば、公開範囲の拡大や、より多くの出版社の参入などが期待できる。データ公開の方法や、些かあいまいな権利関係についても、整理・整備が進むであろう。

　例えば、出版社が主催する「教材データベース」に各教科書のテキストや音声データが保存され、利用者はそれを利用してCALL教材を開発する。完成した教材は、「教材データベース」にフィードバックする。

　こうしたシステムが整備されていない状態では、公刊された教科書を基に、広く使われる教材を自由に作るのは難しい。「自分好み」がほしいなら、やはり自作するしかない。

■ やはり「完全自作」、でも難しい

　「標準化」が進めば、とりあえず教材作成の「枠組み」ははっきりする。だが、教材のシナリオを書き、素材を収集、加工し、オーサリングツールやプログラミングツールを起動してまとめ上げる作業の大部分は、依然として個々の教師の仕事なのだ。教科書は原稿の執筆や校正が、教師の主たる仕事となるが、本格的なコースウェアを作ろうと思うと、そこから先がある。外注する手もあるが、多くの教師が望む簡便さ、柔軟さは必ずしも望めない。

　現在、日本の大学は、機械を使って授業をする「教員」と、インフラ整備を担当する「技術職員」がコンピュータ教育に関わる直接の人材である。だが、教員は「ありものの技術の改良」に直接かかわらず、興味も低い。技術職員は、コンテンツ制作を全面的にカバーすることはない。CALL教材の開発には、「コンテンツ・クリエータ」「教材デザイナ」などの、専門職の関与が今後必要になるのではないだろうか。

第 7 章

付 録

CD-ROM の使い方
主要ソフトウエア・サイト・ホームページ初出一覧

CD-ROM の使い方

漢字文献情報処理研究会　JAET

■ メニューの起動

　パソコンの CD-ROM ドライブが自動起動に設定されていれば、本 CD-ROM を入れるだけで自動的にメニューが起動します。

自動的に起動しない場合は、次の手順で開きます。
1. マイコンピュータを開きます。
2. 本 CD-ROM を入れた CD-ROM ドライブ（通常、「DenchuⅡ」という名前になっていると思います）を開きます。

Denchull (D:)

3. index.html を開きます。これでメニューが起動します。

　Macintosh の場合も同様に、以下の手順でメニューを起動してください。

1. デスクトップの CD-ROM のアイコンを開きます。

2. index.html を WWW ブラウザ（Internet Explorer や Netscape）で開きます。これでメニューが起動します。

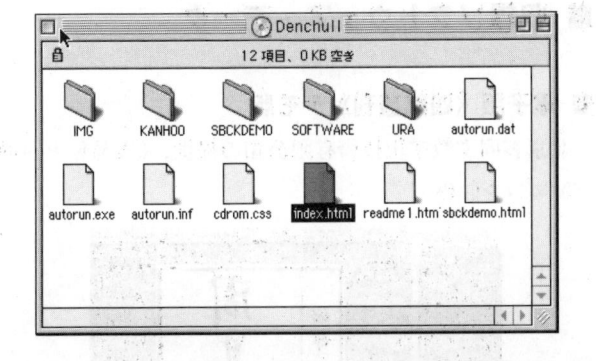

....
■ 利用上の注意

■ 本 CD-ROM に関するご質問方法
　本 CD-ROM の内容や使用方法に関するご質問については、

本書のQ&Aページを通じてのみ[1]受け付けております。なお、好文出版への電話・FAX等でのお問い合わせには応じておりませんので、ご了承ください。

[1] http://www.jaet.gr.jp/denchu2/qa.html

■ 収録ソフトウェアについて

　本 CD-ROM に収録されているソフトウェアは、作者の皆様のご好意により収録を許可していただいたものです。使用の前に必ず、ソフトウェアに同梱されている説明書をお読みになり、利用条件に同意した上でご使用ください。

　また、本 CD-ROM に収録されたソフトウェア・HTMLなどによって、利用者が何らかのトラブルや損害を受けたとしても、漢字文献情報処理研究会および好文出版は一切、責任を負いかねますのですべて自己責任のうえご利用くださいますようお願い申し上げます。

■ 収録ソフトウェア・データ

■ 電子版《四部叢刊》デモ版

　北京書同文数字化技術有限公司の提供。《周易》と《尚書》のみを収録。

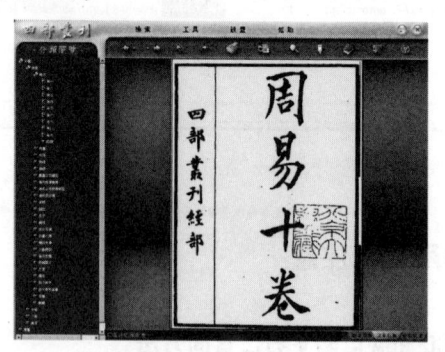

■ Kanhoo! 東洋学サーチ

　電脳中国学・東洋学のためのサーチエンジン。中国学研究や教育に役立つホームページを集めた「Kanhoo! Web Search」と、電子テキストの所在検索専用「Kanhoo! Text Search」から成り立ちます。漢字文献情報処理研究会が、ホームページ[2)]にて公開しているものの限定特別版です。

　操作方法は、Yahoo!などのサーチエンジンとほぼ同じです。カテゴリを選んで目的のページや電子テキストを探し、リンクをクリックすると、新しいウインドウで目的のページが開きます。なお、検索機能を使う場合には、インターネット上のKanhoo!サイトに接続することになりますので、ご注意ください。

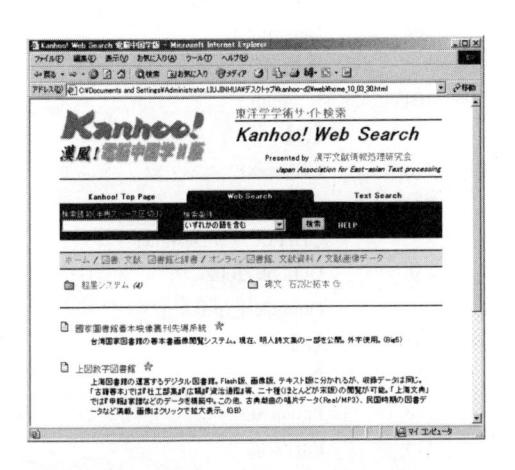

2) http://www.jaet.gr.jp/kanhoo/index.html

■ 定番ソフトウェア・おすすめソフトウェア

　コンピュータで中国語を扱うための定番ソフトウェアや、中国語・中国学を使いこなすために便利なソフトウェアを集めました。詳しくは各ソフトウェアの説明をお読みください。

主要ソフトウェア・サイト・ホームページ、初出一覧

※主要解説部分の初出に限ってあります。

【A】
- Acrobat Reader 5.0 ... 197
- akira21++ ... 104
- Anoter HTML Lint ... 170
- ATOK14 ... 59
- ATOK 手書き文字入力 ... 64

【B】
- Becky!2 ... 101
- BIG5 ... 41
- Boot It ... 314

【C】
- CHINA3 for WWW ... 116
- Chinese Writer ... 68

【D】
- DinosaurX ... 104

【E】
- Excel ... 276
- Excel 2002 ... 276

【F】
- FrontPage 2002 ... 156

【G】
- GB コード ... 41
- Global English ... 353
- Global IME ... 88
- Goo ... 114
- Google ... 115

【H】
- HTML LINT RANKING ... 172
- HTML Validation Service ... 170
- HTML メール ... 97

【I】
- Internet Explorer ... 110

【J】
- JIS コード ... 41
- J 北京 2000 ... 68

【M】
- Microsoft Office ... 174
- Microsoft Photo Editor ... 162
- MS-IME 2002 ... 49
- MS Office Proofing Tools ... 270
- MS Office 多国語版 ... 275

【N】
- NACSIS Webcat ... 119
- Netscape Composer ... 156
- Netscape Mail ... 98
- Netscape Navigater ... 112
- Netscape 6 ... 99
- NextFTP ... 164
- N-gram ... 329

【O】
- Office XP ... 36
- Open Find ... 115
- OPTPiX webDesigner ... 162
- Outlook 2002 ... 97
- Outlook Express ... 96

【P】
- Perl ... 324
- PinyinAC ... 226
- Pin 太郎 ... 226
- PowerPoint ... 176

【S】
- SSReader ... 144
- System Selector ... 314

【T】
- Ties ... 356

【U】
- Unicode ... 43

【V】

Via Voice	354
VMware	311

【W】

Windows 2000	36
Windows 2000 多国語版	298
Word	174
WPS	274

【Y】

Yahoo! Japan	114

【あ】

アレアハングル	274

【い】

一太郎	174
インターネット	92

【か】

家庭蔵書集錦	319
家庭網絡	115
漢王	354

【き】

機種依存文字	106

【く】

訓点マクロ	250

【け】

検索デスク	114

【こ】

国学	149
今昔文字鏡	262
コンピュータウィルス	97

【し】

四庫全書全文検索版	316
システムコマンダー	314
四部叢刊	318
新浪網	114

【す】

スパム・メール	93

【せ】

全景中文	150

【そ】

捜狐	114

【た】

タグ	158

【ち】

中国基本古籍庫	318
中国語ドリル CALL99	350
中国語メール	98
中国青少年新世紀読書網	149
中国大百科全書	318
超星電子図書館	143

【て】

手書き入力パッド	55

【と】

どこでも読メーラ	104

【に】

日中之星	315

【ね】

ネチケット	105

【は】

ハングル入力システム	88
蕃薯藤	115

【ほ】

ホームページ（WWW）	94
ホームページリーダー	172

【め】

メール	95

【も】

網易	114
文字パレット	64

【よ】

榕樹下	151

【ら】

楽々中国語	87

【り】

リンク	158

著者紹介

漢字文献情報処理研究会 JAET http://www.jaet.gr.jp/

山田 崇仁（やまだ たかひと）
1970年 愛知県生まれ
立命館大学院文学研究科博士課程後期課程修了
【専門】中国先秦史
【現在】立命館大学文学部非常勤講師
【著書】「『世本』と『國語』韋昭注引系譜資料について—N-gram 統計解析法による分析—」(『立命館史学』22号 立命館史学会)『パソコン悠々漢字術 2001』(紀伊國屋書店)『電脳中国学』(好文出版)

師 茂樹（もろ しげき）
1972年 大阪府生まれ
東洋大学大学院博士後期課程単位取得退学
【専門】東アジアの仏教思想史
【現在】早稲田大学非常勤講師
【著書】「XML と NGSM によるテキスト内部の比較分析実験 『守護国界章』研究の一環として」(『漢字文献情報処理研究』第2号)「タグ付き言語と文字コード」(小林龍生・安岡孝一・戸村哲・三上喜貴編『インターネット時代の文字コード』共立出版)「新羅元暁の三時教判批判——『大慧度経宗要』を中心に」(『印度学仏教学研究』49-1(97))

千田大介（ちだ だいすけ）
1968年 東京都生まれ
早稲田大学文学研究科中国文学専攻中退
【専門】中国文学（歴史物語の変遷と受容）
【現在】慶應義塾大学経済学部専任講師
【著書】『電脳中国学』(好文出版)、「北西派皮影戯をめぐって」(科研費報告書『近代中国都市芸能研究に関する基礎的研究』)、「乾隆期の観劇と小説〜歴史物語の受容に関する試論〜」(『中國文學研究』第二十四期)

野村 英登（のむら ひでと）
1973年 山口県生まれ
東洋大学大学院文学研究科博士後期課程中国哲学専攻在学
【専門】中国哲学、および宗教思想
【現在】財団法人交流協会 日台交流センター専門調査員
【著書】『電脳中国学』(好文出版)『パソコン悠々漢字術』(紀伊國屋書店)

二階堂 善弘（にかいどう よしひろ）
1962年 東京都生まれ
早稲田大学大学院文学研究科博士課程単位取得退学
【専門】中国の民間信仰
【現在】茨城大学人文学部助教授
【著書】『封神演義の世界』(大修館書店)『三国志平話』(共訳・コーエー)『コンピュータで中国語 Win & Mac』(大修館書店)

田辺 鉄（たなべ てつ）
1963年 京都府生まれ
大阪外国語大学大学院修士課程修了
【専門】中国語教育、マルチメディア表現論
【現在】北海道大学情報メディア教育研究総合センター助教授
【著書】『電脳中国学』(好文出版)

電脳中国学Ⅱ 定価はカバーに表示されています。

2001年11月30日　初版発行
2001年12月21日　2刷発行

編者	漢字文献情報処理研究会
発行者	尾方敏裕
発行所	株式会社 好文出版
	〒162-0041　東京都新宿区早稲田鶴巻町 540-106
	Tel. 03-5273-2739　Fax. 03-5273-2740
	http://homepage2.nifty.com/KOHBUN/
	郵便振替　00160-7-409532

編集	竹内路子
デザイン	廣末さおり
印刷	モリモト印刷株式会社
製本	根本製本株式会社

© 2001, T.Yamada, S.Moro, D.Chida, H.Nomura, Y.Nikaido, T.Tanabe,
Printed in Japan　ISBN4-87220-052-7
本書の一部あるいは全部を無断で複写・転載・使用することは法律で禁じられています。

電脳中国学 CD-ROM付

漢字文献情報処理研究会=編
[023-3] A5 / 287p. 本体 2,850 円

■ワープロを使いこなす
２万字の漢字と中国語を自在に操る方法を詳細に解説。
■中国語インターネット
電子メール、インターネットの設定法と優良学術サイト紹介。
■東洋学とコンピュータ
学術 CD-ROM ガイドから電脳的研究方法の解説まで。

電脳国文学 CD-ROM付

漢字文献情報処理研究会=編
[041-1] A5 / 286p. 本体 3,200円

インターネットを活用した情報収集のノウハウと国文学関連の優良サイトを多数紹介するとともに、集めた情報を整理し、レポートや論文にまとめ上げるためのテクニックを解説。また、手軽なホームページの作り方を指導。上級者には、漢文・かな作品の索引の作り方と、字母テキストデータベースを例に、ワンランクアップしたパソコンの活用法を伝授する。